圣学与治道

明前期“四书学”的传承与国家文治转向研究

李谷悦　著

山东大学出版社
SHANDONG UNIVERSITY PRESS
·济南·

图书在版编目（CIP）数据

圣学与治道：明前期“四书学”的传承与国家文治转向研究／李谷悦著. —济南：山东大学出版社，2023. 8
（国家治理能力现代化创新研究丛书）
ISBN 978-7-5607-7789-4

Ⅰ. ①圣… Ⅱ. ①李… Ⅲ. ①四书-研究-中国-宋代-明代 Ⅳ. ①B222. 15

中国国家版本馆 CIP 数据核字(2023)第 034830 号

责任编辑 肖世伟
封面设计 蓝海文化

圣学与治道
SHENGXUE YU ZHIDAO

出版发行 山东大学出版社
社　　址 山东省济南市山大南路 20 号
邮政编码 250100
发行热线 (0531)88363008
经　　销 新华书店
印　　刷 山东新华印务有限公司
规　　格 787 毫米×1092 毫米 1/16
16 印张 225 千字
版　　次 2023 年 8 月第 1 版
印　　次 2023 年 8 月第 1 次印刷
定　　价 62. 00 元

总　序

党的十八大以来，中国特色社会主义进入新时代，以习近平同志为核心的党中央着眼党执政兴国、国家长治久安、人民幸福安康，不断推进中国特色社会主义制度走向成熟和定型，加快推进国家治理体系和治理能力现代化。

党的十八届三中全会阐释了完善和发展中国特色社会主义制度、推进国家治理体系和治理能力现代化的重大时代命题。党的十九届四中全会对坚持和完善中国特色社会主义制度、推进国家治理体系和治理能力现代化作出进一步的总体擘画。党的十九届六中全会通过《中共中央关于党的百年奋斗重大成就和历史经验的决议》，进一步确认坚持和完善中国特色社会主义制度、推进国家治理体系和治理能力现代化的基本逻辑。新时代十年来，中国特色社会主义制度不断成熟定型，国家治理体系和治理能力现代化水平不断提高。

党的二十大报告阐明了党以中国式现代化推进强国建设和民族复兴的使命任务，阐述了中国式现代化的本质要求。中国式现代化是党领导的社会主义现代化，核心要义依然是在制度和法治轨道上推进国家治理体系和治理能力现代化。

立足于党的十九届四中全会对国家制度和治理体系建设作出的总体擘画，为贯彻落实党的二十大精神和战略部署要求，山东大学法学院（威海）和马克思主义学院协同申报山东大学“国家治理能力现代化”交叉研究重大项目。该项目以党的二十大对习近平新时代中国特色社会主义思想最新发展成果为根本依循，强化马克思主义基本原理同中国具体实际相结合、同中华优秀传统文化相结合的“两个结合”学术导向，遵循必须坚持人民至上、必须坚持自信自立、必须坚持守正创新、必须坚持问题导向、必须坚持系统观念、必须坚持胸怀天下“六个必须坚持”的世界观和方法论，确立思想、制度、文化、科技四位一体学术体系，支撑国家治理能力现代化研究，参与阐释中国之路、中国之制、中国之治和中国之理。

一是治理能力现代化的“思想遵循”，主要致力于习近平新时代中国特色社会主义思想的学理阐释，重点对习近平法治思想以及习近平总书记关于党的建设、全过程人民民主、文化建设等重要论述展开学理性研究。二是治理能力现代化的“制度依托”，主要以习近平中国特色社会主义思想为指导，紧扣时代脉搏，把握制度精髓，坚持理论与实践相结合、历史与现实相贯通、必要性与可行性相联结，对中国特色社会主义制度展开系统性研究。三是治理能力现代化的“文化基础”，着重从推动国家治理现代化的向度发掘、阐发、激活中华优秀传统文化。从不同学科视野切入，在中华优秀传统文化传承创新研究、马克思主义中国化“两个结合”研究、社会主义文献整理研究、中国传统治理思想研究、古代基层社会治理理念研究等方面，形成多学科交叉合作研究的逻辑进路，以汲取中华优秀传统文化的治国理政智慧，推动国家治理能力现代化。四是治理能力现代化的“科技支撑”，主要聚焦党中央建设数字经济、数字政府、数字社会而作出的一系列重大部署，以新科技发展赋能国家治理为研究旨趣，以人工智能、大数据、物联网、云计算等为代表的新一轮科技革新与产业变革为引领，加强国家治理体系与治理能力现代化中的治理技术应用和创新研究。

“国家治理能力现代化创新研究丛书”集中反映了“国家治理

能力现代化”交叉研究重大项目的主要研究成果，体现了促进学者成长、推进学术创新、助力学科发展的目标要求，承载着建构相关学科自主知识体系、学理体系，推进法学、政治学、马克思主义理论等相关学科中国化、时代化、科学化的学术愿望，以及为此作出的学术努力。期待该丛书的出版能够使项目参与者在一定程度上如愿以偿，并进一步巩固和发展这一学术方向。

是为序。

肖金明

2023 年 5 月

序

中国有着悠久深厚的经典诠释传统，历代学者在建构自己思想体系时往往采取回到原典的形式，从历史典籍中挖掘圣贤的相关论断，并通过对其中某些命题的重新阐释、发挥，赋予其新的含义。他们关于修身养性、为人处世、治国理政的思考、主张，也借此得以表达。

“四书学”正是这种诠释学传统的产物和表现。不同时代的学者对“四书”的注疏训解，为我们呈现了一部部熔铸解说者自身不同知识背景、学术风格、时代风尚、理论旨趣、思想倾向的个人著作，构成中国思想学术的重要内容。

宋代以后，“四书”逐渐占据学术的正统与主流地位，在思想学术领域产生了巨大影响。不仅如此，“四书学”还通过各种方式向当时社会的各个领域、各个阶层渗透，逐渐社会化。从人们日常的思想观念、价值取向，到国家的政治运作、社会治理，“四书学”的影响如水银泻地，无孔不入。

明代是“四书学”发展的重要时期。有明一代，四书学传承延续宋、元的思想成果而又有新的发展，呈现出学派多元、相互竞争的特点。一方面，朱子学自身发生很大变化，尤其是在理气论、心性论上，直接影响明代朱子学者的“四书”诠释；另一方面，阳明学异军突起，给朱子学带来极大冲击。阳明学注重“四书”解释自立新标以反击朱子学，如倡导《大学》古本，提出致良知学以替代格物之首要工夫地位等。此外，还有学者对朱、王两家之得失各有取舍，展现了出入朱、王的中间路线立场。从时间阶段上看，四书学在明前期、明中后期、晚明尤其是明清鼎革之际的不同时段，在理论主题、学术风格、诠释方式上也各有特点。

从四书学社会化的角度看，明代更是一个非常重要的时期。宋、元时期，四书学官学化已经基本完成，“四书学”与学校教育、科举制度紧密结合，获得了广泛的社会影响。元代的“延祐科试”堪称这一过程中具有重要意义的事件。到明代，四书学的社会化程度进一步加深。永乐年间，明成祖企望“合众途于一轨，会万理于一原”，“使家不异政，国不殊俗”，组织编修并颁行《四书大全》，标志着“四书学”成为安邦治国的指导思想，在社会、政治生活中发挥着越来越大的作用。

李谷悦博士《圣学与治道——明前期“四书学”的传承与国家文治转向研究》一书对明前期“四书学”传承与国家文治转向的关系加以研究，从一个侧面、一个片段呈现了“四书学”的发展与国家政治运作、社会治理之间的互动关系，是一部颇具创新价值的“四书学”研究著作。

首先，值得一提的是本书采取的研究视角。本书并没有从传统的哲学分析、概念史的角度展开明前期“四书学”研究，而是对“四书学”重新加以定位，指出“四书学”不仅与个人的修身紧密相关，而且与国家政治（君主政治）密不可分，还从学术层面与文化层面对“四书学”进行区分，指出除学术层面的“四书学”外，还有文化层面的“四书学”，即在“四书学”思想传播过程中，人们逐渐接受“四书”所承载的儒家的价值观、人生观与思维、生活方式，行为、举止、思维受到潜移默化的影响，逐渐形成众人通约的心理意识、言行规范等，这使得“四书学”不仅是学术层面的属于精英士大夫的一套学术思想体系，而且也具有“通俗性”的一面，具有“自君主乃至庶人的普适性”。基于上述理解，作者试图对明前期的君主政治与“四书学”之间的互动关系做出分析，即“四书学”对明初国家治理方略的影响以及国家政治对明初“四书学”发展走向的影响。在对学术与政治之交互影响的分析中，作者探究了明前期政治文化形成的学术思想脉络，阐明了“四书学”对明初国家文治转向的作用。这是本书在写作思路、视角上的一大创新，突破了传统意义上的“四书学”研究。

出于对学术与政治之交互关系的认识，作者在具体分析过程中贯彻了“学术思想内在理路”与“社会政治外缘因素”两重进路的分析架构。如作者对明代“四书学”之兴起的分析，往前追溯了两宋、元代“四书学”的发展，指出宋、元“四书学”为明初“四书学”提供了理论前提、文献系统、人才队伍、制度范本等，明初“四书学”是对宋、元“四书学”的传承与延续，体现了学术发展自身的内在理路；而在具体展开过程中，作者又始终紧扣“四书学”之发展与当时社会政治的关系，如朱子“四书学”的传播与“庆元党禁”后南宋社会政治情况的关系、元朝科举制度的重建与“四书学”官学地位确立的关系等。

而作者对“四书学”与社会政治之互动关系的分析，又采用了历时性、动态性的分析方法。如作者在对洪武朝君主政治与“四书学”之关系的分析中，就指出朱元璋在立国初期以“明教化”“行先圣之道”为理念，蕴含着“复古”和“圣王”的追求，因此在国家制度设计、施政策略等方面都受到“四书学”相关内容的影响。但随着洪武朝君主专制的强化，政风趋向肃杀，朱元璋与儒学的关系也发生变化，他以政权威势对学术进行干预，形成了君主主导的文化话语体系，“四书学”与朱元璋治国理念的关系也日趋紧张，出现了“罢黜孟子配享”、编修《孟子节文》等事件。又如，作者指出，朱元璋之后建文帝标榜“文治”，其政风相较于洪武朝宽松很多，但随着靖难之役的成功，明朝政风一度回归“肃杀”。但是，由于洪武朝以来“四书学”深入明代教育体系和选官制度，“四书”深刻地影响着明代人的思维观念与方式，因此在科举出身的胡广等文臣集团的促动下，永乐朝进一步转向“文治”，如完成了《四书大全》等著作。同时，随着强势君主的驾崩，从仁宗、宣宗开始，明朝政风进一步趋向“文治”，内阁体制逐渐发挥作用，士大夫开始在政治生活中拥有一定的话语权，这些都和“四书学”文化的渗透、教育体系与科举制度促使士大夫集团成长有关。

此外，正是因为作者能够将“四书学”的发展置于具体的历史语境中展开分析，这使得作者对明初“四书学”史上的一些重要问题做出了全新的解读，如对朱元璋罢黜孟子配享、删节《孟子》等行为有全新的分析，而这些成果都是基于作者本书采用的全新视角，具有重要的学术价值。

李谷悦博士笃志好学，在南开大学完成学业之后，又来到湖南大学岳麓书院从事博士后研究，并围绕“四书学”方向开展了扎扎实实的研究工作。本书正是在他博士后研究成果基础上修订而成。作为一同研究中国“四书学”史并就此多次进行讨论交流的同道，看到本书即将付梓，颇感欣慰。我们深信，从不同角度、不同进路研究“四书学”，不仅有助于深化对“四书学”发展的认识，还有助于在当今时代更全面地思考儒学如何发展的问题，从而为当代中国民族精神的弘扬与中华优秀传统文化的传承与创新提供启迪。期待谷悦能够继续努力，不断积累，为学界奉献更多的“四书学”研究精品之作，为中华秀传统文化的传承发展做出更大贡献。

肖永明

2023 年 7 月于岳麓书院

目　录

绪　论

在日常生活中，我们常常以“四书五经”来指称中国传统的儒学典籍，“五经”指的是《诗》《书》《礼》《易》《春秋》五部经典，“四书”则指的是《论语》《孟子》《大学》《中庸》四部经典。“四书五经”概念的形成，与儒学的发展是密不可分的，有着两千多年的历史演化过程。在学术史上，比“四书五经”更为全面指称儒家经典的概念，是形成于宋代的“十三经”，“四书”中的《论语》《孟子》是“十三经”体系中的两部“经”，《中庸》《大学》则是《礼记》中的两篇“记”。

那么，为什么会有“四书”与“五经”对举的概念呢？它们到底是什么关系？这就要从经学与“四书学”的发展史说起。

一、经学与“四书学”解题

“经”的字面本义是纺织时的纵线，纺织过程中经线不动，纬线则围绕经线进行编织活动。因为经线有固定不动的特点，“经”字逐渐有了“恒常不变”的引申义，人们开始用“经”来称呼典籍，以强调其“恒常不变”的学术意义。汉代学者桓谭（前23—56）在《新论》中称：“经者，常行之典。”[①] 清代学者段玉裁（1735—

① （唐）李隆基：《孝经注序》，《十三经注疏》本，中华书局1980年版，第2539页。

1815）在《说文解字注》中认为："织之从丝谓之经，必先有经，而后有纬，是故三纲、五常、六艺谓之天地之常经。"①

（一）经学的发展与"十三经"体系的形成

在不同的历史时期，"经"的具体含义也有所变化。"经"在春秋战国时期指通行的古代典籍，而孔子（前551—前479）在这些典籍的整理与传授方面发挥了巨大的作用，《庄子·天运》载："孔子谓老聃曰：'丘治《诗》《书》《礼》《乐》《易》《春秋》六经，自以为久矣，孰知其故矣。'"② 这是"六经"一词所见最古之文献记载。

但是与庄子大致同一时代的孟子（约前372—前289）和荀子（前313—前238），在文献中大多称引、论说《诗》《书》《春秋》，而没有"六经"之名，而且这"六经"的排列顺序与汉代经今文学家主张的学习次第一致，所以也有学者认为《天运》应成于汉代的经今文学家之手，并非战国时代的作品。而西汉史学家司马迁（前145—前87）在《史记·孔子世家》中对"孔子编定六经"有更为详细的说法：

> 孔子之时，周室微而礼乐废，《诗》《书》缺。追迹三代之礼，序《书传》，上纪唐虞之际，下至秦缪，编次其事。曰："夏礼吾能言之，杞不足征也。殷礼吾能言之，宋不足征也。足，则吾能征之矣。"观殷夏所损益，曰："后虽百世可知也，以一文一质。周监二代，郁郁乎文哉。吾从周。"故《书传》《礼记》自孔氏。
>
> 孔子语鲁大师："乐其可知也。始作翕如，纵之纯如，皦如，绎如也，以成。""吾自卫反鲁，然后乐正，《雅》《颂》各

① （汉）许慎撰，（清）段玉裁注：《说文解字注》，上海古籍出版社1988年版，第644页。

② 陈鼓应注译：《庄子今注今译》，中华书局1983年版，第419页。

得其所。”

古者《诗》三千余篇，及至孔子，去其重，取可施于礼义，上采契后稷，中述殷周之盛，至幽厉之缺，始于衽席，故曰“《关雎》之乱以为《风》始，《鹿鸣》为《小雅》始，《文王》为《大雅》始，《清庙》为《颂》始”。三百五篇孔子皆弦歌之，以求合《韶》《武》《雅》《颂》之音。礼乐自此可得而述，以备王道，成六艺。

孔子晚而喜《易》，序《彖》《系》《象》《说卦》《文言》。读《易》，韦编三绝。曰：“假我数年，若是，我于《易》则彬彬矣。”

孔子以《诗》《书》《礼》《乐》教，弟子盖三千焉，身通六艺者七十有二人。如颜浊邹之徒，颇受业者甚众。①

目前来看，“六经”所称的六部典籍与孔子的具体关系还有进一步研究的空间②，但是孔子对“经”文本形成的贡献是不可忽视的。根据《论语》《孟子》《荀子》《庄子》《史记·孔子世家》等材料，孔子不仅对“经”进行一定的整理，而且将其作为收徒教学的教材，传播儒家思想，对后世儒学的发展影响深远。

当然，“经”在春秋战国并非儒家所专有，诸子百家都会依据当时通行的这些典籍来阐述自己的思想。例如，《墨子》中也有很多引用《书》《春秋》的内容，可见这两部典籍颇为墨家所看重。

秦始皇（前259—前210）统一天下以后，为了便于统治，下令搜书焚书，禁止私学，只许中央有保留典籍的权力。秦始皇死后不

① （汉）司马迁：《史记》卷四十七《孔子世家》，中华书局1982年版，第1935—1938页。

② 关于孔子与“六经”具体关系的研究，可以参见周予同《中国经学史讲义》、黄永年《古文献学讲义》、叶纯芳《中国经学史大纲》等著作的相关内容。

久，农民义军与六国贵族后裔纷纷起兵，战乱四起。项羽（前232—前202）焚烧咸阳宫，典籍焚毁、散佚者甚多，实为中国文化史和文献史上的一次浩劫。

西汉建立后，出于稳定统治秩序的考虑，尤其是建构大一统国家的需要，儒学逐渐获得官学地位。汉武帝（约前156—前87）于建元五年（前136）设“五经博士”，此为“五经”概念的起始，“五经”从此成为中国传统经学典籍最常见的代名词。《易》《诗》《书》《礼》《春秋》各自设立博士官，专门传授儒家经学，《乐》则由于始皇帝焚书和秦末战乱而失传。①“五经”体系确立和儒学官学化对后世影响深远，此后学术史上又有“传记升格”的调整运动，最终至宋代形成“十三经”的经学体系。

传、记是对经文的解释性文献。经文依托于传、记等流传于后世，传、记也和经文一起得到后世学者的尊崇。汉代经学中，传、记占有重要的地位，学者因为对传、记文献的理解不同，形成各自不同的师承流派。汉武帝时设五经博士，形成了七家“师法”：《书》《易》《春秋》《礼》各一家，《诗》则有齐、鲁、韩三家，此后经学逐渐与利禄、权力相关联。随着两汉经学家“师法”“家法”的峻别和“经今古文学”的分歧，争讼不已，经学体系也因之不断变化。一些典籍被补入经学体系，如《孝经》《论语》升为经书而有“七经”之说；传、记也出现了“升格”趋势，变得与经文同样重要，如《春秋公羊传》《礼记》等。与之相应，学官制度也发生变化，至东汉末年形成十四家经学博士。东汉末年，汉灵帝（156或157—189）命蔡邕（133—192）等人正定经、传文字，刻立石碑，统一了两汉以来流传的经、传文字，此即“熹平石经”，为历代官方刊刻石经之始。在学术与利禄竞争中，“经今古文学”的界限也

① 关于《乐》经之有无，学术界存有争议，可以参见周予同《中国经学史讲义》等著作的相关内容。

逐渐模糊，东汉末年大学者郑玄（127—200）努力打破“经今古文学”的“家法”，融合诸家，留下“三礼注”等著述，对后世经学发展影响深远。

魏晋南北朝时期，古文经学博士官也得以设立，发展出了经、传合编的“集解”体。最初合编经、传是为学者方便解释经文，后来学者们对传、注的重视逐渐超过经文本身，于是“经传集解”著述大盛。与此同时，经学的诠释呈现出玄理化趋势，发展出“义疏”的诠释方法。随着南北朝对峙局面的形成，又形成了“南学重玄理”“北学重经解”的学术局面。

隋朝重新统一南北，国家对经学也开始进行重新整合。至唐初，国家编修了融合南北经学的《五经正义》，经义由官方统一。在科举中的明经科确立以后，唐朝便有了“九经”的说法，即“三礼”、《春秋》“三传”与《诗》《书》《易》三经。唐中期以后，经学发生了新的变革：《孝经》的地位得到官方进一步认可，尤其是得到了唐玄宗（685—762）的大力推崇；《孟子》得到韩愈（768—824）、柳宗元（773—819）等学者的重视，其地位呈不断上升趋势。

韩愈建构了“道统”谱系；《大学》与《中庸》也得到韩愈、李翱等学者的推重，与《孟子》结合建构了儒学的心性论；春秋学有了很大发展，“君臣之义”与“尊王论”得到啖助（724—770）、赵匡、陆淳一脉学者的阐扬。这些新变革为宋代新经学产生奠定了基础。经书体系也在唐中后期发生相应的变化，唐文宗（809—840）时期的“开成石经”，确定“十二经”，加入《孝经》《论语》《尔雅》三经，官方承认其经书地位。

五代十国时期，后蜀国主孟昶（919—965）刊刻“十一经”，除去《孝经》《尔雅》，保留《论语》并增加《孟子》，但“十一经”体系在儒家内部有很多争议，影响力也比较小。宋代新经学在唐中后期的基础上进一步发展，经书的刊刻与经学的研究得到很大发展，清代经学家皮锡瑞（1850—1908）因此称这一时期为北宋经学“变古时期”。

北宋初时《孝经》《尔雅》《论语》三经的疏义编定，汉、唐流传的注疏学体系至此完成。孙复（992—1057）、胡瑗（993—1059）接续《春秋》学的“君臣之义”与“尊王论”，奠定了宋代《春秋》学的主流地位。宋仁宗（1010—1063）以后，讲实用、讲义理、关心政治的学者日益不满汉唐的章句训诂，而纷纷开创符合时代的“新经义”，如刘敞（1019—1068）、王安石（1021—1086）、苏轼（1037—1101）等。而在北宋诸多新兴学术流派中，对后世经学与儒学影响最深远的是周敦颐（1017—1073）、邵雍（1012—1077）、张载（1020—1077）、程颢（1032—1085）、程颐（1033—1107）等人开创的理学派。他们建构了具有哲学思辨意义、重视“心性论”与“工夫论”、传承“道统”谱系的理学思想体系，在扬弃传统经学诠释方法的基础上，倡导以阐扬义理为重点的理学化的新经学。

至南宋，朱熹（1130—1200）集北宋至南宋初的理学与经学大成，并融合、吸收同时代张栻（1133—1180）、吕祖谦（1137—1181）、陆九渊（1139—1193）等学者的主张，在经学研究的基础上建构了更为完善的理学思想体系，形成后世所称的“朱子学”，对中国此后的治国理念、学术思想与社会文化乃至东亚诸国数百年政风、文教均产生了深远影响。《孟子》也正式升格为经，“十三经”体系最终成型。

（二）“四书”结集与“四书学”的成立

“四书”的文本大体产生于先秦，在朱熹将其结集之前，其学术传承是独立的。《论语》最早获得经书地位，《孟子》则在南宋才正式升格为经书。《中庸》和《大学》的地位自唐中期以后不断提升，受到倡导义理的学者们的表彰。至南宋，朱熹最后完成了“四书”结集，正式确定了“四书”之名并建构了“四书学”学术体系。

南宋淳熙九年（1182），《四书章句集注》在婺州（今金华）第一次合刻刊行，朱熹系统阐述了自己关于“四书”与相应的理学思想，标志着朱熹的“四书学”学术体系构建基本完成，从此世间有了正式的“四书”之名。“四书学”的称法，也在元代正式出现，理学家熊禾（1247—1312）在《赠陈教谕》中有“考亭四书学，日月行万古”① 之句。

关于“四书学”在现代学术意义上的定义，由于学者们的研究角度与侧重点不同，产生了很多种不同的解释。有从“朱子学”角度论述并界定“四书学”的，也有从“宋学”与“理学”角度论述“四书学”定义的。

其中，最主要的争论集中在“四书学”的名实问题上，即何时才有的“四书学”？一部分学者认为，朱熹结集之前并没有所谓的“四书”之名，自然也没有“四书学”；另一部分学者认为，朱熹结集之前尽管没有“四书”之名，但是历代学者对《论语》《孟子》《大学》《中庸》的研究未尝间断，而且为“四书”最后得以结集奠定了坚实的基础，所以这段学术史不能说与“四书学”无关，可以称结集前的学术研究为“四门之学”“四子之学”等。②

目前最为稳妥的定义，是以“四书”本体作为依据而提出的，即“《四书》学，是指历代学者对《论语》《大学》《中庸》《孟子》这几部著作的解说、阐述、注疏、发挥而形成的研究成果”③。如此，“四书学”的概念便紧扣“四书”文本的研究，与“朱子学”“宋学”“理学”在概念上既有重合，又各有侧重；既非专注思辨、义理的逻辑学体系，也非纯粹训诂、考证的文献学体系。

---

① （元）熊禾：《勿轩集》卷七《赠陈教谕》，《文渊阁四库全书》本，集部别集类第1188册。

② 例如，朱汉民、肖永明在《宋代〈四书〉学与理学》一书中便称结集前关于“四书”的研究为“四门之学”。

③ 朱汉民、肖永明：《宋代〈四书〉学与理学》，中华书局2009年版，第21页。

实际上，对“四书学”的名实问题，我们可以用广义与狭义来界定，广义“四书学”就是历代对“四书”文本进行研究的学问，包括结集前名实分离的“四门之学”；狭义“四书学”就是朱熹结集后名实相符的“四书学”。相对于“四书学”的广狭界定，广义的经学应当包含“四书学”，即庞大的“十三经”体系，《论语》《孟子》自南宋后就都是经书了，而《大学》《中庸》是《礼记》中的两篇，也包含于“十三经”中；而狭义的经学专指“五经之学”，更强调“四书学”和“五经之学”的区别，在学术思想上多见于清代“汉学”“宋学”间的论争。

张载、程颐、程颢等学者在建构新经学时，特别重视阐扬《易经》《大学》《中庸》所蕴含的哲学思辨思想，朱熹将《中庸》《大学》同《论语》《孟子》结集，并进一步建构了具有内在联系的理学思想体系，将汉代本为传、记的“四书”作为理学的重要文本。随着元、明两代理学思想成为官方意识形态，“四书”也具有了和“五经”相提并论的经典地位，而且在科举考试的推动下，“四书学”的社会影响力逐渐超越“五经之学”，在一定程度上改变了汉代以来“重经轻传”的学术格局，为清代“汉学”的兴起做了铺垫。值得注意的是，尽管在清代学术界兴起了“汉学”与“宋学”的争论，“汉学”产生了巨大的影响力，但是官方治国理念和科举考试仍以程朱理学和朱熹“四书学”为基本依据。

朱熹是继东汉郑玄之后又一位为经学建立新体系的大学者。朱熹的经学论著非常丰富，对“五经”也进行了系统研究和理学诠释，《易》有《易本义》，《诗》有《诗集传》，《书》有《书集传》[未完成，最终由门人蔡沈（1167—1230）完成]，《礼》有《仪礼经传通解》。对《春秋》学，朱熹没有著述，也许是因为胡安国（1074—1138）的《春秋传》在当时来看已经很完善，但是朱熹通过《资治通鉴纲目》同样阐扬了“君臣之义”与“尊王论”等“春秋义理”。此外，朱熹还著有《孝经刊误》，对今古文《孝经》进行定本研究。当然，朱熹对经学发展最大的影响还是在经学体系基础上建构了“四书学”体系，既出于经学体系，与经学的发展不可分割，又与经学体系有差别，不能简单混同。

二、21世纪明前期“四书学”史研究综述

从明末开始，就有学者对明代“四书学”史进行梳理。至清代，虽然学者们的学术立场有差别，但对明代“四书学”史的整理、考证亦颇为关注，留下不少研究成果。20世纪以后，明代“四书学”史研究也随着经学史、思想史、学术史的研究不断发展，并在不同的领域内取得了相应的成果。

进入21世纪，出现了“四书学”的研究专著，如周春健《元代四书学》（2008），朱汉民、肖永明《宋代〈四书〉学与理学》（2009）等，极大地推动了中国“四书学”史的研究。明代“四书学”研究也较以往呈现更为繁荣的态势。

尽管目前还没有明前期“四书学”史的专著，但有很多成果从不同角度奠定了本书的研究基础，主要如下。

单经史研究：《论语》研究有李春强的博士学位论文《明代〈论语〉诠释研究》（2014），该文将明代《论语》著述置于程朱理学、陆王心学、整合会通等视野下进行解析，对明代《论语》的诠释路径进行反思，认为由程朱理学到陆王心学、由经学到文学是明代《论语》诠释演进的两大特征。《孟子》研究有孙计康的硕士学位论文《明代〈孟子〉考据学研究》（2010）、陈育宁的硕士学位论文《明前、中期孟学研究》（2013）、黄智英的硕士学位论文《明后期孟学研究》（2013）、周冰冰的硕士学位论文《明代〈孟子〉义理学研究》（2015）等，对明代孟学研究形成了基本的覆盖。《中庸》研究有马越的硕士学位论文《明代后期〈中庸〉学研究》（2014）。

《大学》研究有刘勇的专著《变动不居的经典——明代〈大学〉改本研究》（2016），该书探讨明中后期阳明学者推动《大学》文本改定，冲击了“朱子四书学”权威和制度规范，进而引发学术竞争和社会文化变革的过程。

分期史研究：王园园的硕士学位论文《明代前期四书学考论》（2013）结合经学史与文献学方法，对明代前期“四书学”的兴起背景与著述情况、科举制度与《四书大全》的关系、“四书学”学者的学派传承等问题进行考论。

区域学派研究：周天庆的专著《明代闽南四书学研究——以宗朱学派为中心》（2010）对闽南区域“朱子四书学”的传承进行了考察，指出其在文化教育领域和明代理学史上的价值。

“四书学”学者专题研究主要有季蒙的专著《主思的理学——王夫之的四书学思想》（2005），周兵的专著《天人之际的理学新诠释：王夫之〈读四书大全说〉思想研究》（2006），台湾学者庄凯雯的专著《王船山〈读四书大全说〉研究：由心性论到知人之学》（2009），此三部专著从思想史、诠释学和文化学角度对王夫之“四书学”思想进行探析，揭示其会通学术、反思理学的成就及其对清初学术的影响。台湾学者吴伯曜的硕士学位论文《林兆恩〈四书正义〉研究》（2007）对林兆恩“三教合一”与“四书学”思想的融合进行了考察。罗永吉、简瑞铨各有一部题为《四书蕅益解研究》（2007）的专著，由花木兰文化出版社合编出版，二书考察明末高僧蕅益智旭“援佛入儒”论述“四书学”的理念与文化影响。简瑞铨还有专著《张岱〈四书遇〉研究》（2008），对明末学者张岱的“四书学”思想进行梳理，指出了《四书遇》的学术价值。

“四书学”著述专题研究主要有张佳佳的硕士学位论文《〈孟子节文〉研究》（2007）、闫春的博士学位论文《〈四书大全〉的编修与传播研究》（2009）、唐开艳的硕士学位论文《成人君之美——夏良胜的〈中庸衍义〉研究》，此三篇学位论文分别对《孟子节文》《四书大全》《中庸衍义》产生的背景、流传的过程进行梳理，讨论其价值与影响。此外，《大学衍义补》也颇受学术界关注，有四篇研究视角各异的学位论文，拓展了《大学衍义补》研究的深度与广度。

海外目前也没有明前期“四书学”的研究专著，但仍有很多成果值得关注。如日本学者内野台岭的专著《四书通论》（1972）、佐野公治的专著《四书学史研究》（1988）、松川健二的专著《论语思想史》（2006）等，均有一定的参考价值。水野实、鹤久成章等日本学者的期刊、会议论文也偶尔涉及明代“四书学”史的专题研究。

台湾学者林庆彰、黄俊杰与香港学者朱鸿林等人的成果①，也非常值得参考。

综合来看，目前学术界关于明前期“四书学”的研究成果主要集中于三个问题。（1）《孟子》与明前期专制君主的冲突及其影响，主要是批判朱元璋的武断和狭隘；（2）《四书大全》的编修及其与科举制度结合后对明代学术发展的影响，主要是谈束缚人们思维的负面影响；（3）明前期“四书学”缺乏思辨新意从而导致明中期儒学的困顿和“阳明学”的兴起。这三个问题有一些论断还可以进一步讨论，为本书提供了非常重要的思考方向。

2022年，湖南大学岳麓书院肖永明教授任首席专家的国家社会科学基金重大项目“中国四书学史”顺利结项，为未来的“四书学”研究奠定了更加坚实的基础。

---

① 林庆彰：《明代经学研究论集（增订本）》，华东师范大学出版社2015年版；林庆彰：《明代考据学研究》，华东师范大学出版社2015年版。黄俊杰：《孟学思想史论》卷二，台北“中研院”中国文哲研究所筹备处，1997年；黄俊杰：《中国孟学诠释史论》，社会科学文献出版社2004年版；黄俊杰编：《东亚儒者的四书诠释》，台湾大学出版中心2005年版。朱鸿林：《中国近世儒学实质的思辨与习学》，北京大学出版社2005年版。

三、本书视角与结构

宋代的学者大多是拥有政治地位的士大夫，所以宋代无论是理学家还是其他学者都是热心政治的人，形成了紧密围绕君主治国，以“致君尧舜上”为理想的积极改造国家制度与社会秩序的士大夫政治文化。“四书学”的发展、结集乃至结集后的发展同样与君主政治不可分割。

朱熹将理学与“四书学”紧密结合，使“四书学”在与君主政治相联系的同时，也使“四书学”与人自身的修养与成长相联系，使之对君主乃至庶人都有普适性。所以，朱熹新建构的“四书学”体系的普适性要超过传统的“五经之学”。此外，他还有实用性很强的《朱子家礼》传世，对社会产生了深远的影响，推动了“礼教下移”。在这个过程中，“四书”文本固然具有优势，但朱熹耗尽心血的理论贡献同样非常重要。

此外，在学术层面的“四书学”之外，文化层面的“四书学”也不容忽视，“四书学”对社会文化也产生了深远影响。“四书学”作为一门学问，承载着儒家的价值观、人生观与生活之道、思维方式，在被人接受、学习的过程中会对人的行为、举止产生潜移默化的影响，逐渐形成众人通约的心理意识、知识基础与言行规范，形成“四书学”文化。

人们在阅读“四书”时，需要相应的传注释文作为辅助，“四书学”思想因之对读者产生作用。元、明、清三代“四书学”的影响力又通过书院和学校教学，配合科举考试而得到进一步强化。“四书学”文化与理学文化相通，因为“四书”结集后形成了以程朱理学为主要诠释路径的“四书学”。但是，“四书学”文化也有不同于理学文化之处。相对于理学文化的精英倾向，“四书学”文化还具有通俗的一面，这是由“四书学”立足于“四书”文本这一根本特征所决定，关键在于对文本的诠释。

朱熹去世之时正值南宋“庆元党禁”，“朱子学”被贬斥为伪学，“四书学”的传播环境也很恶劣，但为什么会在元、明、清三代发展成为国家主流治国理念的重要组成部分？君主政治是确定国家治国理念的关键，那么宋、元至明前期的君主政治与“四书学”发生了哪些联系？明前期君主专制空前加强，这与宋、元“四书学”的发展又有何关联？从书目文献和存世“四书学”著述统计情况来看，明中期以后“四书学”著述激增，为一时显学，这又与明前期“四书学”的发展有何关联？从学术层面来看，明代“四书学”似乎乏善可陈，事实真是如此吗？如果说学术层面的“四书学”乏善可陈，那么文化层面的“四书学”又该如何评价呢？

本书正是基于上述疑问而展开讨论的，希望从“四书学”自身发展路径与外因扰动两条线索来对明前期“四书学”史进行梳理，分析明前期君主政治和“四书学”的相互作用及其对国家治理方略的影响。本书由此形成如下结构。

绪论阐释本书的基本概念与研究视野，梳理经学、“四书学”的发展脉络及其关系，对研究的学术史进行基本回顾。

第一章从学术史、政治史两条线索来论述宋、元“四书学”的发展历程，展现其发生的原委。

第二章从文献学和学术思想史角度，对明代“四书学”的著述进行梳理、分析，总论明代“四书学”的发展史，并结合明史分期，总结明代各时期的“四书学”发展特征。

第三章专论洪武朝“四书学”的发展，阐述专制君主与文臣集团、皇权政治与民本思想之间的紧张与调适，重点分析朱元璋“罢黜孟子配享”和编修《孟子节文》两大公案，解读朱元璋的“圣王”心态和洪武朝政风对“四书学”的影响。

第四章展现“靖难之役”对明初“文治”转向的影响和对永乐

朝政治风格的奠基，对《四书大全》的编修与价值进行全面论述，并对朱元璋、朱棣治国策略的异同进行比较。

第五章从制度角度，展现明前期“四书学”和国家政治的结合，既培养了国家需要的文治人才，又缩小了南北文化的差距，促进了国家统一与“文治”转向，但从长远角度来看又禁锢了“四书学”的学术创新，埋下了明中期“四书学”变革的种子。

第一章　明代“四书学”兴起的背景

1368年，朱元璋（1328—1398）在应天府（今南京）称帝，年号洪武，国号大明。同年，大将徐达（1332—1385）率领的明军逼近大都（今北京），元顺帝（1320—1370）撤往上都，元朝对中原的统治至此结束。从国家制度的角度来看，新兴的明朝借鉴了汉、唐、宋、元国家制度的传统并做了一系列改建，其基本体系在洪武时期已经成型，在永乐时期发生重大改变，在正德、嘉靖年间又有部分调整。从政治文化精神的角度来看，明初建立的国家体制渗透着一种以英明君主为天下代言立则的精神，即以自我标榜为“圣王”的“王圣”精神①，表征为中央集权，严于治吏、宽于治民的政治理念等。永乐朝以后，礼乐政治与文官政治的精神又逐渐上升为主导的政治理念，并从多重角度体现在国家制度和政策之中。可以说，明朝的国运、成就与弊端大体上肇端于洪武至永乐时期的国家整体设计中，明代“四书学”的发展基调也奠定于此时期。

明代“四书学”的兴起，是“四书学”发展的内在理路与明初

---

① 关于“圣王”与“王圣”的政治思想史批判，参见刘泽华：《王、圣相对二分与合而为一——中国传统社会与思想特点的考察之一》（《天津社会科学》1998年第12期）以及刘泽华与葛荃、张分田、林存光等学者的论著，他们被李振宏称为“王权主义学派”。具体可参见李振宏：《中国政治思想史研究中的王权主义学派》，《文史哲》2013年第4期。

国家、社会等外缘因素双重作用的结果。所谓“内在理路”，余英时（1930—2021）在《清代思想史的一个新解释》一文中有过具体解释，是他对先前思想史研究范式的一种补充：

> 无论是政治的解释或是经济的解释，或是从政治解释派生下来的反理学的说法，都是从外缘来解释学术思想的演变，不是从思想史的内在发展着眼，忽略了思想史本身的生命。我们大家都知道，现在西方研究 intellectual history 或 history of ideas，有很多种看法。其一个最重要的观念，就是把思想史本身看作有生命的、有传统的，这个生命、这个传统的成长并不是完全仰赖于外在刺激的，因此单纯地用外缘来解释思想史是行不通的。同样的外在条件、同样的政治压迫、同样的经济背景，在不同的思想史传统中可以产生不同的后果，得到不同的反应。所以在外缘之外，我们还特别要讲到思想史的内在发展。我称之为内在的理路（inner logic），也就是每一个特定的思想传统本身都有一套问题，需要不断地解决，这些问题，有的暂时解决了，有的没有解决，有的当时重要，后来不重要，而且旧问题又衍生新问题，如此流转不已。这中间是有线索条理可寻的。①

他用“内在理路”来概括学术思想发展的内在要求，从思想传统本身出发来讨论其发展轨迹的成因，这是思想史研究中不可忽略的视角。当然，内在理路与外缘因素也是不能截然分开来谈的，余英时在讨论清代儒学中“道问学”与“经世致用”的关系时，也认为

① 余英时：《清代思想史的一个新解释》，傅永聚、韩钟文主编，李绍强本卷主编：《儒家学派研究》，中华书局2003年版，第499页。

“‘道问学’之兴也自有其外缘的一面”①，只有将二者结合起来分析才能更加合理地了解某一思想的发展脉络。因此，本章也将从学术思想史内在理路和政治外缘因素两条线索来梳理两宋与元代“四书学”的发展历程。

第一节　两宋“四书学”的发展历程

明代“四书学”是在宋、元“四书学”的基础上发展而来的，这是“四书学”发展的内在理路，宋、元“四书学”为明代“四书学”发展提供了学术思想资源，其发展历程也为明代“四书学”提供了最直接的经验与教训。

两宋是“四书学”发展的关键时期，新儒学与“四书学”之间发生深刻的内在联系，是“四书”结集并正式产生“四书学”学术体系的时期。面对新的社会变迁与佛、道两教的文化压力，北宋儒者接续了唐中期以后的儒学复兴运动，学术重心向可以与佛、道两教在理论上抗衡的更加重视探讨道德性命的义理之学转移。

这种学术重心转移改变了宋代儒学经典的格局。尽管北宋的儒者对“五经”仍有关注，但是《论语》《孟子》《大学》《中庸》四部先秦儒家典籍逐步占据了越来越重要的地位。《论语》的地位得到进一步提升，《孟子》升格运动②在经历了五代乱世的沉寂后重新兴起，《大学》《中庸》也被重新诠释与择取。

---

① 余英时：《中国思想传统的现代诠释》，（台北）联经出版事业公司 1987 年版，第 422 页。

② 《孟子》与孟子其人在唐宋之际有所谓的“升格运动”，具体可参见周予同：《群经概论（增订本）》，上海人民出版社 1996 年版，第 289 页。

一、北宋儒学的新发展与朱熹“四书学”思想的成型

在北宋新儒学的推动下，“四书学”有了极大的发展，产生了大量成果。在众多学者中，周敦颐（1017—1073）、邵雍（1011—1077）、张载（1020—1077）、程颢（1032—1085）、程颐（1033—1107）“北宋五子”最为突出，他们以《易传》和《论语》《孟子》《大学》《中庸》为依据来阐述建构理学思想体系，对两宋“四书学”的发展影响最大，为“四书”的最终结集奠定了坚实的学术基础。除“北宋五子”等理学家外，北宋的其他学术流派的学者，如王安石（1021—1086）、司马光（1016—1086）、苏轼（1037—1101）等，也对《论语》《孟子》《大学》《中庸》多有关注，为后世留下了丰富的“四书学”论著。

尽管在北宋时期理学思想体系的建构过程中张载、程颢、程颐等学者很重视发掘“四书”的价值，可事实上“四书”的作用与地位仍然不如《易传》。这种状况到了南宋发生变化，“四书”逐渐成为理学思想体系最为重要的学术资源，这种变化与朱熹（1130—1200）结集“四书”的学术活动密不可分。

淳熙九年（1182），朱熹在婺州首次将《论语集注》《孟子集注》《大学章句》《中庸章句》结集刊行，经学史上的“四书”之名至此出现。《四书章句集注》是朱熹长期研究“四书学”的成果，标志着朱熹“四书学”的成熟，也标志着朱熹的理学思想体系基本成型。朱汉民、肖永明认为，“只有到了朱熹这里，《四书》才成为能够与《五经》并立，并且地位已高于《五经》的经学体系。朱熹当之无愧地成为新经学体系——《四书》学的定型者。”①

① 朱汉民、肖永明：《宋代〈四书〉学与理学》，中华书局2009年版，第211页。

之所以这样说，首先是因为朱熹完成了“四书学”的体系化。他不仅将“四书”结集刊行而有了“四书”之名，更从道统传承、进学次第、体认涵养、思想内涵、实践工夫等方面对“四书”之间的内在联系加以阐述，建构了“四书”之实，使“四书”成为从内容到形式都有机结合在一起的学术体系，此后便有了以“四书”为题的“四书学”著述。

其次是因为朱熹实现了“四书学”的综合化与集大成。“四书”文本产生于先秦，汉、唐至北宋产生了大量的相关成果，其中既有训诂注解，亦有义理诠释，思想观念更为复杂。朱熹折中诸家，兼容并蓄，多方面、多层次地吸收前代成果，形成了自己博大精深的“四书学”思想体系。他的《四书章句集注》《四书或问》等“四书学”著述也因此成为“四书学”史上的集大成之作，开启了题为“四书”的“四书学”论著史。

最后是因为朱熹推动了“四书”的经典化。与朱熹同时代及之前北宋的学者们也关注过“四书”的诠释，纷纷引“四书”为依据阐明自己的学术主张，但是只有朱熹穷尽一生精力专门研治“四书”。虽然他自己觉得五十岁以后于“四书学”无太大突破，自称“五十岁已后，觉得心力短，看见道理只争丝发之间，只是心力把不上。所以《大学》《中庸》《语》《孟》诸文字，皆是五十岁已前做了。五十已后，长进得甚不多”①，但实际上他一直没有停止对“四书”的研究，曾在书信中自称：“熹于《论》《孟》《大学》《中庸》，一生用功，粗有成说。然近日读之，一二大节目处犹有谬误，不住修削，有时随手又觉病生。以此观之，此岂易事？若只恃一时

① （宋）黎靖德编：《朱子语类》卷一百四《自论为学工夫》，中华书局 1986 年版，第 2621 页。

聪明才气，略看一过，便谓事了，岂不轻脱自误之甚耶？”①

朱熹身体力行，言行一致，对“四书”尤其是对《大学》的研究，从未放松。他曾自述道：“‘某于《论》《孟》，四十余年理会，中间逐字称等，不教偏些子。学者将注处，宜子细看。’又曰：‘解说圣贤之言，要义理相接去，如水相接去，则水流不碍。’后又云：‘《中庸解》每番看过，不甚有疑。《大学》则一面看，一面疑，未甚惬意，所以改削不已。’”② 据清代王懋竑（1668—1741）《朱子年谱》载：

> （庆元六年）三月辛酉，改《大学诚意章》。
>
> 三月初，先生病已甚，犹修书不辍。夜为诸生讲论，多至夜分，且曰：“为学之要，惟在事事审求其是，决去其非，积累久之，心与理一，自然所发皆无私曲。圣人应万事，天地生万物，直而已矣。”是日，改《大学诚意章》。午后暴下，不能兴，随入室堂，自此不复能出楼下。
>
> 甲子，先生卒。③

据此可知，朱熹在去世前的第三天仍在对《大学》进行修改，可以说《四书章句集注》是朱熹倾尽一生心血的著述。他用远多于研究其他领域的精力来研治“四书”，并经常将“四书”与“五经”对比，突出“四书”的优先性与重要性，推动“四书”经典化进程，为后世“四书”地位与“五经”相俦的经学体系奠定了理论根基。

---

① （清）李绂编：《朱子晚年全论》卷四《书·答胡季随》，中华书局2000年版，第157页。

② （宋）黎靖德编：《朱子语类》卷十九《语孟纲领》，中华书局1986年版，第437页。

③ （清）王懋竑：《朱熹年谱》卷四，中华书局1998年版，第265—266页。

基于上述三点，我们可以说，朱熹实现了新经学体系的定型，将“四书学”思想体系的正式确立与理学思想体系的完成相统一，一个以理学为思想内涵、诠释主题的“四书学”经学形态由此产生。另一方面，他将理学中的探讨“理与气”“道与器”“太极”和“理一分殊”等问题的天理论与探讨“天命之性”“气质之性”“性与情”等问题的心性论，融入对“四书”的诠释中，并结合包括格物致知、居敬穷理、涵养力行等修持方法的工夫论，建立了以“四书学”为学术形态的理学思想体系。

当然，我们也要注意到，与朱熹同时期的湖湘学派、象山学派与事功学派的学者也多有“四书学”研究成果传世，虽然他们没有建构起严整的“四书学”思想体系，但也为后世留下了宝贵的“四书学”财富。例如，胡宏（1102—1161）、张栻（1133—1180）、陆九渊（1139—1193）的“四书学”研究各有侧重，与朱熹“四书学”在人性论、心性论、义利之辨等问题上有所差别。胡宏于《论语》《孟子》《中庸》《易传》上用功颇多，提出既具超越性又具内在性的“性本体论”和强调“致知”的工夫论；张栻提出“理”“太极”等本体范畴，补充、修正胡宏的“性本体论”，同时对“义利之辨”与人性论也有独到见解；陆九渊以《孟子》为依据论述“本心”的内涵，将“心”与“理”归为一体，并立足其“发明本心”之说对《大学》的“格物论”进行改造与阐释。尽管有朱熹的“四书学”集大成之作，但三位学者的“四书学”成就在两宋“四书学”史上也是不可忽视的。

二、朱熹“四书学”的传播与“庆元党禁”

两宋时期的学者建构了较前代儒学更具人文价值信仰、更显理性哲学思辨、更切合日用工夫的新儒学，大多以“四书”为依据，而理学更是与“四书学”紧密结合，至南宋正式形成了理学“四书学”。在学术思想研究的同时，两宋学者也在浓烈的士大夫情怀与现实利益诉求的双重作用下，积极传播各自的学术主张，力图将学术思想转化为具有正统性的官学，转化为国家的治理方略与社会制度，进而发展成为影响社会大多数人思想观念的主流文化。

大体来看，士大夫与学者们往往通过两种途径来实现上述目标。一种途径是通过经筵进讲、奏札封事、进呈著述等方式来影响最高统治者与国家上层人物，此为影响庙堂政治的上层路线。另一途径是通过创办非官学的书院、参与书院讲学、编修刊行著述和普及读物等活动来教化、争取民间有影响力的士绅团体和宗族势力，此为影响民间社会的基层路线。两宋理学与“四书学”同样以这两种途径传播。

此外，学者通过培养门生使自己的学术思想能够传承下去，形成学术流派，这是影响学术思想通过上述两个途径进行传播的中坚力量。朱熹完成“四书学”学术体系和理学思想体系建构以后便和门生弟子积极从事学术传播活动，促进学术思想的社会化。①

朱熹的经筵进讲以《大学》为主。南宋绍熙五年（1194）八月，朱熹任焕章阁待制兼侍讲，为即位不久的宋宁宗（1168—1224）进讲。自十月十四日首次经筵讲学，至闰十月十九日，他七次进讲的内容都是《大学》，以阐述三纲八目为重点。前文说到《大学章句》是朱熹于“四书”中用功最多的，他为之分经传、补传文，对其思想意义十分看重，所以在难得的进讲机会中，他一直在讲述《大学章句》，并在《经筵讲义》中明确表达自己对皇帝的希望：

> 前章略提纲领，后章细分条目，巨细相涵，首尾相应，极为详备。盖夫子所诵古经之言而曾子记之。自此以下，传文十

① 可参见朱汉民、肖永明著《宋代〈四书〉学与理学》附论《宋代理学〈四书〉学的传播与理学的社会化》一文。

章，则曾子之意而门人记之也，当俟异日详究其说。然必先读经文，使之习熟，而纲领条目罗列胸中，如指诸掌，然后博考传文，随事体察而实致其力，使吾所以明德而新民者无不止于至善，而天下之人皆有以见其意诚、心正、身修、家齐、国治、天下平之效，则大学之道不在于书而在于我矣。伏惟陛下深留圣意，则天下幸甚！①

希望皇帝能够按照格物、致知、正心、诚意、修身、齐家、治国、平天下的顺序修炼自己的心性，将大学之道体现于政治实践中，实现“内圣外王”的目标。

在经筵进讲之外，朱熹也曾多次上疏、封事，阐述自己对当时国家政治、经济、军事等问题的看法和学术思想主张，对庙堂政治产生影响，其内容多依托理学与“四书学”。早在宋孝宗（1127—1194）即位的绍兴三十二年（1162），朱熹曾在所上的《壬午应诏封事》中强调孝宗应该重视《大学》，称《大学》的格物致知、正心诚意之学为“帝王之学”，并将其与“人心惟危，道心惟微，惟精惟一，允执厥中”十六字心传相结合。

臣闻之：尧、舜、禹之相授也，其言曰：“人心惟危，道心惟微，惟精惟一，允执厥中。”夫尧、舜、禹皆大圣人也，生而知之，宜无事于学矣。而犹曰精，犹曰一，犹曰执者，明虽生而知之，亦资学以成之也。陛下圣德纯茂，同符古圣，生而知之，臣所不得而窥也。然窃闻之道路，陛下毓德之初，亲御简策，衡石之程，不过讽诵文辞，吟咏情性而已。比年以来，圣心独诣，欲求大道之要，又颇留意于老子、释氏之书。疏远传

① （宋）朱熹：《晦庵先生朱文公文集》卷十五《经筵讲义》，《朱子全书》本，上海古籍出版社 2002 年版，第 699 页。

> 闻，未知信否？然私独以为若果如此，则非所以奉承天锡神圣之资而跻尧舜之盛者也。盖记诵华藻，非所以探渊源而出治道；虚无寂灭，非所以贯本末而立大中。是以古者圣帝明王之学，必将格物致知以极夫事物之变，使事物之过乎前者，义理所存，纤微毕照，瞭然乎心目之间，不容毫发之隐，则自然意诚心正，而所以应天下之务者，若数一二、辨黑白矣。苟惟不学，与学焉而不主乎此，则内外本末颠倒谬戾，虽有聪明睿智之资，孝友恭俭之德，而智不足以明善，识不足以穷理，终亦无补乎天下之治乱矣。然则人君之学与不学，所学之正与不正，在乎方寸之间，而天下国家之治不治，见乎彼者如此其大，所系岂浅浅哉！《易》所谓“差之毫厘，谬以千里”，此类之谓也。
>
> 盖“致知格物”者，尧舜所谓精一也；“正心诚意”者，尧舜所谓执中也。自古圣人口授心传而见于行事者，惟此而已。至于孔子，集厥大成，然进而不得其位以施之天下，故退而笔之以为《六经》，以示后世之为天下国家者。①

朱熹的这篇封事篇幅很长，对刚刚即位的宋孝宗寄予厚望，同时也使自己的理学与“四书学”学术思想通过各种奏疏向最高统治者进行宣讲。他一生所上奏疏、封事、札子不下数十通，可见其向上层传播理学与“四书学”思想的努力。

然而，朱熹理学与“四书学”在上层的传播很不顺利，其过程受到了很大的政治干扰。南宋政局自宋室南渡之始就很微妙。宋高宗（1107—1187）禅位为太上皇以后，宋孝宗希图振作，但他在很长一段时间内都受到太上皇的掣肘。他在政治上更多地倚重事功型大臣，在“隆兴北伐”失败后重视整顿吏治、恢复民生，而有“乾

① （宋）朱熹：《晦庵先生朱文公文集》卷十一《壬午应诏封事》，《朱子全书》本，上海古籍出版社 2002 年版，第 571—572 页。

淳之治”，但是很多矛盾并未得到妥善解决。而且南渡以后的南宋在朝堂之上延续了北宋末年的党争，二程后学的理学派官员与反理学派官员的斗争也一直延续着，这使得朱熹、张栻、吕祖谦（1137—1181）等人的政治命运曲折不定，所以其学术思想的上层传播很受限制。

但是，随着理学社会影响的日益扩大，理学派官员的力量增强，对朝廷的渗透力也越来越大。到了宋孝宗淳熙后期，周必大（1126—1204）与王淮（1126—1189）在一段时期内并相，标志着理学派官员在朝廷上终于成为一股有话语权的政治势力，与反理学派官员在实力上分庭抗礼。此后，双方的斗争仍然继续。淳熙十六年（1189），宋孝宗禅位给宋光宗（1147—1200）。然而，宋光宗体弱多病，李皇后（1145—1200）趁机干政，太上皇宋孝宗与宋光宗的关系也日益不和。

绍熙年间，随着宗室、学者赵汝愚（1140—1196）执政，理学派官员的势力暂时处于上风。绍熙五年（1194），庙堂政治形势再次发生变化。六月，太上皇宋孝宗驾崩，随后在赵汝愚等人的策动下，七月宋光宗被迫禅位给宋宁宗成为太上皇，是为“绍熙内禅”。朱熹在当年八月被赵汝愚从湖南召至临安（今杭州）任焕章阁待制兼侍讲，不久便为宋宁宗进讲《大学》。

然而，在这场近乎政变的禅位之后，赵汝愚与同样有拥戴之功的外戚韩侂胄（1152—1207）之间的矛盾不断升级，促使反理学派官员与外戚力量联合，最终导致以赵汝愚为首的理学派官员全线溃败。韩侂胄打击理学派官员的第一步，是以拥戴功臣之便，罢黜经筵侍讲的朱熹；第二步则是在庆元元年（1195）二月策动宋宁宗罢黜赵汝愚。

韩侂胄擅政后便对反对者进行打击，凡与他意见不合者都被斥为“道学之人”，同时贬理学为“伪学”，禁毁理学书籍。在科举考试中，稍涉义理之学者，一律不予录取，“四书”也成为禁书。不久宋宁宗下诏，订立伪学逆党籍。名列党籍者都受到了不同程度的处罚，凡与他们有关系的人，也都不许担任官职或参加科举考试。这便是前后历时六年之久的“庆元党禁”，朱熹门人弟子为官者尽遭罢黜。庆元六年（1200）三月，朱熹在建阳老家郁郁而终。

“庆元党禁”并非只有朱熹与门人弟子受到打击，当时很多与韩侂胄不和的官员也都名列党籍，受到排挤，这是外戚权臣政治对士大夫群体政治的一次压制，对南宋此后的政风、士风有很深远的影响，也是南宋“四书学”受到的一次重创。

上层传播路线在朱熹晚年遭受重大挫折，但是下层传播路线却取得了很好的成绩。除了编修著述之外，朱熹大多数时间都在积极参与民间社会各项学术思想教育与传播活动：主持参与非官学的书院建设与讲学活动，如修复、主持白鹿洞书院，赴岳麓书院讲学等；与同时代学者积极进行交流，如与张栻在岳麓书院的两次“朱张会讲”、与吕祖谦的“寒泉之会”、与陆九渊兄弟的“鹅湖之会”等。由于朱熹讲学日久、著述颇丰、学术交流活跃，因此党禁前后都有众多弟子门人服膺其学术与涵养，纷纷投身继承与传播朱熹理学和“四书学”思想的事业。

朱熹学术活动频繁的福建、江西、浙江、安徽等地，尤为朱熹理学与“四书学”的兴盛中心。在朱熹去世两年后，“庆元党禁”解除，朱熹理学与“四书学”思想的传播日盛。陈荣捷在《朱门之特色及其意义》一文中评论道：“彼等或筑书院，或掌教，或会讲……结果朱子之徒盈天下。于是在上有经筵之设，在中有考试之制度，在下有书院之宣教。皆以朱子所定《四书》及其《集注》为基础。朱子之学，整齐完备，体用兼顾，诚明并重。”① 朱熹一生博

① ［美］陈荣捷：《朱门之特色及其意义》，万先法译，《朱学论集》，华东师范大学出版社 2007 年版，第 193 页。

学多识，好学不倦，被门人弟子尊称为“朱子”，他丰富的学术与思想成就也逐渐被后世人称为“朱子学”，理学化的“四书学”思想体系也包含在“朱子学”中。

朱熹的门人弟子中最重要的就是其女婿黄榦（1152—1221），他为朱熹理学与“四书学”的传播做出了巨大贡献。清代学者全祖望（1705—1755）在《宋元学案》中评价他说：“嘉定而后，足以光其师傅，为有体有用之儒者，勉斋黄文肃公其人与？玉峰、东发论道统，三先生之后，勉斋一人而已。”[①] 他认为黄榦可以接续道统正脉，于理学、“朱子学”功莫大焉。黄榦在朱熹去世以后团结师门，重视传承，对后学要求严格、真切，其再传、续传弟子成就也很大，所以全祖望有如此高的评价。黄榦之外，朱熹门人后学的中坚力量还有蔡元定（1135—1198）、辅广、真德秀（1178—1235）、蔡沈、陈淳（1159—1223）、黄震（1213—1280）等人，他们对“朱子学”的推广也发挥了巨大作用。

三、“庆元党禁”后朱熹“四书学”思想的传播与南宋政治变迁

朱熹去世后，南宋政局依旧动荡。嘉泰二年（1202）“庆元党禁”结束，外戚权臣韩侂胄的势力如日中天。此后他积极策划“开禧北伐”，但被金国击败，声望大损。开禧三年（1207），史弥远（1164—1233）等人联合杨皇后暗杀韩侂胄，献首金国以求和，史称“嘉定和议”。史弥远由此登上政治生涯巅峰，在嘉定元年（1208）成为右丞相，于宋宁宗、宋理宗（1205—1264）两朝擅政达 26 年之久。

“庆元党禁”的结束和韩侂胄势力的覆灭，使理学派学者的处

① （清）黄宗羲撰，（清）全祖望补：《宋元学案》卷六十三《勉斋学案》，中华书局 2009 年版，第 2020 页。

境多少有些改善。史弥远为了获得支持和清除韩侂胄势力，大力平反“伪学”，史称“嘉定更化”，很多理学派官员得到起用，朱门后学也得到重新进入政坛的机会。在他们的努力下，朱熹理学和“四书学”于嘉定初年开始受到官方的表彰与认可，逐渐从民间走向官方。

嘉定三年（1210），宋宁宗追赠朱熹中大夫、宝谟阁直学士。嘉定四年（1211）四月，国子司业刘爚（1131—1216）相机而动，“乞开伪学禁，刊朱熹《四书》于太学”①。嘉定五年（1212）冬，他又上疏朝廷将《论语集注》《孟子集注》列为官学教材，得到批准。而在此之前，民间的很多书院都已将朱熹理学与“四书学”思想作为重要的教学内容，《四书章句集注》成为教材，与朱熹平生重视书院教学并与门人弟子积极推进学术思想的下层传播有关。

史弥远执政之初，平反“伪学”，重新起用理学派和与韩侂胄不和的官员，获得各派支持。但是他独擅相权，并在宋宁宗病危之时矫诏拥立宋理宗，引起真德秀等正直官员的不满。于是，他一方面继续保持尊崇理学的姿态，劝说宋理宗追封朱熹为太师、信国公、徽国公等，另一方面又排挤真德秀、魏了翁（1178—1237）等，使其去职闲住。绍定六年（1233），史弥远病死，宋理宗重获大权，并召回真德秀、魏了翁等人，表现出好学勤政和振作朝纲的姿态，史称“端平更化”。真德秀遂于端平元年（1234）向宋理宗进呈著述《大学衍义》，得到宋理宗赞赏。

真德秀写作《大学衍义》，其目的在于劝导宋理宗培养帝王心性与提升道德力量，摆脱外戚与权臣的掣肘，振作朝政。以《大学》“八目”为论述框架，其推衍、阐论涉及格物、致知、诚意、正心、修身、齐家等“六目”，而治国、平天下“二目”阙如。他

① （清）徐乾学：《资治通鉴后编》卷一三四，《文渊阁四库全书》本，史部编年类第 345 册。

在《大学衍义序》中说：“盖明道术、辨人材、审治体、察民情者，人君格物致知之要也；崇敬畏、戒逸欲者，诚意正心之要也；谨言行，正威仪者，修身之要也；重妃匹、严内治、定国本、教戚属者，齐家之要也。四者之道得，则治国、平天下在其中矣。”①他认为只要君主的“内圣”做好，对后妃、外戚、内官处置得当，朝廷政务自然走向正轨，也就可以治国、平天下，垂拱而治。他承继了朱熹重视《大学》的传统，进一步完善以《大学》为纲的“帝王之学。”

“帝王之学”的概念是由北宋学者范祖禹（1041—1098）在《帝学》一书中最早提出：

> 臣祖禹曰：帝王之学，谓之“大学”。《礼记》曰：“大学之道，在明明德，在亲民，在止于至善……家齐而后国治，国治而后天下平。”故学者所以致知、诚意、正心、修身、齐家、治国、明明德于天下，尧舜之道是也，帝王之学所以学为尧舜也，尧舜亦学于古先圣王而已。其在《易》曰“进德修业，学以聚之，问以辨之”，其在《书》曰“若稽古”，其在《诗》曰“正家以风天下”，此文王之学也。扬雄曰：“适尧舜，文王者为正道。”后世学尧舜而及之者，惟文王。故孔子祖述尧舜，宪章文武，而习周公，其他皆非道也。②

范祖禹和程颢、程颐是同时期学者，提出的“帝王之学”与二程等人所论述的理学是并行的。在范祖禹的影响下，“帝王之学”的

① （宋）真德秀：《西山先生真文忠公文集》卷二十九《大学衍义序》，上海涵芬楼影印江南图书馆藏明正德刊本，《四部丛刊初编》集部第1276册。

② （宋）范祖禹：《帝学》卷一《帝舜有虞氏》，《文渊阁四库全书》本，子部儒家类第696册。

概念开始在学者中流行起来，很多学者将其当作一种专门学问来研究。

前文提及朱熹结合“十六字心传”对《大学章句》中的“三纲八目”框架进行了更全面的理论建构，并将其作为给宋宁宗进讲“帝王之学”的核心内容，真德秀则在朱熹建构的“帝王之学”框架下摘选各类经史典籍内容扩充之。

《大学衍义》是对传统“帝王之学”在内容上的一次完善，是南宋理学家对上层传播理学与“四书学”思想的又一次重要尝试，也是南宋“四书学”的重要著述之一。其言“内圣”而阙“外王”的结构，给后世学者留下了发挥的空间。

宋理宗尊崇理学，对真德秀等理学派官员大加赞赏。究其原因，是他受到理学思想的感染而对其有所倾向，但更重要的则是削减史弥远擅政拥立的不利影响。由于即位合理性的先天不足，所以宋理宗必须在文治、武功上有所建树，以巩固其皇位正统性，褒赞理学正是昭示文治的举措之一。相应地，他也急于建立武功，于是有了“联蒙灭金”和史称“端平入洛”的军事行动。

绍定五年（1232）底，北方的蒙古派人联合南宋夹击金国，宋理宗欣然接受，以之为建立武功之机。端平元年正月，蒙宋联军攻破蔡州，金哀宗（1198—1234）自尽，城破前被传位的末帝完颜承麟（？—1234）也死于乱军之中，金国灭亡。这次联蒙灭金极大地鼓舞了宋理宗和主战派官员，宋理宗将金哀宗的遗骨献俘太庙，以示昭雪“靖康之耻”。金国灭亡后，蒙军主力北退，河南成为蒙古、南宋之间的“中间地带”。被胜利冲昏头脑的宋理宗急于进一步收复中原，而有对蒙古开战之意，也有部分官员主张建立针对蒙古的更坚固的防御纵深，更有些官员出于“谀主邀赏”的目的，支持扩大灭金战果。于是同年五月，宋理宗命令宋军向开封、洛阳进军，史称“端平入洛”。但朝中很多有识之士，包括真德秀和灭金大将孟珙

（1195—1246）等，对“端平入洛”的冒进表示担忧。不久，宋军由于指挥协调失当，缺乏机动性和后勤保障，终被蒙古军击退，“端平入洛”宣告失败。

“端平入洛”的失败对雄心万丈的宋理宗打击很大，而接踵而至的就是蒙古的大规模进攻。端平二年（1235），蒙古窝阔台汗（1186—1241）以“背盟”为理由对南宋发动全面战争，战事持续到窝阔台汗驾崩后蒙军主力撤退。值得一提的是，在战争初期的德安之战中，朱熹后学赵复被俘北上。这一偶然事件开启了朱熹理学与“四书学”在蒙古治下北方地区的传播进程。

由于武功上的受挫，宋理宗不得不更加看重文治建设，进一步对理学加以尊崇，于淳祐元年（1241）正月下诏：

> 朕惟孔子之道，自孟轲后不得其传，至我朝周敦颐、张载、程颢、程颐，真见实践，深探圣域，千载绝学，始有指归。中兴以来，又得朱熹精思明辨，表里混融，使《大学》《论》《孟》《中庸》之书，本末洞彻，孔子之道，益以大明于世。朕每观五臣论著，启沃良多，今视学有日，其令学官列诸从祀，以示崇奖之意。①

在这份诏书中，宋理宗对理学家崇尚的周敦颐、张载、程颢、程颐、朱熹的学统授受予以承认，同时表彰朱熹“四书学”的贡献，承认其“四书学”思想为正统，特别突出“四书”在理学中的地位，朱熹理学与“四书学”思想体系在官学教育体系中的主导地位也由此正式确立。

不久，宋理宗又“以王安石谓‘天命不足畏，祖宗不足法，人

---

①（元）脱脱等：《宋史》卷四十二《理宗本纪二》，中华书局1977年版，第821页。

言不足恤'，为万世罪人，岂宜从祀孔子庙庭，黜之"①。至此，南宋朝廷尊崇理学为正统意识形态的态度正式确定下来。

此时民间社会流行朱熹理学与"四书学"思想，朝廷的态度又进一步促使此风气与国家意志相结合，并且"四书学"和科举制度的部分结合，在一定程度上影响了南宋读书人的知识结构。

据宋元之际学者周密（1232—1298）记载，淳祐四年（1244），"徐霖以书学魁南省，全尚性理，时竞趋之，即可以钓致科第功名。自此非《四书》《东西铭》《太极图》《通书》《语录》不复道矣"②。理学化的"四书学"和理学成为社会上的显学。"庆元党禁"解除以后，理学逐渐从政治的平反发展为意识形态，这一过程是在宋理宗时代完成的。③ 而这一复杂过程的后期，还有南宋与蒙古竞争文化正统的因素。

窝阔台汗即位后，大蒙古国对中原的统治更加完善，并在儒臣的劝说下逐渐尊崇孔子。窝阔台五年（1233），窝阔台汗下令修复燕京的孔子庙，窝阔台九年（1237）又下令整修曲阜的宣圣庙。同一时期，金国灭亡，蒙宋之间爆发全面战争，窝阔台汗在儒臣劝说下的文治举动，无疑是对蒙古君临中原的正统性的宣示。因此，在军事受挫后，南宋在文治上的举措也是可以理解的。正如美国学者田浩（Hoyt Tillman）所指出的，"南宋利用文化正统对抗蒙古人在北方修建孔庙以及举办科举考试的政策，蒙古人的行动也显示，他们要使人认为新政权赞助儒家的文化，而且是中国的合法统治者，南宋则企图否定蒙古人具有任何文化的正统性"④。

---

① （元）脱脱等：《宋史》卷四十二《理宗本纪二》，中华书局1977年版，第822页。

② （宋）周密：《癸辛杂识》，吴企明点校，中华书局1988年版，第65页。

③ 参见何俊：《南宋儒学建构》，上海人民出版社2004年版，第293页。

④ ［美］田浩：《朱熹的思维世界》，陕西师范大学出版社2002年版，第280页。

所以宋理宗统治时期，所谓进一步尊崇道统与程朱理学的“端平更化”，是南宋国家与社会、政治与学术、内外环境等因素共同作用的结果。

然而，宋理宗尊奉理学与道统并未使南宋政局真正好转。“端平入洛”失败后，他本人意志消沉，更兼晚年宠爱阎妃，致使后宫干政重现，加剧了朝政混乱。景定五年（1264）宋理宗驾崩，宋度宗（1240—1274）倚重权臣贾似道（1213—1275），人心离散，国势日颓。而由大蒙古国发展而来的元朝，其南下攻势却日趋猛烈。咸淳四年（1268），元世祖忽必烈（1215—1294）对南宋发动新一轮的全面战争。咸淳九年（1273），元军突破襄樊防线，南宋已无力回天。在这风雨飘摇之时，沉迷于酒色的宋度宗驾崩，元军遂对南宋发起总攻。两年后，谢太皇太后携宋恭帝（1271—1323）于临安（今杭州）出降。至元十六年（1279），元军在崖山海战歼灭南宋最后的抵抗力量，南宋灭亡。南宋末年，由于国家政治混乱，外部局势动荡，南宋理学与“四书学”思想未有很大发展。

第二节　元代“四书学”的发展历程

13世纪，成吉思汗（1162—1227）统一蒙古高原，于1206年建立大蒙古国，此后迅速展开对外征战，亚欧大陆很多部族政权在战争中灭亡，其资源与人口被重组、统合在大蒙古国治下，对各文明体的演进产生了深远的影响。大蒙古国的军政管理制度与权力运行机制在战争中不断完善，最终形成了一个以蒙古贵族为统治核心，以多民族的权势阶层共同组成统治集团，疆域空前辽阔、军事强盛、宗教自由、贸易繁荣、文化多元的大共同体。元朝是在大蒙古国基础上由成吉思汗之孙忽必烈建立的杂糅中原王朝政治文化与大蒙古国军政体制而成的王朝。忽必烈继承兄长蒙哥（1209—1259）的灭宋战略，最终攻灭南宋，中国迎来了新的大一统时代。

一、蒙古灭金与赵复北传朱熹“四书学”

“靖康之变”后，金国成为中原的实际统治者。但由于金国初期统治制度的不完备，加之中原军民激于爱国义愤而高涨的反抗情绪，中原地区战乱频仍，经济与社会遭到极大破坏，大量人口逃到南宋统治的江南地区，形成继唐朝安史之乱后中国人口又一次大规模“南迁”潮。大批学者也在此阶段南渡，中原原有的学术中心受到很大冲击，北宋理学与“四书学”的传承在中原几近停滞。

随着宋金关系缓和，尤其是金世宗（1123—1189）与南宋进行“隆兴和议”以后，金国对中原的统治也趋向稳定。金世宗重视恢复经济，关心民生，有“小尧舜”之名，其孙金章宗（1168—1208）继承了他的政策，在他们统治时期，金国的文化与学术呈现出一定的复振态势，佛、道二教也逐渐兴盛。赵秉文（1159—1232）、王若虚（1174—1243）、李纯甫（1177—1223）等学者在这一时期对二程理学、荆公新学等学术思想体系进行批判继承，并融合佛教、道教思想，努力复兴中原学术。他们还继承了北宋学者依托“四书”阐释思想的治学传统，编修相应的“四书学”著述来阐扬自己的主张，如赵秉文有《中庸说》《论语解》，王若虚有《论语辨惑》《孟子辨惑》，李纯甫有《中庸集解》，等等。

在同一时期，朱熹完成了“四书”结集，形成了集大成的理学与“四书学”思想体系。但由于南北分属不同政权，金国学者和他没有发生交流与联系。金章宗统治末期，女真贵族内部矛盾尖锐，又因黄河泛滥与改道而国力大损。金泰和六年（1206），成吉思汗建立大蒙古国，同年南宋权臣韩侂胄主持“开禧北伐”，金宋交战，金国边疆危机加剧。泰和八年（1208），南宋大臣史弥远等发动政变杀死韩侂胄，金宋达成“嘉定和议”，金国占了上风，但无法扭转其衰退的趋势。

同年年底，金章宗驾崩。成吉思汗拒不承认金国新君主卫绍王（？—1213）的宗主权，在迫使西夏臣服后，便对金国发动征服战争。金国在成吉思汗的数次征伐下几近崩溃，被迫迁都开封。成吉思汗在率主力西征时，令大将、“国王”木华黎（1170—1223）指挥部分军队继续对金国进行征服。木华黎善于团结契丹人和汉人中的实力派，一步步对金国进行蚕食，严重动摇了金国统治根基。

金正大四年（1227），成吉思汗去世，金国得到短暂恢复国力之机。正大六年（1229），窝阔台汗正式继承大蒙古国汗位，蒙金战争进入新阶段。窝阔台汗采取“联宋灭金”的战略，最终与南宋联军攻灭金国，大蒙古国实现对中原的完全统治。不久，南宋发兵进军中原，史称“端平入洛”，大蒙古国遂与南宋交战。德安之战中，学者赵复被俘北上，由此开启了朱熹理学与“四书学”在北方地区的传播进程。

> 赵复字仁甫，德安人也。太宗乙未岁，命太子阔出帅师伐宋，德安以尝逆战，其民数十万，皆俘戮无遗。时杨惟中行中书省军前，姚枢奉诏即军中求儒、道、释、医、卜士，凡儒生挂俘籍者，辄脱之以归，复在其中。枢与之言，信奇士，以九族俱残，不欲北，因与枢诀。枢恐其自裁，留帐中共宿。既觉，月色皓然，惟寝衣在，遽驰马周号积尸间，无有也。行及水际，则见复已被发徒跣，仰天而号，欲投水而未入。枢晓以徒死无益：“汝存，则子孙或可以传绪百世；随吾而北，必可无他。”复强从之。先是，南北道绝，载籍不相通；至是，复以所记程、

> 朱所著诸经传注，尽录以付枢。①

赵复的偶然被俘，使南北隔绝的学术状态被打破，他将南宋学术思想尤其是“朱子学”传播到中原，元代理学与“四书学”随之兴起。他到达燕京（今北京）后积极与杨惟中（1205—1259）、姚枢（1201—1278）等儒臣交流，讲学收徒，并整合道统统绪，编修著述，以强调“朱子学”的理学正统地位。

虽然杨惟中在德安之战时没有见过赵复，但是不久便服膺其学术与思想，并与姚枢商议在燕京建设太极书院，成为赵复传播“朱子学”的重要支持者和拥护者。

> 惟中闻复论议，始嗜其学，乃与枢谋建太极书院，立周子祠，以二程、张、杨、游、朱六君子配食，选取遗书八千余卷，请复讲授其中。复以周、程而后，其书广博，学者未能贯通，乃原羲、农、尧、舜所以继天立极，孔子、颜、孟所以垂世立教，周、程、张、朱氏所以发明绍续者，作《传道图》，而以书目条列于后；别著《伊洛发挥》，以标其宗旨。朱子门人，散在四方，则以见诸登载与得诸传闻者，共五十有三人，作《师友图》，以寓私淑之志。又取伊尹、颜渊言行，作《希贤录》，使学者知所向慕，然后求端用力之方备矣。②

赵复的四种著述现已亡佚，但可见其在道统、学理、教育等方面重建中原理学的努力，“朱子学”在他的传播下逐渐成为中原的显学。

① （明）宋濂等：《元史》卷一百八十九《儒学传一》，中华书局1976年版，第4313—4314页。

② （明）宋濂等：《元史》卷一百八十九《儒学传一》，中华书局1976年版，第4314页。

姚枢在赵复北上与弘传“朱子学”的过程中，发挥了至关重要的作用。姚枢不仅仅是赵复的发现者和劝行者，也是他的重要弟子之一，“枢既退隐苏门，乃即复传其学，由是许衡、郝经、刘因，皆得其书而尊信之。北方知有程、朱之学，自复始”①。在姚枢的影响下，许衡（1209—1281）、郝经（1223—1275）、刘因（1249—1293）等学者也逐渐尊奉以“朱子学”为主的理学思想，而以许衡、刘因对“四书学”最为重视。

许衡自幼勤学好问，其早年所学极为庞杂，与学者窦默（1196—1280）相知，“每相遇，危坐终日，出入经传，泛滥释老，下至医药、卜筮、诸子百家、兵刑、货殖、水利、算术之类，靡不研精”②。但后来受到姚枢影响，其学问发生了重大转向。

> 壬寅，雪斋隐苏门，传伊洛之学于南士赵仁甫先生，即诣苏门访求之，得伊川《易传》、晦庵《论孟集注》《中庸大学章句》《或问》《小学》等书。读之深有默契于中，遂一一手写以还。聚学者，谓之曰：“昔者授受，殊孟浪也。今始闻进学之序，若必欲相从，当悉弃前日所学章句之习，从事于《小学》洒扫应对，以为进德之基。不然，当求他师。”众皆曰：“唯！”遂悉取向来简帙焚之，使无大小，皆自《小学》入。先生亦旦夕讲诵不辍，笃志力行，以身先之，虽隆冬盛暑不废也。诸生出入惴栗惟谨，客至则欢然延接，使之恻然动念，渐濡善意而后出。③

① （明）宋濂等：《元史》卷一百八十九《儒学传一》，中华书局1976年版，第4314页。

② （元）许衡：《鲁斋遗书》卷十三《考岁略》，《文渊阁四库全书》本，集部别集类第1198册。

③ （元）许衡：《鲁斋遗书》卷十三《考岁略》，《文渊阁四库全书》本，集部别集类第1198册。

《考岁略》中这段记载，详述了许衡的学术重点由章句学问转变为义理学问的过程，也反映了赵复传授给姚枢的学术著述以朱熹“四书学”著述为主。许衡此后一生致力于“四书学”研究，编修有《大学要略直说》《大学直解》《鲁斋大学诗解》《孟子标题》《中庸说》《中庸直解》等著述。

许衡门人弟子众多，在他的言传身教下，门人弟子也普遍接受、践行理学与“四书学”，理学与“四书学”由学者个人的学术偏好逐渐发展为一批学者的通约知识与共同追求。此后，许衡于忽必烈在位时期出任集贤殿大学士兼国子祭酒，掌管太学，主持国家教育，更是不遗余力地推广理学与“四书学”。许衡开创的理学学派被后世称为“鲁斋学派”。

刘因与拥有庞杂的前期知识储备的许衡不同，他是在具有一定的义理思辨功底后接触到二程、朱熹的相关著述并有所印证的，由思辨出发，进而尊崇朱熹理学与“四书学”。《元史·刘因传》记载：

> 国子司业砚弥坚教授真定，因从之游，同舍生皆莫能及。初为经学，究训诂疏释之说，辄叹曰：“圣人精义，殆不止此。”及得周、程、张、邵、朱、吕之书，一见能发其微，曰：“我固谓当有是也。”及评其学之所长，而曰：“邵，至大也；周，至精也；程，至正也；朱子，极其大，尽其精，而贯之以正也。”其高见远识率类此。①

刘因对“四书学”研究贡献也颇多，有《四书精义集要》《四书语录》等著述。有一点需要说明，刘因“四书学”不一定直接得自赵复。周春健认为：“从刘因的年龄、行历结合赵复晚年行踪考察，刘

---

① （明）宋濂等：《元史》卷一百七十一《刘因传》，中华书局 1976 年版，第 4007—4008 页。

氏直接从赵复那里接受《四书》之学的可能性不大。然而这并不影响我们对此一问题的认识和结论，因为即使刘因没有直接得《四书》于赵复，赵复北传四书学的事实及影响却是毋庸置疑的，刘因获闻《四书》之学也应当在这样一种学术大背景下，说刘因间接受四书学于赵复也未尝不可。”①

刘因的老师砚弥坚（1211—1289）也是在德安之战不久后被招致北上的，可见刘因所学与南宋学术的关联。相对于许衡，刘因更着力于“四书学”的下层传播，门生弟子也很多，其开创的理学学派被后世称为“静修学派”。

二、大蒙古国君主对儒学的接受与元朝的建立

大蒙古国君主对儒学的接受有一个漫长的过程，这是与很多中原王朝的明显不同之处。以“长生天”为中心的萨满信仰是蒙古人最初的宗教信仰②，随着大蒙古国的扩张，其他部族的多元宗教、文化被囊括进版图，逐渐影响着蒙古人的信仰世界。

出于战争和商业贸易的需要，大蒙古国非常重视搜罗占领地区的技术人才和工匠，以便维持武器装备与商品货物的生产，而多余的人口则视抵抗与否，被奴役或被屠杀，所以在大蒙古国初期的征服战争中，儒者文人的处境很是凄惨，这种情况直到耶律楚材（1190—1244）出仕蒙古才逐渐改变。

耶律楚材博学多闻，精通天文、历法，又是契丹贵族，无论是专业能力还是出身背景都很符合成吉思汗的需要，他也非常善于利用天文、占卜知识和信仰“长生天”的成吉思汗沟通，所以很受信

---

① 周春健：《元代四书学研究》，华东师范大学出版社2008年版，第23—24页。

② 成吉思汗统一蒙古高原前夕，高原中、西部流行基督教聂斯脱利派信仰（景教），主要以克烈部、乃蛮部为信仰中心，但并未对之后统一的大蒙古国产生非常广泛的影响，以“长生天”为中心的萨满信仰是主流。

任。他经常劝说成吉思汗注意选用儒者文人，减少屠城，努力减少征服战争的破坏作用，帮助建设大蒙古国最初的文臣集团。成吉思汗晚年又在西征途中接见了全真道的长春真人丘处机（1148—1227），他也力劝成吉思汗减少杀戮,有“一言止杀”之佳话传世。

成吉思汗驾崩后，耶律楚材帮助窝阔台汗稳定局势，劝说察合台（1183—1231）、拖雷（1193—1232）等亲王贵族向窝阔台行礼，尊隆大汗权威，立有大功，于是进一步受到重用。

> 己丑秋，太宗将即位，宗亲咸会，议犹未决。时睿宗为太宗亲弟，故楚材言于睿宗曰：“此宗社大计，宜早定。”睿宗曰：“事犹未集，别择日可乎?”楚材曰：“过是无吉日矣。”遂定策，立仪制，乃告亲王察合台曰：“王虽兄，位则臣也，礼当拜。王拜，则莫敢不拜。”王深然之。及即位，王率皇族及臣僚拜帐下，既退，王抚楚材曰：“真社稷臣也。”国朝尊属有拜礼自此始。时朝集后期应死者众，楚材奏曰：“陛下新即位，宜宥之。”太宗从之。①

耶律楚材此后被任命为中书令，他积极恢复中原的文治，改革大蒙古国的政治、赋税、教育、文化等制度，劝说窝阔台汗加封孔子后人为衍圣公、恢复学校、怀柔中原汉人世侯军事集团、努力培养文臣人才等，尤其在灭亡金国以后，对中原的生产、生活秩序进行全面恢复，儒学也因之而复兴。赵复能够成功北上传播理学和“四书学”，与耶律楚材执政的大环境息息相关。

除了耶律楚材，前文提到的杨惟中也对窝阔台汗的治国政策产生过很大的影响。他幼年失去父母，被窝阔台汗收养并成为其侍从，

---

① （明）宋濂等：《元史》卷一百四十六《耶律楚材传》，中华书局 1976 年版，第 3457 页。

在窝阔台汗即位初期出使西域多国，宣谕大汗权威，归来后很受重用。不久，他把好友姚枢举荐给窝阔台汗，经常与姚枢商议荐举学者、收集图书、恢复儒学等事宜，尤其在灭金战争和对宋战争中重视对学者、人才的保护、搜罗。

> 岁乙未，南伐，诏枢从惟中即军中求儒、道、释、医、卜者。会破枣阳，主将将尽坑之，枢力辨非诏书意，他日何以复命，乃蹙数人逃入篁竹中脱死。拔德安，得名儒赵复，始得程颐、朱熹之书。①

在耶律楚材、杨惟中、姚枢等人的努力劝谏下，赵秉文、元好问（1190—1257）、赵复等学者与孔子后人得以在战火中保全。

窝阔台汗也逐渐对儒家理学的道统予以认可，并于南宋嘉熙二年（1238）举行了“戊戌选试”，许衡等四千余名士子中选，儒士户籍得以扩大，并免除徭役。这是大蒙古国恢复科举制度的一次尝试，但因触及蒙古贵族的政治利益，中选之人大多未能授官，改革仅仅实现了户籍层面的意义，但相比于之前已是一大改进，对儒者远离徭役、潜心治学起到了一定的制度保障作用。

在儒者户籍进一步确定与徭役黜免问题上，西夏儒臣高智耀（1206—1271）做出了巨大贡献。陶宗仪（1329—1412）《南村辍耕录》记载：“国朝儒者，自戊戌选试后，所在不务存恤，往往混为编氓。至于奉一札十行之书，崇学校，奖秀艺，正户籍，免徭役，皆翰林学士高公智耀奏陈之力也。公，河西人，今学校中往往有祠之者。”②

---

① （明）宋濂等：《元史》卷一百五十八《姚枢传》，中华书局 1976 年版，第 3711 页。

② （元）陶宗仪：《南村辍耕录》卷二《高学士》，中华书局 2004 年版，第 24 页。

窝阔台汗驾崩后，皇后脱列哥那（？—1246）借机摄政，宠信大商人奥都拉合蛮等人，排挤窝阔台汗时代的老臣，耶律楚材因此受到冷落，抑郁而终。姚枢也在这一时期为避祸而隐居苏门山。脱列哥那死后，贵由汗（1206—1248）即位，处死了奥都拉合蛮等权臣，但是仍重用善于理财的回回派官员，花剌子模人牙老瓦赤（？—1254）等人遂掌握大权。

贵由汗体弱嗜酒，即位两年后在计划远征钦察汗国宗王拔都（1209—1256）的途中驾崩，皇后海迷失（？—1254）趁机摄政。海迷失摄政时期依旧重用私臣，但其政治能力十分有限，导致政治混乱，蒙古贵族间矛盾尖锐化。最终在钦察汗国宗王拔都的支持下，拖雷的长子蒙哥于南宋淳祐十一年（1251）即位为大汗，大蒙古国汗位由窝阔台系转入拖雷系，海迷失则在三年后以意图谋害蒙哥汗的罪名被处决。

这一阶段，大蒙古国推行汉法的进程趋于停滞，但是姚枢的隐居又使他有足够的时间讲学授徒，并与许衡、窦默等学者自由进行学术交流，他们共同为元代理学与“四书学”的传播与发展打下了良好的社会基础。

蒙哥汗即位后，很快在朝中肃清贵由汗与海迷失皇后的残余势力，对中央和地方行政进行整顿，出兵大理，并继续对南宋的战争。蒙哥汗没有对儒学表现出浓厚兴趣，而对于草原传统和巫术、萨满情有独钟。《元史·宪宗纪》称他“性喜畋猎，自谓遵祖宗之法，不蹈袭他国所为。然酷信巫觋卜筮之术，凡行事必谨叩之，殆无虚日，终不自厌也”①。与之不同，他的四弟忽必烈对汉法与儒学表现出很强烈的兴趣，“帝在潜邸，思大有为于天下，延藩府旧臣及四方文学之士，问以治道”②。由于忽必烈的延请，许国祯（1209—

① （明）宋濂等：《元史》卷三《宪宗本纪》，中华书局1976年版，第54页。
② （明）宋濂等：《元史》卷四《世祖本纪一》，中华书局1976年版，第57页。

1283）、赵璧（1220—1276）、王鹗（1190—1273）、窦默等儒士纷纷为之讲学，杨惟中、姚枢、刘秉忠（1216—1274）也逐渐向他靠拢。其中，赵璧通蒙古文，曾为忽必烈翻译并进讲真德秀的《大学衍义》：

> 赵璧字宝（仁）〔臣〕，云中怀仁人。世祖为亲王，闻其名召见，呼秀才而不名，赐三僮，给薪水，命后亲制衣赐之，视其试服不称，辄为损益，宠遇无与为比。命驰驿四方，聘名士王鹗等。又令蒙古生十人，从璧受儒书。敕璧习国语，译《大学衍义》，时从马上听璧陈说，辞旨明贯，世祖嘉之。①

忽必烈重用儒士，并与汉军世侯集团关系密切。蒙哥汗即位后，他受任总理漠南汉地军国事，在金莲川草原（后来发展为元上都）开建幕府，与中原文化有了更广泛的接触，在事业上也进一步得到儒士文人的支持，在他的周围逐渐形成了一个优秀的文武辅臣集团，为其日后统治打下了坚实的基础。

当然，他的金莲川幕府并非全由中原汉地人才组成，也有吐蕃萨迦派教主八思巴（1235—1280）、畏兀儿人廉希宪（1231—1280）、回回人阿合马（？—1282）等其他地区的人才，他们为忽必烈平定吐蕃、征服大理提供了非常重要的支持。

蒙哥汗一度对忽必烈有所猜忌，派人调查、打压其幕府成员，但不久因对南宋的全面战争而中断。南宋宝祐六年（1258），蒙哥汗率领大军进攻四川，年底忽必烈自开平（于金莲川所建的新城）出征南下，直指两淮。南宋开庆元年（1259），蒙哥汗攻打四川钓鱼城受阻，不久驾崩于军中。阿里不哥（1219—1266）随即在国都哈拉

① （明）宋濂等：《元史》卷一百五十九《赵璧传》，中华书局1976年版，第3747页。

和林密谋即位，积极备战。忽必烈在接到蒙哥汗驾崩的消息后仍继续对南宋作战，取得战争的优势，遂在儒臣郝经劝说下决心北归争夺汗位。在收到南宋权臣贾似道的割地与缴纳岁币的承诺后，忽必烈率军北归，驻扎燕京（今北京）。

南宋景定元年（1260），忽必烈在燕京即位，采纳儒臣刘秉忠等人的建议，颁布《皇帝登宝位诏》，称蒙哥汗为“先皇”，并仿效中原王朝传统，改元“中统”。他不仅即位为草原的大汗，而且成为中原的“皇帝”。同年，阿里不哥在哈拉和林被蒙古本地贵族拥戴即位，双方爆发内战。

忽必烈在中原财力、兵力支持下迅速取得优势，攻占哈拉和林，阿里不哥逃往察合台汗国的阿力麻里。元中统五年（1264），阿里不哥势穷投降。同年，忽必烈取《易经》“至哉坤元”之意，改元“至元”，改燕京为“中都”。至元八年（1271），忽必烈取《易经》“大哉乾元”之意，改国号为“大元”。至元九年（1272），在刘秉忠的建议下，忽必烈扩建中都，改名为“大都”，此后大都与九年前由开平升格的“上都”，同为元朝的政治中心。

三、南北统一后元代“四书学”的学脉传承

至元十三年（1276），南宋灭亡。至元十六年，崖山之战，南宋最后的正统抵抗力量灭亡，元朝实现了新的大一统。原南宋统治下的南方学术版图也与元朝统治下的北方学术版图合并在一个政权之内。

北方原有赵复所传朱熹“四书学”，姚枢、许衡、窦默、刘因等为殿军。而在南方，“四书学”形成诸多学术中心区域和相应的学派，从学术倾向上大致可以分为两类：一类是“朱子学”系“四书学”学派，占据南方“四书学”的绝对优势地位；一类是非“朱子学”系“四书学”学派，也同样是南方“四书学”不可分割的组成

部分。

上文提到，在南宋朱子后学中，黄榦的影响非常大，其门人弟子构成弘传“朱子学”的主力军，清代学者黄百家（1643—1709）评论道：“黄勉斋榦得朱子之正统，其门人一传于金华何北山基，以递传于王鲁斋柏、金仁山履祥、许白云谦，又于江右传饶双峰鲁，其后遂有吴草庐澄，上接朱子之经学，可谓盛矣。”① 大致上提到黄榦的弟子门人形成金华、江右两条学脉，金华一脉主要是何基（1188—1268）、王柏（1197—1274）、金履祥（1232—1303）、许谦（1269—1337）相授受，江右一脉是饶鲁（1193—1264）、吴澄（1249—1333）相授受。周春健进一步考证说：“从地域上考察，黄榦一系的四书学又有三个分支：浙江金华一脉，江西余干一脉，江西鄱阳一脉。”②

（1）浙江金华一脉的何基、王柏、金履祥、许谦四人被后世尊称为“北山四先生”，其“四书学”流派也被称为“北山学派”。何基、王柏主要活跃在南宋末年，金履祥、许谦主要活跃在元代，许谦和许衡并称“南北二许”。北山学派的“四书学”以《四书章句集注》为根本，被称为“朱学嫡脉”。但北山学派在传播朱子学的同时，也颇具朱熹的学术怀疑精神，“北山学派四书学在元代的两位代表人物中，金履祥更接近王柏，富于怀疑精神；许谦则更接近何基，保守色彩相对浓厚一些”③。金履祥在《论孟集注考证》一书中对朱熹的《论语集注》《孟子集注》进行了一系列质疑与考释，体现出“疑经”的精神。其学生许谦却相对保守，其《读四书丛说》一书大多沿袭朱熹之说。清代学者全祖望认为这是北山学派风气的

---

① （清）黄宗羲撰，（清）全祖望补：《宋元学案》卷八十三《双峰学案》，中华书局 2009 年版，第 2812 页。

② 周春健：《元代四书学研究》，华东师范大学出版社 2008 年版，第 201 页。

③ 周春健：《元代四书学研究》，华东师范大学出版社 2008 年版，第 210 页。

一种转型，“婺中之学，至白云而所求于道者，疑若稍浅，渐流于章句训诂，未有深造自得之语，视仁山远逊之，婺中学统之一变也”①。徐远和认为，这种转型是由于“在许谦从事学术活动的时期，朱熹理学已被元代统治者奉为官方哲学。官方哲学所要求和显示出来的权威，使理学原有的那种理论上的创造性逐渐消失，而越来越多地表现出保守性”②。正因为如此，其后学或株守朱子旧说，或转而用心于文学创作，但许谦门下弟子仍有一些疑经辨经著述问世，如蒋玄（1298—1344）的《四书笺惑》、吕洙的《大学辨疑》、吕溥的《大学疑问》等。需要注意的是，北山学派对于朱熹“四书学”或株守或辨疑，其目的都是维护“朱子学”的，疑经辨经既是对朱熹治学精神的一种继承，也是对“朱子学”补充、完善的一种阐扬。

（2）江西余干一脉代表人物是饶鲁与吴澄，而吴澄的影响力最大。吴澄幼而好学，颇有才名，曾于南宋末年中试乡贡，南宋灭亡后隐居著书。因其所居为草屋数间，好友程钜夫（1249—1318）为之题曰“草庐”，遂有“草庐先生”之名。其开创的草庐学派与北方许衡的鲁斋学派、刘因的静修学派鼎足而为元代三大理学学派。与北山学派不同，吴澄在“五经”与“四书”之间明显更用力于“五经”，所以黄百家称他“上接朱子之经学”。《五经纂言》颇见其经学功力。受他的影响，其门人弟子的“四书学”论著较少。吴澄本人没有“四书学”著述传世，据黄孝光考证：“吴澄虽是元初大儒，但在四书学上并没留下任何著作。”③ 但是，周春健考证说：“《吴文正集》卷一《杂著》中有《中庸纲领》一篇，虽篇幅不长，

① （清）黄宗羲撰，（清）全祖望补：《宋元学案》卷八十二《北山四先生学案》，中华书局2009年版，第2801页。

② 徐远和：《理学与元代社会》第五章，人民出版社1992年版，第163—164页。

③ 黄孝光：《元儒四书学的师承与特色》，《元代的四书学》，（台北）西南书局1978年版，第32页。

却可算作一部专门的四书学著作。另外，《吴文正集》卷三《答海南海北道廉访副使田君泽问》中，也保留了较集中地论述《大学》一书的文字。”① 可以一观吴澄的“四书学”思想。据其弟子虞集（1272—1348）所撰《行状》可知，吴澄早年进学的次第是严格遵循朱熹“四书学”要求的，“十岁，始得朱子《大学》等书而读之，恍然知为学之要。日诵《大学》二十过，如是者三年。次第读《论语》《孟子》《中庸》，专勤亦如之，昼诵夜惟，弗达弗错。十三岁，大肆力于群书”②。所以其知识体系的根柢实为“四书学”。

（3）江西鄱阳一脉主要由董梦程、董鼎、胡方平、胡一桂（1247—?）等学者传承。其学问多与其他学脉相交汇会，如新安学派等。

除了黄榦后学这三个“四书学”传承脉络，朱熹其他及门弟子的后学在元代也有“四书学”授受与著述问世。据周春健考证，“浙江崇德的辅广、浙江温州的叶味道、福建建阳的蔡沈、福建北溪的陈淳以及江西婺源的滕璘、滕珙兄弟，在元代皆有四书学传人”③。此外，还有朱熹续传、私淑弟子的“四书学”在元代传承。各条学脉也常有交汇现象，其中新安学派很值得关注。

不同于上述师承授受的北山学派、草庐学派，新安学派是以区域学术风气归纳的学术流派，其共性是学者均为元代徽州路人士，且皆以“朱子学”为宗主，多为朱熹其他及门弟子或续传、私淑弟子的学脉，因徽州路古称新安，以此地望而得名。新安学派学者中，陈栎（1252—1334）有《四书发明》《四书考异》《论语训蒙口义》《中庸口义》等著述，胡炳文（1250—1333）有《四书通》《四书辩

① 周春健：《元代四书学研究》，华东师范大学出版社 2008 年版，第 252 页。

② （元）吴澄：《吴文正集》附录《行状》，《文渊阁四库全书》本，集部别集类第 1197 册。

③ 周春健：《元代四书学研究》，华东师范大学出版社 2008 年版，第 202 页。

疑》《大学指掌图》等著述，倪士毅（1310—1348）有《四书辑释》《重订四书辑释》等著述，此三人的"四书学"成就最大，又以《四书发明》《四书通》《四书辑释》影响最大。

非"朱子学"系"四书学"在元代也有所发展，陆九渊、吕祖谦、叶适（1150—1223）等学者的后学，亦有从事"四书学"研究的。陆九渊象山学派后学中邵大椿、桂本、王幼孙（1223—1298）等，吕祖谦东莱学派后学中陈樵、王祎（1322—1373）、郑奕夫等，叶适水心学派后学中林处恭、袁桷（1266—1327）、戴表元（1244—1310）等，均有"四书学"著述或文章产生，其中王祎的"四书学"思想尤值得关注。

王祎在《四子论》一文中认为，"治《易》必自《中庸》始，治《书》必自《大学》始，治《春秋》则自《孟子》始，治《诗》及《礼》《乐》必自《论语》始"①。寻找"六经"与"四书"在哲学上的契合点，将其对比研究，以解释"四书"与"六经"的内在逻辑，这是元代产生的"四书学"新观点。王祎在元末投奔朱元璋，在洪武朝被委以重任，后出使招降割据云南的元梁王把匝剌瓦尔密（？—1382），失败被杀，殊为可惜。

北方"四书学"主要由许衡的鲁斋学派和刘因的静修学派进行传承，但是其学脉远不如南方发达。尽管许衡门人弟子众多，但是致力于"四书学"研究者寥寥，这与许衡对"四书学"的推崇很是矛盾。周春健认为："并非无人继承他的四书学研究，只不过其学之授受路线并不如南方学派那样明朗和繁盛；另一方面，许衡之四书学也并非未对后世产生重大影响，只能说他的影响主要在政治层面而不主要在学术层面。然而，有一个事实不容回避，作为一个学术派别，许衡之鲁斋学派从总体趋势上的确是'数传而易衰'的，而

---

① （元）王祎：《王忠文集》卷四《四子论》，《文渊阁四库全书》本，集部别集类第1226册。

不惟在四书学方面。”①

事实上，许衡及其门人确实在政治层面的影响力更为显著，为元代“四书学”官学化和科举制度的重建做出了贡献。刘因的弟子也很多，其中安熙（1270—1311）、林起宗二人有“四书学”著述传世，但是刘因的静修学派同样传之未远。究其原因，可能与刘因壮年而逝有关，学术传承受到影响。

北方“四书学”学者中还有陈天祥（1230—1316），与尊崇“朱子学”的主流殊为不同。其师承并非鲁斋学派或静修学派，反而受到金代学者王若虚影响颇深，他仿效王若虚《论语辨惑》《孟子辨惑》而著有《四书辨疑》传世。与南方“朱子学”学者的疑经辨经不同，该书对《四书章句集注》中字词训释、义理阐发、分章补传、解经方法等方面的不当之处进行全面批判，继承了王若虚批判二程理学的路数，是北方学术传统反对朱子学的产物，实为元代朱熹“四书学”大盛局面中的异数。

四、元代“四书学”官学地位的演变与科举制度重建

忽必烈在藩邸和金莲川幕府时期对儒士文人比较重视，颇能团结中原文武力量，并在其拥护下成为蒙古大汗，随后不久击败阿里不哥集团。但是随着汗位稳固与统治规模的扩大，忽必烈对“汉法”和儒学的态度也日趋复杂化。

中统三年（1262），山东世侯李璮（？—1262）占据益都发动叛乱，尽管叛乱很快被平定，却引起了忽必烈对汉军世侯的极大不满与猜疑，进而对汉人群体的态度也发生了变化。至元八年，忽必烈创建了培养蒙古贵族子弟的蒙古国子学，命许衡主持国子学教学，

① 周春健：《元代四书学研究》，华东师范大学出版社 2008 年版，第 157 页。

许衡以朱熹理学和“四书学”为教学内容。由于对汉人有所猜忌，忽必烈此时对善于理财的回回派官员予以扶持，阿合马势力迅速崛起。至元十年（1273），阿合马与许衡发生正面冲突，并破坏国子学的供给链，许衡于是请求辞职。忽必烈考虑过许衡的影响力，也咨询过儒臣的意见，但仍同意其辞职，可见忽必烈在此时对阿合马派势力的信任。

国子学依刘秉忠的建议保留许衡指定的教学规矩，“丙戌，刘秉忠、姚枢、王盘、窦默、徒单公履等上言：‘许衡疾归，若以太子赞善王恂主国学，庶几衡之规模不致废坠。’又请增置生员，并从之”①。元代“四书学”向官学发展的趋势，因为许衡的沉浮而受到一定的影响，但仍作为国子学的教学内容保留下来，并对蒙古贵族子弟产生影响。元初的“四书学”相对于南宋理宗以后“四书学”被官方充分认可并与科举制度发生一定联系的官学地位，呈现出某种“断裂”态势。

受到儒臣和国子学的熏染，忽必烈的太子真金（1243—1285）逐渐成为“汉法”与儒学的支持者，以他为中心的太子派官员与阿合马派官员日益对立。忽必烈的执政理念带有很强烈的务实性，重用阿合马是因为他善于理财，可以为灭宋战争等提供大量的财力，而当其权势腐蚀到自身统治根基之时，便会将其势力打倒。至元十九年（1282），阿合马遇刺身亡，忽必烈派人调查其缘由，在了解阿合马贪渎罪行后，便借机对阿合马派官员进行清算。同理，他对儒学与汉人的态度也是这般务实。陈高华在《金元二代衍圣公》一文中认为，“忽必烈真正赏识并加以重用的汉族士大夫，主要是刘秉忠、王文统一类‘尚霸术，要近利’的人物。对于只讲性命道德、圣贤之道的儒生，他虽然也加以收留，给予一定荣誉，但一般都安

① （明）宋濂等：《元史》卷八《世祖本纪五》，中华书局1976年版，第151页。

插在闲散的位置上，并不重视”①。可谓一语中的。

至元十三年，“四书学”官学教育初显成效，国子学诸蒙古学生上书建言，将《大学》的“修齐治平”之道作为教学内容，在群臣建议下，忽必烈于次年设立蒙古国子监，至元二十四年（1287）再置国子监，正式将“四书”列为官学教材。据《元史》载，“凡读书必先《孝经》《小学》《论语》《孟子》《大学》《中庸》，次及《诗》《书》《礼记》《周礼》《春秋》《易》”②。但是，“四书”虽然成为官学教材，却并非教学的主体，这与许衡当年的设计出现了偏差。至元二十五年（1288），程钜夫建议参考吴澄的学术，在教学中加重“五经”的分量。元成宗（1265—1307）时，叶适水心学派后学袁桷上《国学议》，对宋末以来南方地区推崇《四书章句集注》的风气进行批评：

> 自宋末年，尊朱熹之学，唇腐舌弊，止于《四书》之注。故凡刑狱、簿书、金谷、户口，靡密出入，皆以为俗吏而争鄙弃，清谈危坐，卒至国亡而莫可救。近者江南学校教法，止于《四书》，髫龀诸生，相师成风，字义精熟，蔑有遗忘，一有诘难，则茫然不能以对，又近于宋世之末尚。③

他并非全然否定朱熹的学问，只是对过分推崇“四书”表示不满，倡导“事功”之学与经学结合的教学内容，他主张：

---

① 陈高华：《金元二代衍圣公》，《元史研究论稿》，中华书局 1991 年版，第 337 页。

② （明）宋濂等：《元史》卷八十一《选举志一》，中华书局 1976 年版，第 2029 页。

③ （元）袁桷撰，杨亮校注：《袁桷集校注》卷四十一《国学议》，中华书局 2012 年版，第 1840 页。

> 今科举既废，而国朝国学定制，深有典乐教胄子之古意，傥得如唐制，《五经》各立博士，俾之专治一经，互为问难，以尽其义。至于当世之要务，则略如宋胡瑗立湖学之法，如礼乐、刑政、兵农、漕运、河渠等事，亦朝夕讲习，庶足以见经济之实。往者朱熹《议贡举法》，亦欲以经说会萃，如《诗》则郑氏、欧阳氏、王氏、吕氏，《书》则孔氏、苏氏、吴氏、叶氏之类。先儒用心，实欲见之行事。①

他认为，朱熹治学也是主张博采诸家所学，所以如今国子学的教学内容也应该兼容诸家，尤其是引入经世致用之学。当时，这对“四书学”的官学地位无疑是种挑战。这种培养人才的方法在今天来看是比较合理的，既继承程朱理学注重人格道德培养的思想，又在一定程度上克服程朱理学忽视培养“事功”务实能力的缺陷。

至大四年（1311），出任国子司业的吴澄上书建议国子监教学内容改革，折中各方提议，再次将《小学》与“四书”纳入教学内容，但是“四书”地位明显逊于“五经”。周春健考证说：“这也恰好与皇帝经筵进讲的情形相映成趣，四书学在元仁宗前的国子学教育领域同样尚未占据主导。”②

科举制度重建并与“四书学”紧密结合。忽必烈统治初期就有儒臣建议恢复科举制度，但出于蒙古贵族群体利益与对宋战争的考虑而未能实现。灭宋以后，又有大臣建议恢复科举，许衡也基于国子学和地方院校的教育情况建言恢复科举，甚至很多儒化的蒙古贵族大臣也建议恢复科举，但是终元世祖、元成宗、元武宗（1281—1311）三朝都没有实现科举制度的重建。

---

① （元）袁桷撰，杨亮校注：《袁桷集校注》卷四十一《国学议》，中华书局 2012 年版，第 1840 页。

② 周春健：《元代四书学研究》，华东师范大学出版社 2008 年版，第 60 页。

元仁宗（1285—1320）于至大四年即位，元代“四书学”官学地位的制度化有了新的转机。皇庆二年（1313），中书省臣奏报请开科取士，元仁宗不但予以赞许，而且不久又正式下诏表示对科举制度重建的重视，同时规定了科举考试与内容：

若稽三代以来，取士各有科目，要其本末，举人宜以德行为首，试艺则以经术为先，词章次之。浮华过实，朕所不取。爰命中书，参酌古今，定其条制。其以皇庆三年八月，天下郡县，兴其贤者能者，充赋有司，次年二月会试京师，中选者朕将亲策焉。具合行事宜于后：科场，每三岁一次开试。举人从本贯官司于诸色户内推举，年及二十五以上，乡党称其孝悌，朋友服其信义，经明行修之士，结罪保举，以礼敦遣，（资）〔贡〕诸路府。其或徇私滥举，并应举而不举者，监察御史、肃政廉访司体察究治。

考试程序：蒙古、色目人，第一场经问五条，《大学》《论语》《孟子》《中庸》内设问，用朱氏《章句集注》。其义理精明，文辞典雅者为中选。第二场策一道，以时务出题，限五百字以上。汉人、南人，第一场明经、经疑二问，《大学》《论语》《孟子》《中庸》内出题，并用朱氏《章句集注》，复以己意结之，限三百字以上；经义一道，各治一经，《诗》以朱氏为主，《尚书》以蔡氏为主，《周易》以程氏、朱氏为主，已上三经，兼用古注疏，《春秋》许用三《传》及胡氏《传》，《礼记》用古注疏，限五百字以上，不拘格律。第二场古赋诏诰章表内科一道，古赋诏诰用古体，章表四六，参用古体。第三场策一道，经史时务内出题，不矜浮藻，惟务直述，限一千字以上成。蒙古、色目人愿试汉人、南人科目，中选者加一等注授。蒙古、色目人作一榜，汉人、南人作一榜。第一名赐进士及第，从六品；第二名以下及第二甲，皆正七品；第三甲以下，皆正八品，两榜并同。①

这份诏书对后世科举制度有深远的影响，明确“重经术、轻词章”的取士标准；规定三级考试的层次与时间安排；区分应试者的身份，并承认南北方文化差异设定“南北分榜制度”。尤其值得一提的是，该诏书在历史上首次将朱熹注释、结集后的“四书”正式纳入考试的科目范围，并且无论是蒙古人、色目人还是汉人、南人，“四书”均为考试程序中首要的科目，参考的教材则是《四书章句集注》，诏书中“四书”排列之次第都是朱熹所定进学次序，“五经”所用版本或为朱熹著述，或为朱子后学著述，独尊程朱理学的意味非常明显，相当于明确考试的指导思想就是程朱理学。

延祐二年（1315），朝廷首次廷试进士，共取进士 56 人，右榜状元护都答儿，左榜状元张起岩。至此，元代的科举制度从设计到实践都已完成，正式重建，史称“皇庆—延祐科举”或“延祐科举”。“延祐科举”距窝阔台汗时期的“戊戌选试”已经过去 77 年。

元仁宗之所以重建科举制度，也有其深层原因。一方面，程朱“四书学”随着“朱子学”在社会上的传播，已经成为社会文化的主流，除了中央官学在许衡等人的推动下大力讲授“四书学”以外，地方学校也大多以“四书学”为教学内容。至元八年，忽必烈下令恢复地方学校建设，地方官学纷纷建立起来。书院作为地方学校的典范，在元代也有很大的发展。

窝阔台汗时期，北方就建立了太极书院等。忽必烈时期，又整合了南方各书院资源。在灭宋战争中，部分南宋书院因战火而受损，如岳麓书院，但不久便得到了元廷的保护与建设。元代国家对书院

① （明）宋濂等：《元史》卷八十一《选举志一》，中华书局 1976 年版，第 2018—2019 页。

的建设、维护热情甚至超过南宋，邓洪波认为元代书院“弥补金辽时代的缺憾，将书院和理学一起推广到北方地区，缩短了新形势下形成的南北文化差距。而与理学一体化的书院，被等视为官学，即书院的官学化，也就成了元代书院最显著的特征”①。书院的官学化，使得元代形成了中央国子学、乡学与书院等机构紧密结合的官学教育系统，其教学内容则以朱熹理学与“四书学”为主，这种教育体系与社会文化，为“延祐科举”的实现和“四书学”官学地位的制度化提供了教育与社会基础。

另一方面，元仁宗本人对儒学的态度和政治诉求，为“延祐科举”的实现提供了契机。元仁宗爱育黎拔力八达是元武宗海山的弟弟，在元成宗驾崩后助其兄即位，立有大功而被立为皇太弟，与元武宗相约“兄终弟及，叔侄相传”。他早年便对儒学感兴趣，接触过一些典籍，成为皇太弟后又接触到《大学衍义》，对此“帝王之学”非常看重：

> 甲申，武宗即位。六月癸巳，诏立帝为皇太子，受金宝。遣使四方，旁求经籍，识以玉刻印章，命近侍掌之。时有进《大学衍义》者，命詹事王约等节而译之，帝曰：“治天下，此一书足矣。”因命与《图象孝经》《列女传》并刊行，赐臣下。十一月戊寅，受玉册，领中书省、枢密院。②

忽必烈曾接触过《大学衍义》并命儒臣赵璧对其进行部分翻译，元仁宗又命王约（1252—1333）等人翻译进讲，此后《大学衍义》成为元代经筵进讲的重要教材之一。王约对元仁宗的施政有很大影响，

① 邓洪波：《中国书院史》，东方出版中心 2004 年版，第 189 页。
② （明）宋濂等：《元史》卷二十四《仁宗本纪一》，中华书局 1976 年版，第 536 页。

是元仁宗时期改革的重要参与者之一。

元武宗执政初期国家气象鼎新，大有恢复忽必烈事业的势头，但是其后期政治趋向混乱。元仁宗即位后进行了一系列政治改革，进一步推行“汉法”，“延祐科举”的实现也是他改革的一部分。他作为皇太弟即位，需要收天下士子之心，以巩固自己的正统性，而通过重建科举选官制度来整顿吏治，建立新的官僚体系来对抗旧势力，这是他的根本目的。元代学者苏天爵（1294—1352）评价其用心称：“仁宗皇帝自居潜宫，深厌吏弊，及其即位，乃出独断，设进士科以取士。”①

“延祐科举”之后，元代先后进行了十六次科举，简称“元十六考”，除了元顺帝初期权臣伯颜（1280—1340）擅政，停罢数年，一直推行到元末，为明清两代科举提供了宝贵的制度与实践经验。

但是由于蒙古贵族势力的掣肘和草原汗位继承传统的影响，国家统治理念摇摆反复，元代皇位更替天然地不稳定，给权臣擅政提供了条件。元仁宗的改革没有进行几年，他就病重驾崩了，驾崩前又没有按约定传位给侄子元明宗（1300—1329），而传位给自己的儿子元英宗（1303—1323），更是埋下日后皇族内斗的祸根。元仁宗驾崩后，元朝皇族内斗不断，权臣钦察人燕铁木儿（？—1333）在内斗中崛起，权倾朝野。

元顺帝妥欢帖木儿（1320—1370）即位后，借助伯颜等人肃清燕铁木儿之子唐其势的势力，结果伯颜又成为新的权臣。权臣政治是蒙古贵族政治与武断政治的杂糅，与以科举取士为基础的官僚政治在精神取向上有根本冲突。

伯颜擅政后与元顺帝的矛盾日益加深，更兼权臣政治往往伴随官吏腐败现象，使得伯颜在政治风评中处于下风，其手下常被以汉

① （元）苏天爵：《滋溪文稿》卷九《元故翰林侍讲学士知制诰同修国史赠江浙行中书省参知政事袁文清公墓志铭》，中华书局1997年版，第135页。

官为主的御史台纠劾，积怨日深，遂有罢黜科举等一系列反对“汉法”、民族压迫的举措。

至元六年（1340），元顺帝支持脱脱（1314—1356）等人打倒伯颜势力，并由脱脱主持政局，推行系列改革，纠正伯颜弊政，重开科举，史称“脱脱更化”。然而，这场改革并未成功消弭各方矛盾，各派政治势力开始新一轮的争权夺利，元顺帝本人又多疑少决，临事犹豫，加剧了政局的不稳定性。上层忙于争斗，中下层官吏则继续腐化，政治失序和经济混乱，最终失去民心。

至正十一年（1351），修浚黄河的工程引发底层社会矛盾的总爆发，红巾军大起义迅速蔓延，严重动摇元朝统治根基，各地实力派也纷纷起兵，或反抗朝廷，或打着朝廷的旗号扩张自己的势力，元代经济富庶的江南等地区逐渐脱离中央管辖。朱元璋势力便在这个大背景下崛起于江南，并最终建立了明朝。

第三节　宋、元“四书学”的遗产

通过梳理、回顾两宋与元代“四书学”的发展历程，可以清晰地看到宋、元“四书学”官学地位的制度化与政治、学术之间的互动关系，以及宋、元“四书学”留给明初“四书学”的遗产。之所以称其为“遗产”，是因为从断代史视角来看，政权已发生更迭，仿佛一个时代戛然而止，但实际上学术思想的传承与社会文化的延续并没有因此而断裂，而是随着新政权各项政策的落实与社会条件的变化，逐渐演化为一种不同于前政权统治下的状态。

一、宋、元“四书学”在明初的影响力

综合来看，宋、元“四书学”留下的以下主要遗产构成明初“四书学”发展的前提，影响非常深远。

其一，宋、元“四书学”为明初“四书学”的发展提供了系统的理论前提。经过两宋的学术发展，尤其是在朱熹对“四书”的结集与结合理学的体系建构以后，“四书学”在学理上达到了系统化和理学化，与程朱理学紧密结合而逐渐发展成为社会主流学术思想。以“四书”为名的著述与“四书”有机结合的思想体系产生，“四书学”在此阶段名实相符，并逐渐成为明代通行的一套常识性知识体系。

其二，宋、元“四书学”为明初“四书学”的发展提供了坚实的文献系统。南宋大儒朱熹实现了程朱理学化“四书学”体系的完善，编修经典的“四书学”著述《四书章句集注》，他的弟子门人又在其基础上编修了大量的“四书学”著述，至元代更是形成了程朱理学“四书学”著述群，其中很多著述是明初学者讨论、传播“四书学”思想的基础文献。

其三，宋、元“四书学”为明初“四书学”的发展提供了良好的社会基础和人才队伍。宋、元“四书学”，尤其是元统一以后，无论南北，“朱子学”都是社会学术与文化的主流。朱熹不仅仅重视著书立说和影响皇帝的上层宣传路线，也非常重视教书育人、广交贤友、民间教化的下层宣传路线。《朱子家礼》等使得士大夫的礼教文化向民间基层下移，影响基层民众的生活方式与思维方式，也同时使“朱子学”的社会基础更加广泛。他的后学们形成各条学脉，继承弘传理学与“四书学”，以广大书院为阵地，尤其是在元代，书院大发展，为明初“四书学”发展培养了大量人才。

其四，宋、元“四书学”的官学化及与科举制度结合，为明初“四书学”的发展提供了制度范本。宋、元“四书学”的官学制度化与“朱子学”的兴起息息相关，尽管这一进程由于北方的战乱、异族统治和南宋灭亡受到冲击，但是在强大的社会基础影响下，这一进程还是在元代中期重启，并最终完成了“四书学”官学制度化，

《四书章句集注》等程朱理学“四书学”著述成为各级学校教育的官方教材与科举重建后的考试重点内容。元代，这种与“四书学”紧密结合的教育模式和科举模式既是国家对社会主流学术与文化的认可，也是国家利用制度建设、资源分配对社会主流学术与文化进行引导与控制的手段。元代科举为明初专制君主确立选官制度与教育制度提供了最具参考价值的范本。

二、宋、元“四书学”的学术与文化史地位

以上便是宋、元“四书学”留下的主要遗产。值得一提的是，即使是在“朱子学”所谓“南北全盛”的元代，其他非“朱子学”学者的“四书学”思想也不容忽视，其著述流传到后世，成为明初“四书学”的基础之一。《四书章句集注》问世后，“四书学”进入结集时代，但也并不意味着不再有“四书”单经著述传世，这种“结集为主，单经亦有”的局面也被明初“四书学”所继承。

此外，从“四书学”发展史角度来看，宋、元是“四书学”学术风气的转变期。宋代“四书学”学者集前代之大成，理论研究有很大的飞跃，建构了名实相符的与程朱理学紧密结合的“四书学”，并开启了“四书学”官学化进程。“四书学”虽在元朝初期遭受挫折也一度停滞，但在元朝中后期基本发扬了宋代“四书学”的成就，完成了“四书学”官学制度化。“四书学”与学校教育、科举制度的紧密结合，使“四书学”获得了更广泛的社会影响力。

但这种影响力在某种程度上源于国家科举考试科目对“四书”的规定而产生的对广大士子的诱惑力，换言之，是“四书学”与士子们对功名利禄的强烈欲求紧密结合的产物。这种趋势逐渐使学术层面的“四书学”趋向思维僵化，应用层面的“四书学”呈现出一定程度上的庸俗化。元朝国祚不久，在“延祐科举”后一共才举行十六次考试，中间还有国家上层斗争引发的政策反复，所以这种庸

俗化的影响并不明显。明清两代，这一趋势的影响才越来越显著。

元代国家上层一直纠结于中原王朝政治文化与大蒙古国军政体制传统，未能处理好蒙古贵族与官僚集团之间的矛盾，并且往往与民族问题扯上关系。例如，权臣伯颜在与政敌的斗争中会有“杀尽五姓汉人”这种匪夷所思的提案。这又使“驱逐胡虏”成为明初的一个“政治旗号”，成为元明鼎革的特征之一。

第二章　明代“四书学”史总说

明代是我国文献激增时代，一方面，相对于宋、元两代，国家政局相对稳定，国祚较长，社会局势也比较安定，为学者的学术活动和文献产出提供了环境保障；另一方面，随着商品经济的发展和出版业的兴起，图书文献市场又刺激文献大爆炸，修书、编书、贩书的文献流通系统日益发达。这是明代各领域文献均获得大发展的综合因素。

而具体到明代“四书学”著述的发展，除上述两个原因之外，也有自身的特殊原因。“四书学”在明初便被立为官学，并与科举考试紧密联系起来，在社会上具有较大的影响力，这使“四书学”著述的发展环境得天独厚，所以明代“四书学”著述浩如烟海，一代之盛，蔚为大观，但质量参差不齐，给后世研究带来麻烦。

清代的《四库全书总目提要》，于明代官方“四书学”著述中评价最低的是《四书大全》，于民间“四书学”著述中评价最低的就是林林总总的“高头讲章”。但是，“四书学”著述是研究明代“四书学”史的基础文献，所以要进一步了解明代“四书学”史的发展大势，必须对明代“四书学”著述有一定的了解。

第一节　明代“四书学”现存著述

要对明代“四书学”的发展状况进行客观认识，首先要对明代

“四书学”现存著述进行调查统计，因为明代“四书学”现存著述是最能够直观反映明代“四书学”发展面貌与特征的文献系统。

一、现存著述的统计原则

在统计信息时，需要注意以下几点：第一，要符合时代条件。本书大体选取1368—1644年的“四书学”著述，即与明朝作为全国性统治政权的历史相始终。对元明交替、明清交替时期的“四书学”著述则酌情选取、统计。第二，考察的文献必须是“著述”。“四书学”著述一般指学者们成书的作品，学者也有与“四书学”相关的文章传世，但是并未独立成书，所以不能算作著述。第三，要依文献形态分类。《四书章句集注》问世后，“四书学”进入结集时代，但并不意味着不再有“四书”单经著述传世，所以选取时著录信息要分类对待。第四，对具体版本进行筛选、拣择。某些“四书学”著述既有“结集”刊行传世，也有单经刊行传世，同种书而形态不一，所以著录信息尽量避免重复，需要拣择。

此统计主要参考的书目有：（1）经学专门目录文献，朱彝尊《经义考》、翁方纲《经义考补正》、沈廷芳《续经义考》；（2）明代目录文献，焦竑《国史经籍志》、祁承㸁《澹生堂藏书目》、高儒《百川书志》、晁瑮《晁氏宝文堂书目》、朱睦㮮《万卷堂书目》；（3）清代目录文献，黄虞稷《千顷堂书目》、钱谦益《绛云楼书目》、徐乾学《传是楼书目》、《四库全书总目》、《明史艺文志·补编·附编》；（4）现代目录文献，《续修四库全书总目提要·经部》《北京图书馆古籍善本书目》《中国古籍善本书目》《中国古籍总目》；（5）“四书学”专门目录文献，傅武光《〈四书〉总义著述考》、顾宏义《历代四书序跋题记资料汇编》《新集四书注解群书提要附古今四书总目》等。

二、明代“四书学”著述现存名目

基于上述四点注意，笔者通过整理参考的目录文献和日常信息搜集，共统计到明代“四书学”现存著述版本信息493种，其具体名目开列如下。

A.《四书》类（377种）

A001　《四书集注大全》三十八卷（《大学章句大全》一卷、《大学或问》一卷、《中庸章句大全》一卷、《中庸或问》一卷、《论语集注大全》二十卷、《孟子集注大全》十四卷）　（明）胡广等辑

A002　《四书集注大全》四十三卷（《读大学法》一卷、《大学章句大全》一卷、《或问》一卷、《读中庸法》一卷、《中庸章句大全》一卷、《或问》一卷、《读论语孟子法》一卷、《论语集注大全》二十卷、《序说》一卷、《孟子集注大全》十四卷、《序说》一卷）　（明）胡广等辑

A003　《四书集注大全》三十六卷（《大学章句大全》一卷、《中庸章句大全》一卷、《论语集注大全》二十卷、《孟子集注大全》十四卷）　（明）胡广等辑

A004　《读论语孟子法》一卷　（明）胡广等辑

A005　《四书集注大全》四十卷［附（宋）王应麟撰《论语考异》、（明）徐汧纂辑《孟子考异》］　（明）胡广等辑

A006　《周会魁校正四书大全》十八卷（《大学》二卷、《论语》七卷、《孟子》七卷、《中庸》二卷）　（明）胡广等辑　（明）李廷机、周士显校正

A007　《周会魁校正四书大全》十七卷（《大学》二卷、《论语》七卷、《孟子》七卷、《中庸》一卷）　（明）胡广等辑　（明）李廷机、周士显校正

A008　《周会魁校正四书大全》十八卷(《大学》二卷、《论语》八卷、《孟子》七卷、《中庸》一卷,附《读法》三卷、《论语集注序说》一卷、《孟子集注序说》一卷)　(明)胡广等辑　(明)李廷机、周士显校正

A009　《四书中说》二十四卷　(明)卢翰撰

A010　《四书详说》不分卷　(明)曹端撰

A011　《四书通义》四十五卷　(明)刘同章撰

A012　《四书也足园初告》六卷(《大学》《中庸》《上论》《下论》《上孟》《下孟》各一卷)　(明)王宇撰

A013　《虚斋蔡先生四书蒙引初稿》十五卷　(明)蔡清撰

A014　《蔡虚斋先生四书蒙引》十五卷　(明)蔡清撰　(明)宋兆禴重订

A015　《新刊举业精义四书蒙引》(别题《四书蒙引》)十五卷[《大学》二卷、《中庸》二卷、《论语》四卷、《孟子》七卷、(明)蔡清撰《别录》一卷]　(明)庄煦、王升编

A016　《四书蒙引别录》一卷　(明)庄煦、王升编

A017　《四书蒙引便览》不分卷　(明)庄煦撰

A018　《四书图史合考》二十四卷　(明)蔡清辑

A019　《重刊补订四书浅说》十三卷(《大学》一卷、《中庸》一卷、《论语》四卷、《孟子》七卷)　(明)陈琛撰

A020　《灵岳山房重订四书浅说》十三卷　(明)陈琛撰　(明)唐光夔重订

A021　《灵源山房重订四书浅说》十三卷(《大学》一卷、《中庸》一卷、《论语》十卷、《孟子》七卷)　(明)陈琛撰　(明)刘蜚英校

A022　《陈紫峰先生四书浅说》十二卷　(明)陈琛撰　(清)施世瑚等校

A023 《四书因问》六卷 （明）吕柟撰

A024 《新刊启蒙分章句解四书宝鉴》十六卷 （明）陈文珙撰

A025 《四书私存》三十八卷（《大学》一卷、《附录》一卷、《中庸》二卷、《论语》二十卷、《孟子》十四卷） （明）季本撰

A026 《新刊增订的稿四书存疑》十卷 （明）林希元撰

A027 《新刊全补四书存疑》十二卷 （明）林希元撰

A028 《重刊次崖林先生四书存疑》十二卷 （明）林希元撰

A029 《连理堂重订四书存疑》十四卷 （明）林希元撰 （明）陶望龄阅

A030 《新刊四书两家粹意》十二卷 （明）蔡清、林希元撰 （明）贾如式编

A031 《四书纪闻》十八卷 （明）黄光升撰

A032 《新刊心学渊源科场诀要私塾利达》三十卷 （明）万廷栯辑注

A033 《新刊四书章图详节讲学纲目》二十九卷（附《鹿野郝先生式蒙要法》） （明）涂山撰 （明）明彭烊、曾元忠校

A034 《四书正义》三十六卷 （明）林兆恩撰

A035 《四书正义》十二卷（《大学》二卷、《中庸》二卷、《论语》五卷、《孟子》三卷） （明）薛甲撰

A036 《四书人物考》四十卷 （明）薛应旂撰

A037 《新刻七十二朝四书人物考注释》四十卷 （明）薛应旂撰 （明）朱焯注释

A038 《校正注释四书人物考》四十卷 （明）薛应旂辑 （明）朱焯注 （明）张吾瑾订

A039 《四书人物考订补》四十卷 （明）薛应旂撰 （明）朱焯注释 （明）许胥臣订补

A040 《新锓评林旁训薛汤二先生家藏酉阳栘古人物奇编》十八

卷首一卷　(明)薛应旂辑　(明)朱焯注释　(明)汤宾尹评

A041　《陈明卿先生订正四书人物备考》四十卷[(明)薛寀辑《附考》八卷]　(明)薛应旂辑　(明)朱焯注　(明)陈仁锡订正

A042　《陈明卿先生订正四书人物附考》八卷　(明)薛寀辑

A043　《增补四书精绣图像人物备考》十二卷《图》一卷　(明)薛应旂撰　(明)陈仁锡增订

A044　《增订龙门四书图像人物备考》十二卷《图》一卷　(明)薛应旂撰　(明)陈仁锡增订

A045　《增补四书精绣图像人物备考》十二卷　(明)薛应旂撰　(明)陈仁锡增定　(清)唐义锡重校　(清)陈锐、何焯订

A046　《新镌四书七十二朝人物经籍备考》二十四卷　(明)薛应旂撰　(明)钟惺合订

A047　《四书人物考》十二卷　(明)张星撰

A048　《四书经筵直解》二十卷　(明)瞿景淳撰

A049　《四书摘训》二十卷(《大学摘训》一卷、《中庸摘训》三卷、《论语摘训》八卷、《孟子摘训》八卷)　(明)丘橓辑

A050　《近圣居三刻参补四书燃犀解》二十一卷(《大学》一卷、《中庸》三卷、《论语》十卷、《孟子》七卷)　(明)陈组绶撰　(明)夏允彝等参补

A051　《四书副墨》不分卷　(明)陈组绶撰

A052　《问辨录》十卷　(明)高拱撰

A053　《日进直讲》五卷　(明)高拱撰

A054　《四书答问》六卷　(明)罗汝芳撰　(明)杨起元辑

A055　《四书初问》八卷　(明)徐爌撰

A056　《李翰林批点四书初问讲义》八卷《补》一卷　(明)徐爌撰

A057 《经筵进讲原本四书》不分卷 （明）张居正撰

A058 《重刻张阁老经筵四书直解》二十六卷（《大学》一卷、《中庸》一卷、《论语》十卷、《孟子》十四卷） （宋）朱熹集注 （明）张居正直解

A059 《新订四书直解正字全编》二十六卷（《大学》一卷、《中庸》一卷、《论语》十卷、《孟子》十四卷） （明）张居正撰 （明）沈鲤正字

A060 《四书直解指南》二十七卷 （明）张居正、杨文奎撰

A061 《重刻内府原板张阁老经筵四书直解指南》二十七卷（《大学》二卷、《中庸》二卷《论语》四卷、《孟子》七卷） （明）张居正撰 （明）焦竑增补 （明）汤宾尹订正

A062 《四书直解》二十七卷 （明）张居正撰 （明）焦竑增补 （明）顾宗孟订正 （明）李光缙纂 （明）刘日珩订 （明）陈恒吉合纂

A063 《四书指南纂序合参》二十七卷 （明）张居正撰 （明）焦竑增补 （明）顾宗孟订正 （明）李光缙纂 （明）刘日珩订 （明）陈恒吉合纂

A064 《四书直解》二十七卷（《大学》一卷、《中庸》二卷、《论语》十卷、孟子》十四卷） （宋）朱熹集注 （明）张居正直解 （明）顾宗孟重订 （明）顾宗孟撰

A065 《四书讲义合参》二十七卷 （明）顾宗孟撰

A066 《四书集注阐微直解》二十七卷（《大学中庸》三卷、《论语》十卷、《孟子》十四卷、附《纂序四书说约合参大全》） （宋）朱熹集注 （明）张居正直解 （明）顾梦麟、杨彝辑

A067 《四书直解》六卷（《大学》一卷、《中庸》一卷、《论语》二卷、《孟子》二卷） （明）张居正撰 （清）郑重等订

A068 《四书集注事文实录》（别题《经传事文实录》）不分卷

(明)杨文奎纂录

A069 《新刻北雍二大司成先生课大学多士四书诸说品节》十卷 (明)陆可教、叶向高辑 (明)焦竑校

A070 《新锓叶李两阁老同纂十八魁四书甲第先锋大讲》三十卷 (明)叶向高、李廷机辑

A071 《新镌翰林九我李先生家传四书文林贯旨》六卷(附《训蒙题式》一卷) (明)李廷机撰

A072 《四书大注参考》一卷 (明)李廷机撰

A073 《新编四书三说》三十卷 (明)管大勋辑

A074 《四书近语》六卷 (明)孙应鳌撰

A075 《四书评》十九卷(《大学》一卷、《中庸》一卷、《论语》十卷、《孟子》七卷) (明)李贽评

A076 《四书参》十九卷(《大学》一卷、《中庸》一卷、《论语》十卷、《孟子》七卷) (明)李贽评 (明)杨起元批点 (明)张明宪、张汝英编辑

A077 《李氏说书》六卷 (明)李贽撰

A078 《李氏说书》(别题《改名鼎镌林缵绪先生家传读书故事评释大全》)六卷 (明)李贽撰 (明)林觐扬改撰

A079 《李氏说书》九卷 (明)李贽撰

A080 《四书人物演义》四十卷 (明)李贽撰

A081 《四书翼传三义》七卷(《大学》一卷、《中庸》二卷、《论语》二卷、《孟子》二卷) (明)刘思诚、王守诚撰

A082 《新刊四书说略》十卷 (明)赵应元撰 (明)钱立等编 (明)朱尧年等校

A083 《学测》一卷 (明)萧良幹撰

A084 《四书古今四体全书集注》二十九卷 (明)杨时乔编

A085 《二刻礼部增补证正四书合注篇》十二卷 (明)范谦、刘

楚先、余继登纂　(明)李廷机、冯琦增补

A086　《朱子四书或问小注》三十六卷(《大学或问小注》一卷、《中庸或问小注》一卷、《论语或问小注》二十卷、《孟子或问小注》十四卷)　(明)徐方广增注

A087　《学庸义府补》三卷　(明)徐方广撰

A088　《质言》三卷　(明)牛应元辑　(明)李嘉言等校

A089　《新锓侍御牛先生心授四书质言》三卷　(明)牛应元撰

A090　《书义会真录》十九卷　(明)牛应元撰

A091　《新刻了凡袁先生四书训儿俗说》十卷　(明)袁黄撰

A092　《四书删正》六卷　(明)袁黄撰

A093　《四书删正》一卷　(明)袁黄撰

A094　《焦氏四书讲录》十四卷(《大学》二卷、《中庸》一卷、《论语》四卷、《孟子》七卷)　(明)焦竑撰

A095　《皇明百家四书理解集》六卷首一卷　(明)焦竑撰

A096　《新镌皇明百家四书理解集》十四卷首一卷　(明)焦竑辑

A097　《四书大魁儿说》不分卷　(明)苏浚撰　(明)王衡参补

A098　《新刻晋江紫溪苏先生四书儿说》八卷　(明)苏浚撰

A099　《解醒编》六卷(《大学》一卷、《中庸》一卷、《论语》二卷、《孟子》二卷)　(明)苏浚撰

A100　《新镌四书七进士讲意折衷》六卷　(明)邹泉撰

A101　《四书疑问》六卷　(明)姚舜牧撰

A102　《四书疑问》十卷　(明)姚舜牧撰

A103　《重订四书疑问》十一卷　(明)姚舜牧撰

A104　《四书说剩》六卷　(明)林散撰　(明)张鼐订　(明)朱廷旦评　(明)沈九标等校

A105　《镌陈顾二翰林纂订四书理掸》十二卷　(明)陈万言、顾锡畴撰　(明)徐在中评

A106 《四书就正》十六卷 （明）王榆撰 （明）程大化评选

A107 《黄进士槐芝堂四书解》六卷 （明）黄景星撰

A108 《诸继明析理编》二卷 （明）诸万里撰

A109 《四书火传》二十卷 （明）李京撰

A110 《四书体义》十卷 （明）沈几撰 （明）王道焜校

A111 《项会魁四书听月》十九卷 （明）项声国撰 （明）刘肇庆校

A112 《木天署八翰林发刊四书圣学中天讲意》十一卷 （明）张鼎等亲裁 （明）马世奇阅 （明）马世明订

A113 《四书水月》不分卷 （明）周士谟辑 （明）周升元、周鼎元校

A114 《四书传习心谭》不分卷 （明）刘必绍撰 （明）刘濡恩辑

A115 《四书便蒙讲述》十一卷 （明）卢一诚撰

A116 《四书便蒙讲述》二十卷 （明）卢一诚撰

A117 《四书最胜藏》二十卷 （明）马来远辑

A118 《四书醒言》六卷 （明）徐文火晋撰

A119 《新刻四书国要》二卷 （明）胡文焕辑

A120 《四书古今道脉》四十五卷（《大学》三卷、《中庸》八卷、《论语》二十卷、《孟子》十四卷） （明）徐奋鹏辑

A121 《四书近见录》四卷 （明）徐奋鹏辑

A122 《笔洞山房新著知新录》十卷 （明）徐奋鹏辑 （明）徐春茂、徐春盛编

A123 《四书知新录》十卷 （明）徐奋鹏辑

A124 《纂定四书古今大全》四十卷 （明）徐奋鹏辑 （明）郭大经校

A125 《重刻四书续补便蒙解注》六卷 （明）徐奋鹏撰

A126 《笔洞生后悟》六卷 （明）徐奋鹏辑 （明）朱领等编

A127　《笔洞生新悟》不分卷　(明)徐奋鹏撰

A128　《四书贯解》十卷　(明)许国撰

A129　《四书疑问》五卷　(明)史记事撰

A130　《四书庭训》不分卷　(明)柴寅宾述

A131　《四书眼》十九卷　(明)杨起元撰

A132　《四书评眼》十九卷(《大学》一卷、《中庸》一卷、《论语》十卷、《孟子》七卷)　(明)杨起元撰　(明)李衷批评　(明)梁知编

A133　《四书汉诂纂》十九卷　(明)陈禹谟撰

A134　《谈经苑》四十卷　(明)陈禹谟辑

A135　《经籍异同》三卷　(明)陈禹谟辑

A136　《四书人物概》十五卷　(明)陈禹谟撰

A137　《四书名物考》二十卷　(明)陈禹谟撰

A138　《四书名物考》二十四卷　(明)陈禹谟撰　(明)钱受益补　(明)牛斗星补

A139　《重订四书名物备考》二十四卷　(明)陈禹谟撰　(明)钱受益补　(明)王道焜补

A140　《经言枝指纂》四十卷　(明)陈禹谟撰　(明)林永平辑

A141　《新刻四书图要》二卷　(明)黄耳鼎、金寿祖撰

A142　《四书讲义》一卷　(明)顾宪成撰

A143　《新锓感述录》六卷(又题《素衷先生感述续录》四卷)　(明)赵维新撰

A144　《仁文讲义》《水田讲义》不分卷　(明)邹元标撰

A145　《增补四书微言》二十卷(《大学》二卷、《中庸》二卷、《论语》八卷、《孟子》七卷)　(明)唐汝谔撰

A146　《新刻四书十方家考订新说评》实际十卷　(明)郭伟辑

A147　《增补郭洙源先生汇辑十太史四书主意宝藏》十卷　(明)

郭伟辑　(明)宋凤翔评　(明)翁鸿业增补

A148　《新镌国朝名家四书讲选》六卷　(明)郭伟汇选

A149　《皇明百方家问答四书意》十五卷　(明)郭伟编撰　(明)柯仲炯等校

A150　《新锲皇明百大家总意四书正新录》六卷(附《皇明大家姓氏并书目》一卷)　(明)郭伟撰

A151　《新刻郭洙源先生四书四转金丹》不分卷　(明)郭伟编撰　(明)郭中吉参校　(明)傅梦龙督梓

A152　《新锲四书新说国朝名公答问》十五卷　(明)黄洪宪编撰　(明)郭伟校

A153　《新镌六才子四书醒人语》十四卷　(明)葛寅亮、张鼐、邹之麟、丘兆麟、周宗建、赵鸣阳撰　(明)郭伟汇辑

A154　《四书宗旨》不分卷　(明)周汝登撰

A155　《四书摄提》十卷《附录》一卷　(明)郝敬撰

A156　《四书六便讲意一贯大成》不分卷　(明)项煜撰

A157　《三太史汇纂四书人物类函》十六卷　(明)项煜撰　(明)张鼐鉴定　(明)徐汧考订

A158　《新镌项仲昭先生四书琅嬛集注》十九卷　(明)项煜撰

A159　《诸太史评三先生家藏四书讲意明珠库》十卷首一卷　(明)项煜、黄文焕、宋玫辑

A160　《新刻张侗初先生永思斋四书演》二十卷　(明)张鼐撰

A161　《新镌侗初张先生订选四书述》十三卷　(明)张鼐撰

A162　《新拟科场急出题旨元脉》八卷　(明)张鼐撰　(明)陈仁锡批评　(明)余应虬订正

A163　《四书吾学望洋编》二十卷　(明)姚光祚撰　(明)钱策等校

A164　《四书主意金玉髓》十四卷　(明)华琪芳撰

A165　《四书辟旦》二十卷　（明）黄献臣撰

A166　《石镜山房四书说统》三十七卷　（明）张振渊辑

A167　《四书绍闻编》八卷　（明）王樵撰

A168　《四书考》一卷　（明）戴文仲辑　（明）戴应扬注

A169　《袁氏家传四书旨便》六卷［附（明）袁宏道、袁中道参订《新刻占鳌分印四书正文》］　（明）袁宗道撰　（明）汤宾尹精校

A170　《新刻袁小修先生四书縻》十卷　（明）袁中道撰　（明）袁宏道订

A171　《新镌李少文先生家言四书仙说评》十卷　（明）李春芳授（明）李长华受撰

A172　《四书弓冶》八卷　（明）庄起蒙撰

A173　《四书代言》二十卷　（明）方应祥撰

A174　《方孟旋先生四书艺》一卷　（明）方应祥撰　（清）李瀛等选评

A175　《四书讲义》一卷　（明）高攀龙撰

A176　《新镌缪当时先生四书九鼎》十三卷［（明）唐士雅辑、（明）潘文焕补《删补征言》］　（明）缪昌期纂

A177　《四书要达》二十七卷首一卷　（明）陶望龄撰　（清）徐灿、袁终彩辑

A178　《四书穷钞六补定本》十六卷　（明）王国瑚撰

A179　《四书屑考》二十八卷　（明）王述古撰

A180　《玄晏斋困思抄》三卷《诗》三卷　（明）孙慎行撰

A181　《玄晏斋困思抄》二卷　（明）孙慎行撰

A182　《四书学庸择识编》五卷　（明）曲迁梧纂

A183　《新刻顾邻初先生批点四书文》五卷　（明）顾起元批点

A184　《新锲南雍会选古今名儒四书说苑》十四卷首一卷　（明）

张汝霖等辑　（明）敖文祯订正

A185　《荷珠录》六卷(《大学》一卷、《中庸》一卷、《论语》二卷、《孟子》二卷)　(明)张汝霖撰

A186　《四书读》六卷　(明)陈际泰撰

A187　《四书读》八卷　(明)陈际泰撰

A188　《四书读》十卷　(明)陈际泰撰

A189　《新镌汤霍林先生秘笥四书金绳》不分卷　(明)汤宾尹撰

A190　《鼎镌睡庵四书脉》六卷　(明)汤宾尹撰

A191　《鼎镌徐笔洞增补睡庵四书脉讲义》六卷　(明)汤宾尹撰　(明)徐奋鹏增　(明)余应虬补

A192　《新镌汤会元四书合旨》六卷(《大学》一卷、《中庸》一卷、《论语》二卷、《孟子》二卷)　(明)汤宾尹撰　(明)李元宾校

A193　《刊汤会元参详明公新说四书解颐鳌头》(别名《四书衍明集注》)十九卷(《大学》一卷、《中庸》一卷、《论语》十卷、《孟子》七卷)　(明)汤宾尹撰　(明)郑名世校

A194　《新刻汤太史拟授科场题旨天香阁说》六卷首一卷　(明)汤宾尹撰

A195　《四书考》一卷　(明)张位撰

A196　《四书湖南讲》九卷(《大学湖南讲》一卷、《中庸湖南讲》一卷、《论语湖南讲》四卷、《孟子湖南讲》三卷)　(明)葛寅亮撰

A197　《四书湖南讲》十一卷(《大学诂》一卷、《中庸诂》一卷、《大学湖南讲》一卷、《中庸湖南讲》一卷、《论语湖南讲》四卷、《孟子湖南讲》三卷)　(明)葛寅亮撰

A198　《四书论》三卷　(明)叶秉敬撰

A199　《读书三十八解》五卷　(明)叶秉敬撰

A200　《四书说丛》十七卷　(明)沈守正撰

A201　《删补四书剖》十三卷　(明)丘兆麟撰

A202　《新镌汤太史评点丘毛伯四书剖》十三卷　(明)丘兆麟撰　(明)汤宾尹评

A203　《新刻徐九一先生四书剖诀》十三卷　(明)徐汧纂辑　(明)黄襄订正

A204　《新刻太史徐先生家藏引蒙四书的解》十三卷　(明)徐汧纂辑

A205　《徐先生家传四书入学第一明解》八卷　(明)徐汧纂辑　(明)刘永懋等重订

A206　《新锲六进士参订刘先生四书博约说钞》十六卷　(明)刘前辑撰　(明)卢一诚等订　(明)林瑚评校

A207　《四书会解新意》十卷　(明)钱大复撰

A208　《四书证义笔记合编》十七卷　(明)钱大复撰　(明)钱龙锡校

A209　《四书指月》十三卷(《论语》六卷、《孟子》七卷)　(明)冯梦龙撰

A210　《诠次四书翼考》十卷　(明)钟惺编辑　(明)谭元春删订

A211　《增补四书人物聚考》十二卷(《总图》一卷)　(明)钟惺增订　(清)黄澍参订

A212　《增补四书人物总图》一卷　(明)钟惺增定　(清)黄澍参定

A213　《四书说约》三十三卷(《大学》二卷、《中庸》四卷、《上论》九卷、《下论》十一卷、《上孟》三卷、《下孟》四卷)　(明)鹿善继撰

A214　《四书引经节解图考》十七卷　(明)吴继仕撰

A215　《四书引经节解图考》十八卷　(明)吴继仕撰

A216 《四书崇熹批注》十九卷 （明）许獬撰 （明）李廷机校

A217 《锲许先生辑注四书阐旨合喙主意》（别名《四书阐旨合喙鸣》）十卷 （明）许獬撰

A218 《新刻七翰林纂定四书主意定本》十二卷 （明）张以诚等撰 （明）周文翀编

A219 《馨儿濬发四书集注》十九卷 （明）张以诚辑

A220 《四书大全纂》十三卷 （明）陈一经撰

A221 《新镌王观涛先生四书翼注讲意》四卷 （明）王纳谏撰 （明）王鼎镇校

A222 《刻迎晖堂汇附人物事文概批点四书翼注讲意》六卷 （明）王纳谏撰

A223 《三台馆镌王观涛先生四书翼批注》（别题《四书翼翼解》）十一卷 （明）王纳谏手授 （明）吴明典校正 （明）张鼐重订

A224 《四书家训》十九卷 （明）王纳谏撰

A225 《四书留书》六卷（《大学》一卷、《中庸》一卷、《论语》二卷、《孟子》二卷） （明）章世纯撰

A226 《四书留书》六卷（附《章子留书内集》一卷、《外集》一卷、《散集》一卷） （明）章世纯撰

A227 《章子留书》六卷（《留书》四卷） （明）章世纯撰 （清）韩应陛校并跋

A228 《增补四书集注通考》十九卷 （明）李鹏元等考

A229 《新镌顾九畴四书详说》十卷 （明）顾锡畴撰

A230 《四书人物图全考》十六卷 （明）顾锡畴撰 （明）马世奇参订 （明）刘肇庆校阅

A231 《公余存见》六卷 （明）胡允聘撰

A232 《四书会解新意》十卷 （明）王德纯撰

A233　《四书大全》三十七卷(《大学章句大全》一卷、《中庸章句大全》二卷、《论语集注大全》二十卷、《孟子集注大全》十四卷、附《四书备考》二十八卷)　(明)胡广等撰　(明)李廷机、徐汧、陈仁锡、张溥同会纂

A234　《四书备考》二十八卷[《大学》二卷、《中庸》三卷、《论语》十三卷、《孟子》十卷、《考异》四卷(《大学》一卷、《中庸》一卷、《论语》一卷、《孟子》一卷)]　(明)陈仁锡撰

A235　《四书备考》二十八卷《考异》一卷　(明)陈仁锡撰

A236　《四书考》二十八卷《考异》一卷　(明)陈仁锡撰

A237　《四书典》十卷　(明)陈仁锡撰

A238　《空山击碎》二卷[附(明)黄汝亨撰《贞甫黄先生论语语录》二卷、《论孟语录》二卷]　(明)陆鸿渐撰

A239　《河汾教》不分卷　(明)文翔凤撰

A240　《新刻徐阁公先生四书备考定本》六卷　(明)徐孚远撰

A241　《四书汇征》三十七卷　(明)陈智锡、刘庚、沈愈昌、刘逢吉编撰

A242　《镌赵伯雝先生湖心亭四书丹白》十三卷　(明)赵鸣阳撰

A243　《新刻伯雝赵鸣阳先生四书狐白解》十三卷　(明)赵鸣阳撰

A244　《新镌四书理印》六卷　(明)朱之翰撰

A245　《四书语录》五卷　(明)艾南英撰

A246　《艾千子先生手著四书发慧捷解》十三卷　(明)艾南英撰

A247　《梦云阁精纂四书闻答主意金声》十五卷　(明)徐必登等撰　(明)杨凤起等校

A248　《四书翼笺》九卷(《大学》一卷、《中庸》一卷、《论语》四卷、《孟子》三卷)　(明)洪启初撰

A249 《晚照山居参定四书酌言》八卷 （明）寇慎撰
A250 《群龙馆手授四书主意龙文鞭影》二十卷 （明）刘凤翱撰
A251 《四书鞭影》二十卷 （明）刘凤翱撰
A252 《四书定本辨正》不分卷 （明）胡正言撰
A253 《新刻朱太复玄栖山中授儿四书主意心得解》十卷 （明）朱长春、周延儒撰
A254 《太史周玉绳评断四奇新辑国朝名公主意纲目诸说辨断》十一卷 （明）周延儒撰
A255 《四书周庄合解》十卷 （明）周延儒、庄奇显撰
A256 《四书会解新意》十卷 （明）钱肇阳撰
A257 《四书要解》十七卷 （明）黄士俊撰
A258 《新刊四书八进士释疑讲意》八卷 （明）张大本撰
A259 《新刻黄太史纂辑四书纲鉴》十九卷 （明）黄起有撰
A260 《刻黄太穉先生四书宜照解》十九卷 （明）黄景昉撰 （明）刘孔敬、杨九经校定
A261 《四书儒宗要辑》二十九卷 （明）徐即登撰
A262 《四书参》十九卷 （明）张明宪编
A263 《四书闻》六卷 （明）姚文蔚撰
A264 《求古斋说书》四卷 （明）李纮撰
A265 《慧眼山房说书》二十卷 （明）陈天定撰 （明）林儒等校
A266 《四书宗印》四卷 （明）汪渐磐撰
A267 《蕅益四书解》不分卷 （明）释智旭撰
A268 《四书征》十二卷（《大学》一卷、《中庸》二卷、《论语》五卷、《孟子》四卷） （明）王梦简撰 （明）冯昌年校 （明）汤睡虎鉴定
A269 《合参四书蒙引存疑定解》二十卷 （明）吴当撰
A270 《四书经学考》十卷（附《补遗》一卷、《续考》六卷） （明）

徐邦佐撰

A271 《四书经学考补遗》一卷 (明)徐邦佐撰

A272 《四书经学考续考》六卷 (明)徐邦佐撰

A273 《新刻四书图要》二卷 (明)徐邦佐撰

A274 《四书主意邹鲁真源》四十卷 (明)陶原良撰 (明)项煜定

A275 《四书广炬订》十五卷 (明)杨松龄撰

A276 《广炬汇订提要》不分卷 (明)杨松龄撰

A277 《三经见圣编辑存》二卷 (明)谭贞默撰

A278 《区子四书翼》五卷 (明)区罗阳撰

A279 《区子四书翼》六卷 (明)区大伦撰

A280 《区子四书翼》六卷(附《疏草》一卷) (明)区大伦撰

A281 《四书疏草》一卷 (明)区大伦撰

A282 《四朋居删补四书讲意圣贤心决》十九卷(附《字画辨疑》一卷、《句辨》一卷) (明)周文德撰

A283 《四朋居朱订四书字画辨疑》一卷 (明)周文德撰

A284 《四朋居朱订四书句辨》一卷 (明)周文德撰

A285 《四朋居新订四书讲意存是》不分卷 (明)周文德撰

A286 《四朋居新订四书讲意存是》六卷 (明)周文德撰

A287 《麻沙新刊会通古今四书说筌》二十卷 (明)游逊辑

A288 《镌钱曹两先生四书千百年眼》二十卷 (明)余应科辑 (明)钱继登、曹勋裁定

A289 《四书千百年眼》十九卷首一卷 (明)余应科编撰 (明)张溥校

A290 《镌张苏两大家四书讲义合参》二十卷(《大学》一卷、《中庸》二卷、《论语》十卷、《孟子》七卷) (明)蒋方馨辑

A291 《四书约说》六卷(《大学》一卷、《中庸》一卷、《论语》二

卷、《孟子》二卷）（明）孙肇兴撰

A292 《四书题说》二卷 （明）孙肇兴撰

A293 《续四书经学考》六卷 （明）陈鹏霄撰

A294 《新镌温陵郑孩如观静窝四书知新日录》六卷 （明）郑维岳撰 （明）郑东里校

A295 《四书知新日录》三十二卷 （明）郑维岳撰

A296 《四书经正录》三十二卷 （明）张云鸾撰

A297 《四书经正录》十九卷 （明）张云鸾撰

A298 《四书解缚编》十六卷 （明）钟天元撰

A299 《四书则》六卷 （明）桑拱阳纂

A300 《新订四书补注备旨》十卷（《大学》一卷、《中庸》一卷、《上论》二卷、《下论》二卷、《上孟》二卷、《下孟》二卷）（明）邓林撰 （清）杜定基增订

A301 《四书通义》二十九卷（《大学通义》一卷、《中庸通义》一卷、《论语通义》二十卷、《孟子通义》七卷）（明）鲁论撰

A302 《新刊翰林机部杨先生家藏四书慧解》十九卷（《大学》一卷、《中庸》一卷、《论语》十卷、《孟子》七卷）（明）杨廷麟撰 （明）朱长祚补

A303 《四书注疏大全合纂》三十六卷（《大学注疏大全合纂》一卷、《中庸注疏大全合纂》一卷、《论语注疏大全合纂》二十卷、《孟子注疏大全合纂》十四卷）首一卷 （明）张溥纂

A304 《四书尊注大全》二十卷（《大学大全》一卷、《中庸大全》二卷、《论语大全》十卷、《孟子大全》七卷）（明）张溥撰 （明）吴伟业参补

A305 《四书考备》十二卷 （明）张溥撰

A306 《张太史家传四书印》十三卷（附《四书字句辨疑》一卷、《初学文式》一卷）（明）张溥撰

A307　《张天如先生汇订四书人物名物经文合考》十二卷　（明）张溥撰

A308　《尺木居辑诸名公四书尊注讲意》二十卷(《大学讲意》一卷、《中庸讲意》二卷、《论语讲意》十卷、《孟子讲意》七卷)　（明）张明弼辑

A309　《参补邹鲁心印集注》二十卷(《大学》一卷、《中庸》二卷、《论语》十卷、《孟子》七卷)　（明）张明弼撰　（明）夏允彝参补

A310　《四书扬明》十三卷(《大学》一卷、《中庸》二卷、《论语》十卷、《孟子》七卷)　（明）张明弼撰

A311　《新锲四书心钵》九卷　（明）方应龙撰

A312　《四书通典》十二卷　（明）唐光夔撰

A313　《四书考编修饰》二十三卷　（明）归学周撰

A314　《经言广翼》十卷(附《图考略》一卷)　（明）黄焜撰　（明）庄以临订

A315　《举业真珠船》二十卷　（明）黄焜撰

A316　《四书叩心说录》七卷　（明）王逢元撰

A317　《四书若解篇》六卷　（明）王应乾撰

A318　《四书说》五卷　（明）辛全撰

A319　《四书说》六卷(《大学说》一卷、《中庸说》一卷、《论语说》二卷、《孟子说》一卷)　（明）辛全撰

A320　《近圣居四书翼经图解》十九卷(《大学》一卷、《中庸》一卷、《论语》十卷、《孟子》七卷)　（明）余应虬辑

A321　《鼎镌三十名家汇纂四书纪》十卷　（明）马世奇编撰

A322　《四书鼎脔》六卷　（明）马世奇编撰

A323　《澹宁居家传幼学四书篇璧连城解》不分卷　（明）马世奇撰

A324 《四书说乘》不分卷 （明）张嵩撰

A325 《四书传注》不分卷 （明）李资乾撰

A326 《新镌陈先生家评选定四书人鉴》十卷 （明）陈管撰

A327 《二刻钱希声先生手著四书从信》二十卷首一卷 （明）钱肃乐撰 （明）杨廷枢等校

A328 《新刻钱希声先生四书课儿捷解》八卷 （明）钱肃乐撰

A329 《新锲钱太史四书尊古》六卷 （明）钱肃乐撰

A330 《纂订名公四书觉路讲意》（存《孟子》七卷） （明）张采撰 （明）黄襄订正

A331 《四书宗旨要言》六卷（《大学》一卷、《中庸》一卷、《论语》二卷、《孟子》二卷） （明）余之祥撰

A332 《金华四先生四书正学渊源》十卷 （明）章一阳辑

A333 《镌会状杨昆阜发明朱程集注》十九卷 （明）杨昆阜辑

A334 《四书小参》一卷 （明）朱斯行撰

A335 《四书问答》一卷 （明）朱斯行撰

A336 《新镌六经句解四书正印》十卷 （明）黄道周、黄东厓编

A337 《新镌六经句解四书理印》十卷 （明）黄道周编

A338 《新刻黄石斋先生编著四书琅玕》十九卷首一卷 （明）黄道周编 （明）郑尚亥校

A339 《浙江杭州新刊重校补订四书集说》二十卷 （明）周华辑

A340 《新刻申会魁家传课儿四书顺文捷解》六卷 （明）申绍芳撰

A341 《四书趋庭讲义会编》十七卷 （明）申绍芳撰

A342 《华亭卧子说书文笺》四卷 （明）陈子龙撰

A343 《新镌陈先生家选评订四书人鉴》十卷 （明）陈管撰

A344 《四书总论订疑》四卷 （明）黎温撰

A345 《求己斋说书了案》四卷 （明）李竑撰

A346　《说书佐案》不分卷　(明)李竑撰　(明)李韶明、李扬武参订

A347　《四书京华存》一卷　(明)王安国撰

A348　《四书定本辨正》一卷　(明)胡正心撰

A349　《四书详解》十卷　(明)吴韩起撰

A350　《四书合注篇》十二卷　□□辑

A351　《新增会讲分节四书活套刊误》不分卷　□□辑

A352　《新增会讲分节四书活套刊误》□卷　□□撰

A353　《四书归一集》十九卷　□□辑

(明清交替)

A354　《四书大全辨》三十四卷附录六卷　(明)张自烈等增删

A355　《四书诸家辩》四十卷　(明)张自烈撰

A356　《四书诸家辩辩略》二卷　(明)张自烈撰

A357　《四书遇》不分卷　(明)张岱撰

A358　《四书评语》十卷　(明)袁之升撰

A359　《四书正义》二十卷　(明)宋继澄撰

A360　《白菊斋定四书本义集说》二十六卷(《大学》一卷、《中庸》二卷、《论语》九卷、《孟子》十四卷)　(明)徐养元辑

A361　《四书集说》二十八卷(《大学》二卷、《中庸》三卷、《论语》十卷、《孟子》十三卷)　(明)徐养元辑　(明)赵渔同参订

A362　《四书十一经通考》二十卷　(明)顾梦麟撰

A363　《四书说约》二十卷　(明)顾梦麟、杨彝辑

A364　《纂序四书说约合参大全》二十七卷(《四书集注阐微直解大学中庸》三卷、《四书集注阐微直解论语》十卷、《四书集注阐微直解孟子》十四卷)　(明)顾梦麟、杨彝辑　(明)刘曰衎纂序

A365 《四书翊注》四十二卷(《大学》五卷、《中庸》三卷、《论语》二十卷、《孟子》十四卷)首一卷 (明)刁包辑

A366 《四书近指》二十卷 (明)孙奇逢撰

A367 《晚年批定四书近指》十七卷 (明)孙奇逢撰

A368 《四书讲义》四卷 (明)陆世仪撰 (清)唐受祺辑

A369 《四书答问》六十卷 (明)卫嵩撰

A370 《读四书大全说》十卷 (明)王夫之撰

A371 《四书笺解》十一卷 (明)王夫之撰

A372 《四书训义》三十八卷 (宋)朱熹撰 (明)王夫之训义

A373 《四书训义》三十六卷《四书稗疏》二卷(附《四书考异》一卷) (宋)朱熹撰 (明)王夫之训义

A374 《四书稗疏》一卷 (明)王夫之撰

A375 《四书稗疏》二卷 (明)王夫之撰

A376 《四书考异》一卷 (明)王夫之撰

A377 《读书些子会心》不分卷 (明)朱苞撰

B.《大学》类(48 种)

B001 《大学衍义节略》二十卷 (明)杨廉节略

B002 《大学衍义通略》三十卷 (明)王诤辑

B003 《皇明绳武编拟续大学衍义》三十四卷 (明)吴瑞登撰

B004 《大学衍义补》一百六十卷首一卷 (明)丘濬撰

B005 《大学衍义补抄》六卷 (明)丘濬辑

B006 《大学衍义补摘要》四卷 (明)丘濬辑

B007 《大学衍义通略》三十一卷 (明)王诤辑

B008 《大学衍义补摘要》五卷 (明)顾起辑

B009 《大学衍义补纂要》六卷 (明)徐栻辑

B010 《大学衍义补纂要》四卷 (明)徐栻编辑

B011 《大学衍义补概》一卷 (明)曹璜辑

B012　《精刻大学衍义补摘粹》十二卷　（明）许国辑
B013　《纂丘琼山先生大学衍义补英华》十八卷　（明）凌遇知辑
B014　《丘琼山先生大学衍义补赞英华》六卷　（明）陈仁锡辑
B015　《大学衍义补编述》二卷　（明）臧继华撰
B016　《圣学格物通》（别题《格物通》）一百卷　（明）湛若水撰
B017　《大学全文》一卷　（明）崔铣撰
B018　《大学古本旁释》一卷　（明）王守仁撰
B019　《大学古本问》一卷　（明）王守仁撰
B020　《大学指归》二卷（附《考异》一卷）　（明）魏校撰
B021　《大学千虑》一卷　（明）穆孔晖撰
B022　《大学亿》二卷（附《释疑》一卷）　（明）王道撰
B023　《大学稽中传》三卷　（明）李经纶撰
B024　《大学讲义》一卷　（明）芮城撰
B025　《读大学》一卷　（明）曹珖撰
B026　《大学古本》一卷　（明）许孚远撰
B027　《大学述》一卷《大学述答问》一卷　（明）许孚远撰
B028　《大学石经古本旁释》一卷（附《申释》一卷）　（明）王文禄撰
B029　《古本大学章句合释文》一卷　（明）管志道撰
B030　《大学订释》一卷　（明）管志道撰
B031　《古本大学辨意》一卷　（明）管志道撰
B032　《石经大学测意》三卷　（明）管志道撰
B033　《大学续衍精义删补要览》十八卷（附《奏进冏署葵输》）　（明）刘洪谟撰
B034　《顾端文大学通考》一卷　《大学质言》一卷　《大学复位》一卷　（明）顾宪成撰
B035　《大学意》一卷　（明）顾宪成撰

B036 《大学说》一卷 （明）顾宪成撰

B037 《大学古今本通考》十二卷 （明）刘斯原辑

B038 《古本大学释论》五卷 （明）吴应宾撰

B039 《大学决疑》一卷 （明）释德清撰

B040 《古大学注》一卷 （明）乔中和撰

B041 《大学新编》五卷 （明）刘元卿撰

B042 《大学大意》一卷 （明）董懋策撰

B043 《大学古文参疑》一卷 （明）刘宗周撰

B044 《大学古记》一卷 （明）刘宗周撰

B045 《大学古记约义》一卷 （明）刘宗周撰

B046 《大学杂言》一卷 （明）刘宗周撰

（明清交替）

B047 《大学辨》一卷 （明）陈确撰

B048 《大学日程》一卷 （明）陈瑚撰

C.《论语》类（24 种）

C001 《论语类考》二十卷 （明）陈士元撰

C002 《论语外篇》十八卷 （明）李栻撰

C003 《论语述》一卷 （明）许孚远撰

C004 《论语订释》十卷 （明）管志道撰

C005 《论语义府》二十卷 （明）王肯堂撰

C006 《论语讲义》一卷 （明）周如砥撰

C007 《论语解》一卷 （明）董懋策撰

C008 《论语详解》二十卷 （明）明郝敬撰

C009 《读论语》二卷 （明）曹珖撰

C010 《论语会心诗》一卷 （明）胡文焕撰

C011 《论语驳异》二十卷 （明）王衡撰 （明）娄坚校

C012 《新刻邹鲁故事》二卷 （明）魏时应撰

C013　《论语颂》一卷　（明）来斯行撰

C014　《论语学案》十卷　（明）刘宗周撰

C015　《论语学案》一卷　（明）刘宗周撰

C016　《论语商》二卷　（明）周宗建撰

C017　《古注论语姓氏考》一卷　（明）金蟠录

C018　《学士先生论语贯义》二卷　（明）陈懿典撰

C019　《论语逸编》三十一卷　（明）钟韶辑

C020　《论语逸编》十二卷　（明）钟韶撰

C021　《增订论语外篇》四卷　（明）梁子璠辑

C022　《论语酌言》一卷　（明）□□撰

C023　《独慊斋手录论语述略》一卷　（明）□□撰

（明清交替）

C024　《论语或问录要》十四卷　（明）孙承泽撰

D.《孟子》类（8 种）

D001　《孟子节文》七卷　（明）刘三吾辑

D002　《孟子杂记》四卷　（明）陈士元撰

D003　《孟子订释》七卷　（明）管志道撰

D004　《孟子解》一卷　（明）董懋策撰

D005　《孟子说解》十四卷（《遗事》一卷、《读孟子》一卷）　（明）郝敬撰

D006　《读孟子》二卷　（明）曹珖撰

D007　《绘孟》七卷　（明）戴君恩撰

D008　《孟子酌言》一卷　（明）□□撰

E.《中庸》类（21 种）

E001　《中庸凡》一卷　（明）崔铣撰

E002　《中庸说要》一卷　（明）宋大勺撰

E003　《中庸衍义》十七卷　（明）夏良胜撰

E004　《中庸述》一卷　(明)许孚远撰

E005　《中庸测意》一卷　(明)管志道撰

E006　《中庸订释》二卷　(明)管志道撰

E007　《中庸意》二卷　(明)顾宪成撰

E008　《中庸说》一卷　(明)顾宪成撰

E009　《中庸正说详节》二卷　(明)赵南星撰

E010　《中庸大意》一卷　(明)董懋策撰

E011　《中庸臆说今文》一卷　(明)李光缙撰

E012　《中庸古文臆说》二卷　(明)李盘撰

E013　《中庸外传》二卷首一卷　(明)顾起元撰

E014　《读中庸》一卷　(明)曹珖撰

E015　《中庸古本旁释》一卷　(明)王文禄撰

E016　《中庸古本前引》一卷　(明)王文禄撰

E017　《中庸古本后申》一卷　(明)王文禄撰

E018　《中庸顺讲》一卷　(明)芮城撰

E019　《中庸直指》不分卷　(明)释德清撰

(明清交替)

E020　《中庸遗语》一卷　(明)徐鉴撰

E021　《中庸旨说》一卷　(明)程智撰

F.《学》《庸》类(8种)

F001　《学庸章句指南》二卷(《大学通旨》一卷、《中庸章句详说》一卷)　(明)蒋文质、刘清撰　(明)胡谧编

F002　《学庸正说》三卷(《大学正说》一卷、《中庸正说》二卷)　(明)赵南星撰

F003　《学庸正说详节》三卷　(明)赵南星撰 □□增删　(明)李浚之编

F004　《董揆仲学庸解》不分卷　(明)董懋策撰

F005　《学庸诂》二卷(《大学诂》一卷、《中庸诂》一卷)　(明)葛寅亮撰

F006　《绎圣二编》三卷(《大学遵古编》一卷、《中庸发覆编》二卷)　(明)周从龙撰

F007　《学庸管窥》二卷(《大学管窥》一卷、《中庸管窥》一卷)　(明)廖纪撰

(明清交替)

F008　《学庸切已录》二卷(《大学管窥》一卷、《中庸管窥》一卷)　(明)谢文洊撰

G.《论》《孟》类(3 种)

G001　《论孟语录》四卷　(明)黄汝亨撰

G002　《语孟说略》二卷　(明)顾宪成撰

G003　《孔孟合璧》一卷　(明)刘宗周撰

H. 字词音训类(4 种)

H001　《大学中庸论语明音》一卷　(明)王觉撰

H002　《孟子明音》一卷　(明)王觉撰

H003　《四书字辨》一卷　(明)黄河带撰

H004　《四书正体校定字音》不分卷　(明)□□辑

以上信息中，“四书”类为 377 种，《大学》类为 48 种，《论语》类为 24 种，《孟子》类为 8 种，《中庸》类为 21 种，《大学》《中庸》合刊类为 8 种，《论语》《孟子》合刊类为 3 种，字词音训类为 4 种。需要注意的是，在上面的统计中，“四书”单经类与“四书”合刊类的重复著述信息已经被剔除，此处统计的是没有“四书”合刊本著述的信息。例如，《四书大全》既有合刊本，也有《论语集注大全》等单经刊行本，在单经类子目下并没有进行重复著录。明清交替时期著述的选取，以黄宗羲、王夫之等未出仕清朝的明遗民的著述为主。其一，这些明遗民学者的学术、思想基本成型

于晚明，所以他们的“四书学”著述仍可以视为明代“四书学”的延伸；其二，他们或多或少与南明政权有联系，而且没有出仕清朝，在政治、文化的个人取向上仍以明朝为正朔，所以可归入晚明学者群体。

从上述“四书学”现存著述来看，“四书”类种类最多，占绝对优势。可见朱熹将“四书”结集后，随着元明理学的发展，“四书”概念已然深入人心。虽然“四书”结集后也可以单行，但大多数学者还是倾向于结集而为。而单经著述中以《大学》类种类最多，这与明代中期阳明学兴起有关。王守仁（1472—1529）从《大学》文本入手质疑程朱理学为诠释范式的“四书学”，进而以阳明学诠释“四书学”，他的弟子又不断丰富阳明学的内涵，为“四书学”提供了新的诠释理路，同时引发了明代“四书学”史上有名的“《大学》文本疑案”。《孟子》类著述种类最少，也许与洪武朝朱元璋对孟子的态度和《孟子节文》事件有关，但现存著述亦有 389 种之多（四书合刊与单经、论孟合刊种类相加）。① 还有四种字词音训类著述，都是以《洪武正韵》为基准编修的“四书学”小学成果。

以上是对明代“四书学”现存著述种类的统计。而《国史经籍志》《经义考》《四库全书总目》等明、清目录又为我们展示了明代“四书学”著述的著录信息，这些著录信息与现存信息有些交叉，有些则有目无书。著录信息因各位作者的学术背景、立场不同而存在分类、著录形式等差异，部分信息也有错讹，所以要综合来分析。大体来看，以《经义考》和《四库全书总目》著录信息最多，这些著录信息与统计的现存著述种类可以互相参照，为我们认识明代

① 据刘瑾辉、孙计康统计，明代《孟子》学著作 357 种，涉及学者 188 人。357 种《孟子》学著作大致分为义理、考据两类，义理类 258 种，考据类 99 种。义理、考据相互兼及的不少，但义理、考据同时著称的不多。可参见刘瑾辉、孙计康：《明代〈孟子〉考据学综论》，《求是学刊》2011 年第 2 期。

“四书学”著述的文献系统提供基础性帮助。

据《经义考》《四库全书总目》等目录文献，明代“四书学”著述的著录种类与现存种类分布大体一致。总体来看，明前期和中期的“四书学”著述大多佚失，而后期著述大多存留，与出版业、印刷业发展情况相一致。其单经类以《大学》类的著述数量最多，不愧为明代“四书学”中一大难题。明末大学者刘宗周一生致力于《大学》研究，在《大学古文参疑》自序中表达了自己对“《大学》文本疑案”的无奈：“……于是后之儒者，人人而言《大学》矣。合而观之，《大学》之为疑案也久矣。古本、石本，皆疑案也；程本、朱本、高本皆疑案也；而其为格致之完与缺疏、格致之纷然异同种种，皆疑案也。呜呼！斯道何由而明乎？宗周读书至晚年，终不能释然于大学也。”①

第二节 明代“四书学”史分期与“四书学”著述分类

明朝作为全国性政权，从洪武元年（1368）至崇祯十七年（1644)，共存在277年。明代“四书学”发展史较宋元两代又有了很大的变化，其不同时段的发展特征很值得进一步探讨，所以分期研究很有必要。明代经学史分期可以为我们提供参考。

一、明代“四书学”史分期

叶纯芳在《中国经学史大纲》中将明代经学史大致分为三个阶段：明初期（洪武至成化）“《五经大全》为主导”，明中期（弘治至隆庆）“对宋学的检讨”，明晚期（万历至永历）“讨论汉宋优

① （清）朱彝尊：《经义考》卷一百六十一《礼记二十四·大学古文参疑》，《文渊阁四库全书》本，史部目录类第679册。

劣”。该书以经学史上著名的“汉学”“宋学”之争为主题线索，出于对明代历史完整性的考虑，将南明的历史也放在考察范围之内，简明扼要地对明代经学史做出分期。① 甄洪永、孔德凌在《明代经学学术编年》一书中，将明代经学史分为复古时期（洪武至永乐）、践履时期（洪熙至成化）、新变时期（弘治至万历）、反思时期（泰昌至崇祯）。从明代经学发展的全貌出发，依据不同时期学者对经典的态度、研究的方法等标准来进行分期。②

综合两种明代经学史分期，我们可以依据“四书学”诠释主题的变化，对明代“四书学”史进行大致分期。

（1）明前期，洪武至成化时期（1368—1487）。该时期明代“四书学”诠释路径大体以程朱理学为主，其著述成果最突出的就是国家主持编修的《四书大全》，强大的君主政治使国家主导着学术话语，但这一时期学术界也在酝酿着新的思想。

（2）明中后期，弘治至万历初期（1488—1587）。该时期阳明学迅速兴起并成为“四书学”诠释主题之一，与以程朱理学为主的“四书学”形成了竞争态势，甚至一度在社会影响力占据上风，“四书学”著述由于科举考试的需要和印刷术的发展、出版业的兴起而大量涌现。

（3）晚明时期，万历中后期至崇祯（1588—1644）。该时期提倡会通程朱理学、阳明学等思想的会通“四书学”兴起，程朱理学为诠释主题的“四书学”也出现一定程度的复振，随着明代政治局势的动荡，“四书学”也逐渐被赋予救世的意义。

（4）明清交替时期。该时期清军入主中原，南明系列政权在南

---

① 参见叶纯芳：《中国经学史大纲》，北京大学出版社2016年版，第364—383页。

② 参见甄洪永、孔德凌：《明代经学学术编年》，凤凰出版社2015年版，“前言”。

方逐渐被清军攻灭，一批爱国学者隐遁不仕成为“明遗民”，他们中的代表人物有孙奇逢、陆世仪、顾炎武、黄宗羲、王夫之等，在总结明代学术、思想得失等问题上贡献颇多，为清代“四书学”的兴起奠定了学术基础，而尤以王夫之的“四书学”成就最为突出。

从“四书学”著述角度来看，明前期的“四书学”著述留存至今的不多，从清代学者著录情况来看在清代也大多亡佚。而自明中期以后，“四书学”著述无论是留存至今的，还是仅存目录的，在种类上都较前代增加许多，但也出现了很多文献问题，如伪书、张冠李戴、版本烂恶等。这在为研究明代“四书学”提供大量材料的同时，也增加了辨析、解读的难度。

二、明代“四书学”著述分类

“四书学”著述的产生与编修者的学术背景和现实需求分不开，于是可分为很多种类型。以“四书”结集形式做分类只是其中一种。“四书学”学术路径自朱熹结集后形成了更加完备的研究范式，并随着理学等学术传承而不断发展。钱基博（1887—1957）在《四书解题及其读法》“序文”中对“四书学”的研究范式和代表性作品有概括性总结：

诂训取之汉魏，义理宗于二程，先之《精义》以荟萃众家，继为《或问》以辨证得失；《四书》之学，朱子实以名家！而后来绍明其学者，皈依攸同，蹊径各别；核而为论，不出二派：其一采朱子《文集》《语录》，下逮门人所记以发明章句、集注，则有宋真德秀、刘承撰《四书集编》二十六卷，赵顺孙撰《四书纂疏》二十六卷，元卢孝孙撰《四书集义》一百卷，刘因删其烦芜，成《四书集义精要》二十卷（佚二卷），胡炳文撰《四书通》二十六卷，倪士毅《重订四书辑释》二十卷，史伯璿撰《四书管窥》八卷，凡六家（卢孝孙、刘因为一家）一百三十六卷，以朱诂朱，是为正宗。其二旁采众家，参证同异，以折衷于章句、集注，其中又分二派：有主发明义理者，则有宋蔡模撰《孟子集疏》十四卷，蔡节撰《论语集说》十三卷，金履祥撰《大学疏义》一卷，明吕留良撰《四书讲义》四十三卷；有重训诂考证者，则有宋金履祥撰《论语集注考证》十卷，《孟子集注考证》七卷，元张存中撰《四书通证》六卷，詹道传撰《四书纂笺》二十卷，清程大中撰《四书逸笺》六卷，凡八家一百二十卷。或旁采博搜，以朱子为折衷；或拾遗补阙，匡朱子所未逮；而要之言必有宗，义取旁证，此为旁裔。其它诸家，有无心与朱子立异而颇不合于朱子者，亦分数派：则有宋郑汝谐撰《论语意原》二卷，张栻撰《癸巳论语解》十卷，此与朱子同时而不相为谋者也。宋黎立武撰《中庸指归》一卷，《中庸分章》一卷，《大学本旨》一卷，此与朱子同门异户，而传郭忠孝、郭雍之学，于程门别树一帜者也。宋袁甫撰《中庸讲义》四卷，阐陆象山之旨；而明周宗建撰《论语商》四卷，刘宗周撰《论语学案》十卷，鹿善继撰《四书说约》三十三卷，黄宗羲撰《孟子师说》二卷，承王阳明之绪。此与朱子道不同，故不为谋者也。孙奇逢撰《四书近旨》二十卷，则又折衷朱陆之间者也。凡九家八十七卷，皆无心与朱子立异而颇不合于朱子者也。亦有立意与朱子为难而别标眉目者；则有元陈天祥撰《四书辨疑》十五卷，明高拱撰《问辨录》十卷，清毛奇龄撰《论语稽求篇》七卷，《四书剩言》四卷，《大学证文》四卷，《四书改错》二十二卷，凡三家六十四卷。具条睹记如上，庶几读者穷原至委，竟其流别，足以阐明朱子《四书》一家之学矣！①

钱基博基于学术传承来对“四书学”的研究范式进行分类，尤其是以“朱子学”为主，序文后面讨论的是清代“四书学”，“清儒解经，憙称汉学，以自别于朱子，而门户蹊径，又自不同”②。清代学术有“汉学”“宋学”之争，是另一大话题，与本书稍远，所以不在此讨论。钱基博本人深受清代学术影响，所以对于明代的“四书学”著述很少谈及，但是抓住了与“朱子学”合与不合这条线索，对我们理解宋元明“四书学”的传承脉络很有参考价值。他首重朱熹的结集与理学建构之功，序文中提到的“以朱诂朱，是为正宗”，正是朱熹结集“四书”后的宋元理学与“四书学”代表作，“宗朱”的典型。

叶国良在《经学通论》教材中，以经学研究方法为标准，总结道：“明代《四书》之学，一派乃继承宋元人阐发心性之作，一派则有反宋复汉的倾向。前者如吕柟《四书因问》，属程朱之学；周宗建《论语商》、刘宗周《论语学案》乃阳明之学。后者如高拱《问辨录》，取朱子《四书章句集注》疑义，逐条辨驳；王守仁《传习录》以为《大学》古本并无脱误，径攻朱子学说体系的重要依据《大学章句》：此是反宋。陈士元《论语类考》，分十八门考证《论语》名物典故；蔡清《四书图史合考》，考证详细，无空疏之弊：此是复汉。”③ 该教材综合经学史研究的诸多成果而编写，对明代经学提出一个与前人明显不同的观点：明代中叶以后，在皮锡瑞等学者总结的株守元人、主观臆说、制伪成风的经学衰象之外，还有一股反宋复汉的潮流在兴起，“且对清代务实复古的经学风气产生了影

① 钱基博：《四书解题及其读法》，岳麓书社 2013 年版，序，第 3—5 页。
② 钱基博：《四书解题及其读法》，岳麓书社 2013 年版，序，第 5 页。
③ 叶国良等：《经学通论》，上海书店出版社 2016 年版，第 306 页。

响”①。林庆彰对明中期以后经学的反宋复汉逆流颇有研究，可供参考。由此看来，“四书学”作为经学的一个分支，也同样出现了变革，这个变革的时间节点是明代中后期，其酝酿必然与明代前期“四书学”的发展大势相关。

综合众多学者的主张和前文统计的明代“四书学”著述存目，我们可以对明代“四书学”著述采用多标准的分类。例如，按著述的诠释路径可分为以程朱理学为主的“四书学”、以阳明学为主的“四书学”、会通思想影响下的“四书学”等；按著述的文献形式可分为“集成类著述”“讲章类著述”“考证类著述”“典故类著述”“传注类著述”“札记类著述”等；按著述的学术重心又可以分为“偏义理著述”“偏考据著述”“偏掌故著述”“偏应用著述”等。

这些标准实际上反映的是著述的不同侧面，如《四书大全》，属于“集成类”、“偏义理”、以程朱理学为主要诠释思想的“宗朱”著述。同一著述也可以有多种属性，如陈士元的《论语类考》既有“考证”部分，也有“典故”部分，重心“偏考据”，诠释思想则虚化。唐光夔的《四书通典》则是“典故类著述”的代表，重心“偏掌故”。由此可见明代“四书学”著述的复杂性。

抛开具体的分类标准，综合明代“四书学”著述存目来看，主要有三种为主流。其一，《四书大全》及其衍生作品，还有人称之为“《大全》体”；其二，关于“四书学”的各种讲章、讲义；其三，科举制艺中“四书义”的汇编与串讲。从时段来看，明前期的著述从《经义考》等著录文献看，数量明显不如中后期；而从现存版本情况来看，存世的也很少。这些都与明前期君主政治与教育、科举制度的影响有关，造成了明代“四书学”的一个悖论：“四书学”文化的发达与“四书学”思想的受限。著述的爆炸式增长，正是社

① 叶国良等：《经学通论》，上海书店出版社2016年版，第306页。

会文化繁荣的表现，但是明代“四书学”思想受到科举的影响，所有的著述一定程度上或多或少都和科举考试发生联系，即使是充满考据精神的“典故类著述”也脱离不了服务科举的属性。

“典故类著述”出现在明嘉靖年间，与元代专考朱熹《四书章句集注》中名物典制的著述不同，这些著述多以“典故”命名，大量专门杂考“四书”“五经”所涉名物典制，而且大多将所考的条目按类编排，形成类似于类书的“典故类著述”体例。类书原本是为了临文查找辞藻而用，后来逐渐发展为知识典汇。很明显，这种“典故类著述”在很大程度上是服务于明代科举中的“四书义”“经义”考试。正因为这种服务科举的属性，清代学者对明代“典故类”著述的评价极低。然而，实际情况并非如此简单。服务于科举也不代表其必然水平低劣，如薛应旂的《四书人物考》，该书恰恰是为了纠正“场屋时文”束缚学子知识面的弊端。《自序》中谈道：“古人之载于籍者多矣，不为遍考而独于四书者何？以《四书》表里六经，经纬宇宙。经筵进讲，学校设官，首是焉先也。迩来命世之英固多，而驰骛场屋者唯事速化，岂直子史束阁，虽《四书》所载名氏，大都不省其为何如人也。”① 薛应旂做过浙江提学副使，深知科举考试尤其是八股文的弊端，为广大学子编写这样的“典故类著述”，也是具有一定的学术水平的。

明前期的强势君主朱元璋和朱棣都受到儒学和理学的影响，明朝建国之时就将儒家思想确立为国家治理思想，然而明前期学术思想却乏善可陈，这又是一个悖论。明前期“四书学”文化的推广又为明中后期“四书学”思想的变革提供了土壤，“四书学”又在明前期国家“文治”转向中发挥了重要作用。

---

① （明）薛应旂：《四书人物考》卷首《四书人物考序》，《四库全书存目丛书》影印北京图书馆藏明嘉靖刻本，经部第157册，第22页。

第三章　洪武朝君主政治与“四书学”

下面我们将围绕“四书学”的内在发展理路与外缘因素，综合分析明前期“四书学”的主要发展脉络。明太祖朱元璋和明成祖朱棣都是历史上著名的强势专制君主，他们的执政风格对明代历史的走向有非常深远的影响，“四书学”的发展在明初便被打上相应的印记。明前期是明代国家建立、巩固的时期，在学术上一度由国家主导学术话语，儒学和程朱理学取得了国家政治生活中的核心治国理念地位，“四书学”与科举制度、教育系统紧密结合，元代流传下来的程朱理学作为官学仍是明前期“四书学”的主要诠释路径，同时学者的学术研究自主性与创新性受到政治很大的扰动。官方“四书学”在这个时期是主流，但随着社会形势的变迁，学术界也在酝酿着新的思潮。

明代“四书学”是在宋、元“四书学”的基础上兴起的，元代“四书学”广泛的社会影响力发挥了巨大作用。元末群雄并起，但凡有意图在战乱中崛起和胜出的领袖，都需要获得读书人的智力与文化支持，朱元璋也不例外，而且他在元末群雄中做得比较好。清代官修《明史》称，明太祖“起布衣，定天下，当干戈抢攘之时，所至征召耆儒，讲论道德，修明治术，兴起教化，焕乎成一代之宏规。

虽天亶英姿，而诸儒之功不为无助也”①。那么，朱元璋集团是如何在儒士的帮助下逐步崛起的？

第一节　明朝开国儒臣的功绩与明太祖初遇“四书学”

元朝末年，“脱脱更化”一度使元廷呈现重振朝纲的势态，但是这场改革很快就成为新一轮的权力之争，元顺帝每日提防产生新的权臣，而对脱脱的态度也趋向暧昧。于是元朝上层忙于争权夺利，中下层官吏则继续腐化，政治混乱和经济失序，最终失去民心。

一、元末乱局与朱元璋集团的崛起

至正十一年，刘福通（1321—1366）等人领导的中原红巾军正式发动起义，民变浪潮迅速波及全国，江浙、江汉、豫南、鄂西北、淮北等地的红巾军纷纷响应，各地方豪强也纷纷组织武装，或支持朝廷助剿起义军，或以红巾军为旗号扩张自己的势力，或自保以观形势，元朝的统治趋向失序。江汉红巾军还迅速建立了独立政权，徐寿辉（1320—1360）在湖北蕲水（今浠水）称帝，国号天完。

面对起义浪潮，元廷迅速组织军队进行镇压，元军多次打败中原红巾军，并攻占徐州，重创淮北红巾军。同时，在长江流域活动的天完红巾军，由于兵力过于分散而数战不利，至正十三年（1353）蕲水陷落，反元活动陷入低潮。

就在各路红巾军陷入苦战之际，至正十三年初，盐贩出身的张士诚（1321—1367）起兵，相继攻占泰州、兴化、高邮（今扬州）

① （清）张廷玉等：《明史》卷二百八十二《儒林传一》，中华书局 1974 年版，第 7221 页。

等地，建立大周政权，自称“诚王”，彻底切断了大运河的漕运。第二年，脱脱率领元军主力围攻高邮，张士诚濒临绝境。可在关键时刻，元顺帝听信宠臣哈麻（？—1356）的谗言而罢免脱脱。临阵换帅导致号称“百万”的大军士气动摇，被张士诚反攻击败。不久哈麻矫诏，逼迫脱脱自尽，元军也失去了平定江南的机会，从此对红巾军转入守势。

朱元璋便在此乱世中逐渐发迹，最初为了自保，投奔到濠州红巾军郭子兴（1302—1355）帐下。郭子兴等人本为豪强，没有什么战略眼光，淮北红巾军失去徐州后也撤退到濠州，各方矛盾不断激化。朱元璋对濠州红巾军上层的争权夺利很不满，于至正十三年底率领徐达等亲信离开濠州，开始独立发展势力。

朱元璋在巩固、扩张自己势力的同时非常注意人才的选任，保护学者与儒学设施以收拢人心。而在当时的乱世中，很多有识之士也在寻找可以实现自己抱负的势力，朱升（1299—1370）便是代表人物之一。

朱升在元末出仕，曾为池州学正，教授儒学。《经义考》载他有《四书旁注》传世，可惜目前已经佚失。① 后来他因躲避战乱，弃官归隐，“数避兵逋窜，卒未尝一日废学。太祖下徽州，以邓愈荐，召问时务。对曰：‘高筑墙，广积粮，缓称王。’太祖善之”②。朱升根据朱元璋的具体条件提出了行之有效的战略，这套战略和当时群雄争先恐后称王建号的行为明显不同，为朱元璋在群雄竞争中最终胜出奠定了战略基础。他本人也精通《易》学，在朱元璋帐下出谋划策，但是他的“四书学”思想对朱元璋产生了什么具体影响，史料

① 参见（清）朱彝尊：《经义考》卷二百五十六《四书五》，《文渊阁四库全书》本，史部目录类第679册。

② （清）张廷玉等：《明史》卷一百三十六《朱升传》，中华书局1974年版，第3929页。

较少。

至正十五年（1355），借着高邮大捷的势头，刘福通拥戴“小明王”韩林儿在亳州称帝，国号大宋，年号龙凤，各路红巾军纷纷接受龙凤政权名义上的领导。同时，长江流域的天完政权也重新振作，占领江西、湖北大部分和湖南一部分地区，不久迁都汉阳（今武汉）。反元形势一时大好。中原红巾军在建国后便发动北伐，但由于战略失误，主力北上而亳州空虚，遭受元军奇袭，刘福通遂将韩林儿转移至安丰，自己率军与元军在豫南对峙。

二、朱元璋的尊儒政策与接触“四书学”

至正十六年（1356），朱元璋率军攻下集庆路（今南京）作为根据地，改集庆路为应天府，初步建立了自己的政权。不久他便推行尊崇儒学、安抚地方的政策，“九月戊寅朔，上如江淮府，入城先谒孔子庙，分遣儒士告谕乡邑，劝耕桑筑城开堑，命总管徐忠置金山水寨，以遏南北寇兵。上遂还”①。此后，朱元璋便以应天府为大本营，韬光养晦，实践朱升提出的战略，稳扎稳打地发展生产，巩固防御工事，同时对民间的人才进行招揽、延请。不久，朱元璋便正式接触到了“四书学”，据《明太祖实录》记载，

> 辟儒士范祖幹、叶仪。既至，祖幹持《大学》以进。上问：“治道何先？”对曰：“不出乎此书。”上命祖幹剖析其义，祖幹以为帝王之道自修身、齐家以至于治国、平天下，必上下四旁均齐方正，使万物各得其所而后可以言治。上曰：“圣人之道所以为万世法，吾自起兵以来，号令赏罚，一有不平，何以服众？夫武定祸乱，文致太平，悉此道也。”甚加礼貌，命二人为咨

① 《明太祖实录》卷四“庚申年九月戊寅”条，影印台北“中研院”史语所校勘本。

议。仪以疾辞，祖幹亦以亲老辞，上皆许之。①

这段文字是对朱元璋接触“四书学”最早的记载。戊戌年是至正十八年（1358），朱元璋此时已经占据应天府近两年。范祖幹（？—1385）和叶仪都出自元儒许谦门下，《宋元学案》将他们都归入“白云门人”目下。

范祖幹，字景先，浙江金华人。许谦曾经称赞道：“吾得刘名叔而学知进，得李国凤而学日彰，得范景先而学有传。”② 可以说他是最得许谦学问真传的弟子，在元至正年间担任过西湖书院山长，后以奉养双亲为名辞职。叶仪，字景翰，也是浙江金华人，于“四书学”用功颇深，“立志坚苦，取四部书分程读之。义有未明，质于白云，随所咨叩，咸为之尽。久之，学业日进。白云命其子存仁、存礼师之”③。许谦对其学问也予以充分肯定，命两个儿子拜他作老师。许谦去世以后，由叶仪主持师门大局，“既而开门授徒，东南之士多趋之”④，有较强的社会影响力。

他们拜访朱元璋取得了很好的效果，尤其是范祖幹对《大学》进行大力推荐，指出治理天下的道理“不出乎此书”，对朱元璋很有影响。值得一提的是，他的应对之词与元仁宗对《大学衍义》的评价颇为类似，元仁宗曾评价“治天下，此一书足矣”⑤。从这一细

---

① 《明太祖实录》卷六“戊戌年十二月辛卯”条，影印台北“中研院”史语所校勘本。

② （清）黄宗羲撰，（清）全祖望补：《宋元学案》卷八十二《北山四先生学案·纯孝范柏轩先生祖幹》，中华书局1986年版，第2769页。

③ （清）黄宗羲撰，（清）全祖望补：《宋元学案》卷八十二《北山四先生学案·经师叶南阳先生仪》，中华书局1986年版，第2770页。

④ （清）黄宗羲撰，（清）全祖望补：《宋元学案》卷八十二《北山四先生学案·经师叶南阳先生仪》，中华书局1986年版，第2770页。

⑤ （明）宋濂等：《元史》卷二十四《仁宗本纪一》，中华书局1976年版，第536页。

节，可以看到元代“四书学”的传承。前文所述，朱熹曾为宋宁宗专讲《大学章句》，真德秀曾向宋理宗进呈《大学衍义》，赵璧曾为忽必烈翻译讲述部分《大学衍义》，那时朱子学者都对《大学章句》与《大学衍义》寄予厚望。元末乱世，儒者寄希望于《大学》以影响未来君主施政的情景也再现了。朱元璋结合自己起兵以来的经验，认可了《大学》的价值，这为“四书学”与明代君主政治的结合揭开了序幕，“四书学”蕴含的善政思想开始为朱元璋赢得民心提供理论参考。

至正十七年（1357），中原红巾军发动三路北伐，但由于缺乏统一领导、战略失当和内部争斗，最终彻底失败。东路军于山东率先北伐，毛贵率领水军沿海作战，攻占蓟州（今天津蓟州区），一度威胁大都，但因为中路军未能及时增援而受挫，毛贵被迫退回山东，至正十九年（1359）死于内斗。西路军向陕西进军，与元军激战于潼关，后一度攻入陕西，但终因力量分散而被察罕帖木儿（1328—1362）和李思齐（1323—1374）联军逐一击破。中路军向山西进军，本意取道山西，进入河北与毛贵的东路军合攻大都，但因察罕帖木儿的抵抗而延误战机，毛贵败走后各路元军围攻中路军，中路军因此突围北上，攻破大同，进而攻破元上都，火烧上都宫室后又继续向东进军，于至正十九年攻破辽阳路，意图在辽东和朝鲜半岛建立根据地。

高丽王国是与元朝王室长期联姻的“驸马国”，中路军因此对高丽展开攻伐。第一次进军占领了西京（今平壤）等地，但因其沿途烧杀，不得民心，高丽军适时反击，中路军被迫撤回辽阳。至正二十年（1360）元军向辽阳集结，中路军主力遂向高丽进军，很快占领了高丽国都开京（今开城），高丽恭愍王（1330—1374）出逃。但中路军的劫掠政策大失民心，不久便陷入孤立无援的境地。至正二十一年（1361）中路军被崔莹（1316—1388）、李成桂（1335—

1408）率领的高丽军击败，残部退回辽阳，被元军攻灭。至此，中原红巾军三路北伐全部失败。

在中原红巾军北伐的时候，天完红巾军发生了更为惨烈的内斗。天完政权迁都汉阳后，倪文俊架空徐寿辉成为权臣。至正十七年倪文俊计划暗杀徐寿辉，结果事泄被陈友谅（1320—1363）所杀。陈友谅并吞倪文俊旧部，成为新的权臣。此后徐寿辉欲迁都龙兴（今南昌），摆脱陈友谅控制，陈友谅遂借机尽杀其部属，徐寿辉彻底成为傀儡。陈友谅野心勃勃，不满足于割据一方，逐渐成为朱元璋西边最大的威胁。

而在朱元璋的东边，张士诚自朱元璋经营应天后与朱元璋数次交战不利。至正二十年以后，中原红巾军因北伐失利而日渐衰弱，元军遂有南下之势。而在张士诚南面，浙东的方国珍势力此时已投降元朝。为避免三线作战的尴尬处境，张士诚选择投降元朝，承诺每年向朝廷缴纳部分钱粮，但仍保留自主权。从此，他专心经营以平江（今苏州）为中心的经济发达地区，在某种程度上保护了治下的经济基础和民众的生活，他还热心发展各种文化事务，但其政权也日渐腐化。

三、明朝建立与儒臣智囊团的功绩

至正二十年，朱元璋延请刘基（1311—1375）、宋濂（1310—1381）、章溢、叶琛等“浙东四先生”到应天，智囊团进一步扩大。尤其是刘基，为朱元璋日后发展贡献良多。此时朱元璋东有张士诚，西有陈友谅，非常担心被东西夹攻，刘基则分析形势，认为张士诚只是满足割据之人，不会主动出击，真正难缠的大敌只有陈友谅。同年，陈友谅挟迫徐寿辉东征朱元璋，不久又杀掉徐寿辉自立为帝，国号为汉，并继续向应天进军。

朱元璋在这关键时刻采纳了刘基的建议，战略由双线防御改为全力西向，进而诱敌深入，以伏兵力挫陈友谅锐气，迫其退兵，缓解了危机。天完西路军大将明玉珍（1329—1366）不满陈友谅弑主自立，遂与之绝交，于重庆自称陇蜀王。

陈友谅败后，朱元璋采纳刘基等人的建议主动反击，攻占安庆、龙兴（占领后更名为洪都）等地，构建战略缓冲地带。至正二十三年（1363），张士诚发兵安丰，刘福通战死，朱元璋作为龙凤政权名义下的势力发兵营救“小明王”。陈友谅借朱元璋发兵救援安丰之机，亲率六十万大军东征，不料在洪都（今南昌）遭遇朱文正（1336—1365）、邓愈（1337—1377）等人率军顽强抵抗，被拖延至朱元璋率主力返回，两支主力军遂在鄱阳湖展开决战。朱元璋采用刘基等人的策略，对陈友谅的巨舰施展袭扰、火攻等战术，最终在决战中取胜。陈友谅在突围时中箭身亡，其子陈理（1351—1408）随后在武昌即位为皇帝，但是大势已去。至正二十四年（1364）朱元璋乘胜出击，攻破武昌，陈理投降。

张士诚发兵攻破安丰，袭杀了刘福通，却感到没有得到元廷足够的赏赐，让朝廷封他为王的努力也失败了，遂于至正二十三年九月再次反叛元朝，自立为“吴王”。在陈理投降后，朱元璋便集中力量对付张士诚，实践刘基战略的第二步。

至正二十七年（1367），“小明王”在前往应天的路上溺死，朱元璋遂自称“吴王”，正式建号立国。同年，朱元璋发兵攻破平江，张士诚势力灭亡。张士诚灭亡后不久，朱元璋又降服浙东的方国珍，并继续出征割据福建的陈友定（1329—1368）。

在基本统一江南的基础上，至正二十七年十月，朱元璋以徐达为大将率吴军主力北伐，对元朝展开全面战争。在北伐的同时，宋濂等儒臣为朱元璋起草了《檄谕齐鲁河洛燕蓟秦晋之人》，檄文批评元朝统治黑暗，明言元朝已丧失天命，不能继续统治中原，朱元璋是天命新主，必能一统天下。檄文还提出了“驱逐胡虏，恢复中华，立纲陈纪，救济斯民”的民族情感口号，这成为此次北伐的纲领，有力配合了北伐军事行动，为统一北方奠定舆论基础。

北伐军先取山东，然后进兵河南，扼守潼关，进而北上进攻大都。洪武元年正月，朱元璋于应天正式称帝，国号大明，年号洪武。同年八月，元顺帝逃离大都，北伐军顺利占领大都，元朝对中原的统治至此终结。明朝建立后，又不断对残余的独立势力和北元用兵，攻灭陈友定，招降广东何真（1321—1388）、陕西李思齐、四川明升（1356—1416，明玉珍之子）、辽东纳哈出（？—1388）等势力，逐渐统一全国。

在朱元璋集团崛起和明朝建立的过程中，可以清楚地看到儒臣的功劳，尽管明代史书中努力塑造朱元璋“天命真主”的形象，但还是在几次关键性决策中记载了儒臣的作用。大体总结起来，儒臣在此过程中的作用主要有三：一是为朱元璋提供战争中必备的战略与计策；二是为新政权的制度建设与行政运行提供智力与人力；三是为朱元璋治国理政提供必要的文史知识和前代经验教训。

第二节　洪武朝文化政策与“四书学”的运用

朱元璋虽然出身寒微，但在乱世崛起的过程也意识到了儒学和礼乐教化对于国家建设、社会管理的意义。吴元年（1367）十月，他为了对元决战，宣示政权的正统性，在宋濂等人起草的《檄谕齐鲁河洛燕蓟秦晋之人》中打出了民族与文化复兴旗号，“予恭天成命，罔敢自安，方欲遣兵北逐群虏，拯生民于涂炭，复汉官之威仪，虑民人未知，反为我仇，挈家北走，陷溺尤深，故先谕告。兵至，民人勿避。予号令严肃，无秋毫之犯，归我者永安于中华，背我者自窜于塞外。盖我中国之民，天必命中国之人以安之，夷狄何得而治哉?！予恐中土久污膻腥，生民扰扰，故率群雄，奋力廓清，志在逐胡虏、除暴乱，使民皆得其所，雪中国之耻，尔民其体之。如蒙古、色目，虽非华夏族类，然同生天地之间，有能知礼义愿为臣民者，与中夏之人抚养无异，故兹告谕，想宜知悉”①。文中贬斥元廷为胡虏，要一雪“靖康之耻”，重建“汉官威仪”，复兴中原的政治和文化正统。

值得注意的是，檄文并非只在“胡汉宿仇”上做宣传，也具有很强的胡汉包容性。檄文中强调，在招抚中原汉人的同时也招抚蒙古人、色目人，希望争取到中原民众最大的支持，“知礼义愿为臣民”成为界定敌我的标准，可见相比于胡汉、夷夏之类的族群划分标准，朱元璋更重视文化认同。

一、洪武朝文化政策与礼教制度的确立

随着明朝的基本建立，朱元璋在刘基、宋濂等儒臣的襄赞下继续创建国家的各项制度，以中原文化的重建者自居，确立了儒学在国家政治文化中的核心地位。前文提到他在征战的过程中不忘礼敬孔子庙，礼遇江淮府孔子庙就是其中的一例，这起到了很好的文化向心作用。在北伐的过程中，大都督府同知张兴祖进军鲁西地区，“孔子五十六世孙袭封衍圣公孔希学闻大军至，率曲阜县尹孔希章、邹县主簿孟思谅等，迎见兴祖于军门，兴祖礼之，于是兖州以东州县皆来降”②。曲阜和邹县的孔孟后人投诚，在当时具有很强的象征意义。

洪武元年二月，朱元璋下诏国学以太牢礼祭祀孔子，同时遣使致祭曲阜，高度赞扬了孔子的圣德。“使行，上谓之曰：‘仲尼之道，

① 《明太祖实录》卷二十六“吴元年十月丙寅”条，影印台北“中研院”史语所校勘本。

② 《明太祖实录》卷二十八上“吴元年十二月丁未”条，影印台北“中研院”史语所校勘本。

广大悠久，与天地相并，故后世有天下者，莫不致敬尽礼，修其祀事。朕今为天下主，期在明教化，以行先圣之道。今既释奠国学，仍遣尔修祀事于阙里，尔其敬之。’”① 朱元璋在此时强调了自己做皇帝，以“明教化”和“行先圣之道”为理念，蕴含着“复古”和“圣王”追求。

但是，朱元璋对儒学的态度是以实用为导向的，出身寒微的他成为皇帝以后，疑心也日益加重，这从他对孔克坚的态度可见一斑。孔克坚是孔希学之父，属元朝旧臣，与元末中书省左丞相太平（1301—1363）关系很好，曾被太平举荐为集贤院直学士。毛贵率领东路红巾军循海路进逼大都的时候，孔克坚正在大都，他力劝元顺帝死守大都以待各路勤王兵马，最终毛贵因孤立无援而败退。《明太祖实录》中有他生平的补叙：“（元至正）十九年，迁礼部尚书，知贡举。时四方士避乱，多集都邑，克坚请设流寓科以取之。是冬，擢陕西行台侍御史。二十二年，除国子祭酒。顺帝赐上尊太子书大成殿额以赐，克坚以世乱不乐居位，谢病归阙里。后再起为集贤大学士，复拜山东廉访使，卒不起。”② 可见其在元末颇受元廷的礼遇，但终因国家混乱的局势无法逆转而归隐乡里。

明军北伐逼近鲁西地区时，孔克坚称病而让孔希学等人去投诚。徐达到济宁后他也称病，派孔希学到南京拜谒朱元璋。等到朝廷遣使致祭曲阜后，孔克坚仍称病不来拜谒，朱元璋自然有些不满。

> 乃以敕往谕之曰：“朕闻尔祖孔子垂教于世，扶植纲常，子孙非常人等也，故历数十代，往往作宾王家，岂独今日哉？胡

---

① 《明太祖实录》卷三十“洪武元年二月丁未”条，影印台北“中研院”史语所校勘本。

② 《明太祖实录》卷五十“洪武三年三月丁巳”条，影印台北“中研院”史语所校勘本。

元入主中国，蔑弃礼教，彝伦攸斁，天实厌之，以丧其师。朕率中土之士，奉天逐胡，以安中夏，以复先王之旧，虽起自布衣，实承古先帝王之统，且古人起布衣而称帝者，汉之高祖也，天命所在，人孰违之？闻尔抱风疾，果然否？若无疾而称疾，则不可。谕至思之。”①

这份敕谕的语气很强硬，强调孔子后人拜谒君主是对君主正统性的认可。如今元朝已经崩溃，孔克坚却称病不来，是不肯承认明朝的正统，还是鄙视君主的寒微出身？朱元璋点出了自己的寒微出身，并自比汉高祖，可见他本人对这个出身很重视，同时更重视别人对这个出身的态度，尤其是被天下儒者视为道统化身之一的孔子嫡系后人的态度。孔克坚还曾做过元朝的官，莫不是对元朝有所眷恋，敕谕最后一句已经隐隐有些杀机。

也许是孔克坚自己忖度到不能继续拖延，他终于动身南下拜谒，并在路上正好遇见了敕使，“拜命惶恐，兼程而进”②。简单一语，将其紧张的神情描写得颇为传神，迅速赶到南京，遂召对于谨身殿，

上从容慰问，曰：“尔年几何？”克坚对曰：“臣年五十有三。”上曰：“尔年虽未耄，而疾婴之。今不烦尔官，但尔家先圣之后，为子孙者，不可以不务学。朕观尔子资质温厚，必能承家，尔更加诲谕，俾知进学，以振扬尔祖之道，则有光于儒教。”克坚顿首谢。即日赐宅一区，马一匹，月给米二十石。又明日复召至，谕之曰：“尔祖明先王之道，立教经世，万世之

① 《明太祖实录》卷三十一“洪武元年三月戊申”条，影印台北“中研院”史语所校勘本。

② 《明太祖实录》卷三十一“洪武元年三月戊申”条，影印台北“中研院”史语所校勘本。

下，君君臣臣父父子子，实有赖焉，故尔孔氏高出常人。常人且知求圣贤之学，况孔氏子孙乎？尔宜勉尔族人，各务进学。”因顾谓群臣曰：“朕不授孔克坚以官者，以其先圣之后，特优礼之，故养之以禄而不任之事也。”①

朱元璋召对两次，都是说些让孔克坚督促孔氏后人学习儒学的话。孔克坚担任过元朝国子祭酒，肯定比朱元璋更懂文化与教育，而且孔氏家风素来向学，儒学本就是其家学，朱元璋的告诫仿佛多余，但其实这正是朱元璋的帝王权术。召对正是宣示君主权威的时刻，给天下儒者看，即使是圣人之后也要在朱元璋的“教化”之下。对孔氏嫡系长者，曾任过元朝国子祭酒的孔克坚进行“教导”，使朱元璋的精神得到极大满足，既展示了自己的权势与威仪，又能产生敦促北方士人向自己臣服的效果。孔克坚在召对两年后去世，享年五十五岁，也许是真的染病很久，但尽管如此，在召对过程中朱元璋的态度仍很有深意。

在召对孔克坚之后，朱元璋便正式确定了释奠礼的仪式。洪武元年八月，遣官释奠于先师孔子。与之前二月的太牢礼祭祀孔子和遣使致祭曲阜不同，此次释奠仪式更为完善，是在考察历代释奠礼之后确定的制度，并逐渐发展为后世释奠礼的范式。

初，礼官奏：“周制，凡始立学者，必释奠于先圣先师，凡学，春夏释奠于先师，秋冬亦如之。汉儒以先圣为周公，若孔子以先师，为礼、乐、诗、书之官。若礼有高堂生、乐有制氏、诗有毛公、书有伏生可以为师者，盖四时之学，将习其道，故释奠各以其师，而不及先圣。惟春秋合乐，则天子视学，有司

① 《明太祖实录》卷三十一“洪武元年三月戊申”条，影印台北“中研院”史语所校勘本。

> 总祭先圣先师，是则汉时释奠，亦略可见矣。魏正始中，使太常释奠于辟雍。晋释奠皆于国学。东晋成、穆、孝武，皆亲释奠。隋制，国子监每岁四仲月上丁释奠先圣先师，州县学则用春秋仲月。唐初，释奠儒官自为祭主，直书‘博士姓名，敢昭告于先圣’。许敬宗奏请令国子祭酒为初献，词称‘皇帝谨遣’，仍令司乐为亚献，博士为终献。县学则令为初献，丞为亚献，主簿及尉通为终献，永为礼制。武德、贞观中，皆以二月亲幸国子监释奠。开耀、景龙中，皆皇太子释奠于太学。开元中，诏春秋释奠，以三公摄事，著之例程。若遇大祀，则用仲丁。州县用上丁。宋、元因古礼而损益之。今宜定制，以仲春、仲秋二上丁日降香，遣官祀于国学，以丞相初献，翰林学士亚献，国子祭酒终献。”上然之。①

实际上，朱元璋在建国之初便命令儒臣总结历代制度得失，打着“文化复古”旗号，编定新的制度。早在洪武元年正月，朱元璋便援引《周礼》来设官求治。“戊寅，自旧内迁新宫。上谕中书省臣曰：‘成周之时，治掌于冢宰，教掌于司徒，礼掌于宗伯，政掌于司马，刑掌于司寇，工掌于司空，故天子总六官，六官总百执事，大小相维，各有攸属，是以事简而政不紊，故治。秦用商鞅，变更古制，法如牛毛，暴其民甚，而民不从，故乱。卿等任居宰辅，宜振举大纲，以率百僚，赞朕为治。’”② 他要求中书省臣效仿《周礼》来辅佐他治理天下，此后仿效《周礼》进一步完善六部体制。

洪武十三年（1380），朱元璋借胡惟庸案一举废黜中书省，从此

① 《明太祖实录》卷三十四“洪武元年八月丁丑”条，影印台北“中研院”史语所校勘本。

② 《明太祖实录》卷二十九“洪武元年正月戊寅”条，影印台北“中研院”史语所校勘本。

六部直接向皇帝负责，君主专制得到进一步加强。某种程度上，此次谕旨中“天子总六官”可以看作十三年后制度改革的思想依据之一，表面上看也是符合《周礼》的“回向三代”之举。

在确定了释奠礼制度的同时，还明确了祭文形式，“其祝文曰：惟王德侔天地，道冠古今，删述《六经》，垂宪万世，兹维仲春秋，谨以制币牲斋粢盛庶品，式陈明荐，以兖国复圣公、郕国宗圣公、沂国述圣公、邹国亚圣公配，尚享”①。祭祀典仪基本承袭了前代的礼法，同时也彰显了文化复兴的姿态。经过一番制度设计，释奠礼也成为明代国家祭祀制度的一部分，儒学与礼教在明代国家政治生活中的意识形态地位也由此确定了下来。②

二、“四书学”与“五经学”在洪武朝的运用

虽然是在“文化复古”旗号之下，洪武朝的文化政策同时也具有鲜明的务实特征。成为国家治国理念的儒学，基本以程朱理学为核心，但国家对“五经学”与“四书学”在运用上是有些差异的。

在制度设计层面，国家多倚重“五经学”。例如，内侍诸司官制、各项祭祀制度均以《周礼》为纲，祭祀器具基本按照《礼记》《周礼》确定等。而在具体施政方法与策论上，则更侧重“四书学”。例如，在明朝刚刚建立之时，朱元璋便与刘基议论建国后的治国方针：“上谓刘基曰：‘曩者群雄角逐，生民涂炭，死亡既多，休养难复。今国势已定，天下次第而平，思所以生息之道，何如?’基对曰：‘生息之道在于宽仁。’上曰：‘不施实惠而概言宽仁，亦无益耳。以朕观之，宽仁必当阜民之财而息民之力，不节用则民财竭，

① 《明太祖实录》卷三十四“洪武元年八月丁丑”条，影印台北“中研院”史语所校勘本。

② 关于明代国家祭祀制度与意识形态建设问题的研究，可以参考赵轶峰：《明代国家宗教管理制度与政策研究》，中国社会科学出版社 2008 年版；李媛：《明代国家祭祀制度研究》，中国社会科学出版社 2011 年版；等等。

不省役则民力困，不明教化则民不知礼义，不禁贪暴则民无以遂其生，如是而曰宽仁，是徒有其名，而民不被其泽也。故养民者必务其本，种树者必培其根。’基顿首曰：‘陛下尽心如此，民其有不受惠者乎？《传》曰“以仁心行仁政”，实在今日天下之幸也。’”①此番议论，刘基引用了《孟子·离娄章句上》的内容，孟子将仁心与仁政结合起来，以为有仁心而不施诸仁政，则不能收到效果。朱元璋则将仁政具体到给百姓实惠，细化为阜财、节用、省役、教化、禁暴，实乃鉴于明朝建立之初的社会现实，有很强的现实针对性。朱元璋对“四书学”的实用态度可见一斑。此番议论基本确定了洪武朝“养民重民”的基本政策，对明初经济发展与民生恢复产生了重要影响。

朱元璋最早接触的“四书”是《大学》，给他留下了深刻印象，而《大学衍义》更是受到他的推崇。吴元年应天新宫殿建成时，朱元璋命博士熊鼎（？—1375）汇编古人鉴戒事迹书写在殿内，“又命侍臣书《大学衍义》于两庑壁间。上曰：‘前代宫室多施绘画，予用此以备朝夕观览，岂不愈于丹青乎？’”②

此后，朱元璋与元代君主一样，将《大学衍义》视作“帝王之学”，使之成为经筵教材之一。他还经常阅览、讨论《大学衍义》中的内容。例如，“上观《大学衍义》至晁错谓：‘人情莫不欲寿，三王生之而不伤。’真德秀释之曰：‘人君不穷兵黩武，则能生之而不伤’，顾谓侍臣曰：‘晁错之言其所该者广，真氏之言其所见者切。古人云兵者凶器，圣人不得已而用之。朕每临行阵观两军交战，出没于锋镝之下，呼吸之间创残死亡，心甚不忍，尝思为君恤民，所

① 《明太祖实录》卷二十九“洪武元年正月乙酉”条，影印台北“中研院”史语所校勘本。

② 《明太祖实录》卷二十五“吴元年九月癸卯”条，影印台北“中研院”史语所校勘本。

重者兵与刑耳。滥刑者陷人于无辜，黩兵者驱人于死地，有国者所当深戒也"①。朱元璋由晁错和真德秀的言论，结合自己的亲身经历而萌生"慎刑慎战"的感慨。尽管朱元璋在称帝后疑心日重，对功臣集团和儒臣群体的信任也在不断下降，但在实录中仍可以看到很多他流露情感的记载。

第三节　洪武朝君主专制强化及其影响

朱元璋在起兵与建国的过程中的虚心纳谏、志向高远，让最初追随他的儒臣颇为敬佩，他们视之为能够结束乱世的明主。常侍朱元璋左右的朱升、刘基、宋濂、詹同、王祎、熊鼎等人更是精通经学和"四书学"的大学者，为朱元璋的事业尽心尽力，希望他早日结束元末乱世。建国前的叶琛，建国后的王祎、熊鼎都尽忠死节，尽管他们是以身殉道，践履忠义，但也与当时朱元璋的尊儒姿态、恢宏气度有关。

一、洪武朝君臣关系的逐步紧张与罢黜中书省

朱元璋在建国初继续表现出求贤若渴的姿态，大力征召民间人才，于洪武元年九月颁布"求贤诏"，宣称"天下之广，固非一人所能治，必得天下之贤共理之"②。他一方面搜罗民间人才，充实官僚集团，另一方面整顿教育系统，培养未来的人才。洪武三年(1370)，在刘基等人的辅佐下，明朝初建科举制度，与举荐、恩荫

① 《明太祖实录》卷六十八"洪武四年九月丙辰"条，影印台北"中研院"史语所校勘本。

② 《明太祖实录》卷三十五"洪武元年九月癸亥"条，影印台北"中研院"史语所校勘本。

等方法并行，使明初官僚集团不断成长。① 如前文所述，朱元璋经常与刘基等儒臣交流，咨诹善道，一度出现君臣和衷共济的局面。

但是随着国家局势的稳定，朱元璋的文化自卑感和猜忌心也与日俱增，对于文臣集团日渐怀疑，逐渐疏远儒臣中威望甚高的刘基、宋濂等人，并借一些机会对他们进行批评，树立自己的权威。刘基与宋濂二人的命运也因此而多舛。

洪武四年（1371），刘基回归乡里。但不久却被胡惟庸构陷夺俸，被迫进京就祖坟风水问题进行辩诬。洪武八年（1375），刘基愤懑病逝。

洪武三年，宋濂主持编修《元史》，却在完成不久后因失朝而被贬为翰林编修。洪武四年，宋濂升任奉议大夫、国子司业，却又因祭祀孔子未按时呈上奏章获罪，不久被贬为安远知县。洪武五年（1372）二月，宋濂被召还任礼部主事，不久升任太子赞善大夫，以经史和“四书学”教授太子与诸王，对太子朱标的温和性格和崇文理念有很大影响。洪武十年（1377），宋濂致仕回家，与朱元璋相约年年相会，结果不久因其次子和孙子卷入“胡惟庸案”而被流放。洪武十四年（1381），宋濂病逝在流放安置地。

刘基、宋濂二人是为朱元璋建立明朝、创建制度立下汗马之功的儒者，也是当时天下读书人敬仰的“文宗”人物，却落得这样的结局，从某种意义上讲，洪武三年是朱元璋对功臣和人才态度的一个转折，尽管这个转折在当年还不是特别明显。

客观来看，很多旧元官吏虽然投奔、归顺朱元璋，进而成为新政权的文臣，但仍保留着元末的行事风格，贪腐成风，更兼功臣集团多有子弟、家人骄横不法，确实增加了国家与社会的不稳定。朱

① 洪武朝科举在洪武六年（1373）一度停罢，至洪武十五年重新开始，这中间的原因在后文有专门讨论。

元璋为改革国家制度，稳定新建立的统治秩序，实现君主权力的最大化，掀起了几次“大案”，借此整肃功臣集团和官僚群体，洪武朝政风由此趋向肃杀。

洪武九年（1376），朱元璋严惩地方计吏预持空白官印账册至户部结算钱谷，史称“空印案”。他借机整顿吏治，大批官吏被牵连，自户部尚书至各地守令主印者皆处死，佐贰官以下杖一百，充军边地，明初著名学者方孝孺（1357—1402）的父亲方克勤也在株连之列。① 这次空印案与朱元璋改革地方行政密切相关。同年，朱元璋废黜地方上统一行使行政、司法、军事权力的行中书省，分设承宣布政使司、提刑按察使司、都指挥使司分掌地方的行政、司法、军事职能。

洪武十三年正月，御史中丞涂节告发左丞相胡惟庸、御史大夫陈宁等人毒杀刘基并意图谋反，朱元璋随即掀起大狱，处死胡惟庸、陈宁等人，涂节也被人揭发本为胡惟庸同党而一并处死，这就是震惊天下的“胡惟庸案”。

实际上，朱元璋早在洪武十一年（1378）就曾命官员可以绕过中书省和丞相上奏言事，如今借此大案，一举撤销中书省和丞相制度，实际上早有准备，君主专制得到了空前加强。朱元璋延续着元末防范权臣的政治策略，终于走到了废除丞相制度的地步。

“胡惟庸案”在案首胡惟庸死后并未结束，洪武二十三年

---

① “空印案”发生的时间有争议，清官修《明史》认为是“洪武十五年”，而明初方孝孺所作的《叶伯巨郑士利传》中言案发于明洪武九年，郑士利为空印案辩护，有“丞相大夫皆知空印者无它罪，可恕，莫敢谏”一语。当时还有丞相、御史大夫，可知空印案发生时中书省尚在，不当晚于洪武十三年。参见（明）方孝孺撰，徐光大点校：《方孝孺集》下册卷二十一《叶伯巨郑士利传》，浙江古籍出版社 2013 年版，第 794 页。方孝孺父亲方克勤因空印案牵连而死，《明史》中的《方克勤传》也是如此记载，而在方孝孺为父亲作的《行状》里提到其父是明洪武九年去世。由此可知，空印案发生在明洪武九年之说，当为真实。

（1390），朱元璋因有人告发再掀大狱，连同开国功臣韩国公李善长在内的大批功臣被株连，朱元璋还写作了《昭示奸党录》，布告天下。“胡惟庸案”此后又与“蓝玉谋反案”并案处置，洪武朝因“胡惟庸案”前后株连达三万余人。

在掀起大案的同时，朱元璋还开创了特务侦刺百官的非常政治制度。洪武十五年（1382），为了便于纠察“胡惟庸案”余党，朱元璋将原负责皇帝仪仗和侍卫的亲军都尉府和仪鸾司裁撤，改置锦衣卫，在皇帝护卫、仪仗等职能之外，增加侦查、审讯百官的职能。

由于具有仪仗队的职能，锦衣卫所穿的官服因袭了元代礼服的样式，服饰异常华美，因而得名“锦衣亲军”。锦衣卫北镇抚司执掌“诏狱”，随时对一切被怀疑谋反的对象侦探、缉拿、审讯、处决，为朱元璋此后借“大案”清洗功臣、官僚集团出力甚多。洪武二十年（1387），朱元璋因对锦衣卫也有所怀疑，同时为了使太子朱标未来顺利上位，向天下人昭示“宽仁”，废除了锦衣卫的司法功能，但保留了其侦探、宿卫等功能。

二、洪武朝政风趋向肃杀与君主专制进一步加强

洪武十八年（1385），户部侍郎郭桓贪污案发。据《明史》载，“其推原中外贪墨所起，以六曹为罪魁，郭桓为诛首。郭桓者，户部侍郎也。帝疑北平二司官吏李彧、赵全德等与桓为奸利，自六部左右侍郎下皆死，赃七百万，词连直省诸官吏，系死者数万人。核赃所寄借徧天下，民中人之家大抵皆破。时咸归谤御史余敏、丁廷举。或以为言，帝乃手诏列桓等罪，而论右审刑吴庸等极刑，以厌天下心”①。这次贪污案逐渐演变成全国范围的经济审查、整顿，中产地主多受牵连。此后，朱元璋为了平息怨气又将审刑官吴庸等人处死。

①（清）张廷玉等：《明史》卷九十四《刑法志二》，中华书局1974年版，第2318页。

该年年底至第二年年底，朱元璋相继刊布了《大诰》七十四条、《大诰续编》八十七条、《大诰三编》四十三条，合称“三编大诰”，整理、总结各项案件的审理情况，以诰文的形式向全国发布，告诫臣民不要重蹈覆辙。洪武二十年，朱元璋又刊布《大诰武臣》三十二条，对包括开国功臣子孙在内的管军武臣进行训诫。

几次大案和严酷的刑律、特务统治，对官僚集团进行大规模清洗，在某种程度上重创了明朝建国以来教育、选官制度所培养的人才群体。在《大诰三编》的“进士监生不悛第二”条中，朱元璋将一大批进士、监生出身的官员处以死刑、流放、杖刑等，并将他们的名字一一昭示天下。这些官员都是有功名的，基本都是明朝建国后培养的科举儒生，朱元璋此举纵然可以警示贪官污吏，但在某种程度上也是对儒学士大夫群体的一次摧折。

而在《大诰三编》“苏州人才第十三”条中更是引出了著名的“不为君用”罪。苏州二人因儒学出名，被举荐到吏部，但二人却不接受朝廷征调，不肯到吏部报到分配，朱元璋大怒，将二人枭首、抄家。朱元璋叙述二人罪状后，警告道：“古者士君子，其学既成，必君之用。将老，乡无举者，以为耻焉。今二生名已在朝，举者诉以实学，其二生以禄为薄，以酷取民财为厚，故重主文贵老先生而为得计，以致杀身亡家。寰中士夫不为君用，是自外其教者，诛其身而没其家，不为之过。”① 朱元璋以隐匿在地方意图作奸犯科为罪名处决他们，即使二人罪不至此，朱元璋借此案警告天下读书人的话语仍是杀气腾腾，释放了令人畏惧的信号。可见朱元璋连年整肃官场，诛杀官吏，已经让很多读书人对朝廷望而生畏，严重影响明朝官僚队伍建设，已经到了用重刑逼迫儒生出仕为官的地步。三编《大诰》被朱元璋刊行天下，一度取代《大明律》的决狱作用，家

① （明）朱元璋：《御制大诰三编》“苏州人才第十三”条，《续修四库全书》影印清华大学图书馆藏明内府刻本，史部政书类第 862 册，第 332 页。

家户户都要收藏，其传播力非常惊人。观此“不为君用”罪，与洪武元年颁布的“求贤诏”相比照，朱元璋对儒生的态度已经是天壤之别。

洪武二十五年（1392），朱元璋寄予厚望且与儒臣关系密切的太子朱标去世，令朱元璋对未来有可能威胁皇权的因素更加不放心。他因此于第二年再掀大狱，对功臣集团和官僚群体再次进行整肃，这便是“蓝玉谋反案”。

蓝玉率军在洪武二十一年（1388）大破北元势力于捕鱼儿海，立下赫赫战功，北元政权就此崩溃。但是，他也因战功日益骄纵，众多“义子”、部下、家人多仰仗其威势而作奸犯科。朱标与蓝玉私交较好，朱元璋本想让蓝玉辅佐朱标，然而朱标早死，朱元璋担心皇太孙朱允炆无法驾驭恃功自傲的蓝玉，于是动了杀机。蓝玉及其部下、家人平日劣迹本就不少，更兼锦衣卫从中运作，于是一场谋反大案被坐实，并且与“胡惟庸案”并案，株连一万五千多人。朱元璋借此颁布《逆臣录》警诫全国，这次大案使明初开国功臣集团遭受重大打击。尽管朱元璋不久又颁布了《赦蓝党胡党诏》，但是实际上“胡蓝谋反案”的株连案件，一直持续到朱元璋驾崩。

第四节 “罢黜孟子配享”事件与《孟子节文》的编修

朱元璋的一系列政治举措都是为了巩固专制皇权，在思想文化领域也在不断强化君主权威。前文提到从朱元璋对孔子后人的态度，已经可以发现他对儒学道统的根本态度。随着朱元璋对经史典籍的学习、强势心态的膨胀和君主权威的强化，他与儒学和礼教的关系也发生了变化。

最初朱元璋的心态是以礼教辅助他治理国家，在经营应天府和建立明朝的过程中，他经常与儒臣交流、商议，确定发展战略，制定政权的各项制度和礼教体系，《明太祖实录》中留下了很多他与儒臣讨论经史、典章、治国方略的记载。

但是明朝建立后，一方面，如何整顿元末乱局，如何维护周边安全，如何保养民生恢复经济，如何调整南北资源与文化的不平衡，这些都给朱元璋带来了很大的压力。另一方面，从贫民到皇帝的经历又使朱元璋的强势心态不断增长，儒臣群体期盼他成为救民于水火、再造乾坤的“圣王”，他自己也日益自许为秉承“天命”的“圣王”。他的姿态也由学习者渐渐变成了经典与儒学道统裁定者，皇权最终宰制了道统。

他一方面怀疑文臣学者们会以文化优势对他进行蒙蔽，从中渔利，于是不断加强经史等知识的学习；另一方面又从实用角度出发，摒弃他所认为不合时宜的知识，努力打造自己满意的国家与社会秩序，逐渐形成了由君主主导的文化话语体系。他按照自己的意志对典籍进行解释、修改，并对礼教体系进行相应的改造，其背后的理念就是他的“圣王”自许。由此引发了洪武朝专制皇权和儒学道统间的一系列冲突和调适，“四书学”与朱元璋治国理念的关系也日趋紧张。这些紧张事件中最突出的就是著名的“罢黜孟子配享”和“《孟子节文》事件”。

一、“罢黜孟子配享”事件

洪武元年，朱元璋在儒臣的帮助下初建了颜回、曾子、子思、孟子配享的典仪，但是不久就发生“罢黜孟子配享”一事。罢孟子配享事件与刑部尚书钱唐联系在一起，构成了一桩疑问重重、难以剖断的复杂公案。该事件最早记载见于明朝嘉靖年间成书的邹县孟氏家乘《三迁志》：

> 皇明洪武二年（原注：一作五年），罢孟子配享，旋复之（原注：一作逾年而复）。太祖览孟子“土芥寇仇”语，谓“非臣子所宜言”，诏去其配享，有谏者以不敬论，且命金吾射之。钱唐抗疏入谏，舆榇自随，袒胸受箭，且曰：“臣得为孟轲死，死有余荣。”太祖览其情词剀切，为之动，遂复孟子祭，仍命太医院疗唐箭疮焉。①

钱唐作为孟子礼教地位的维护者，以死抗争，朱元璋也为之动容，于是恢复了孟子配享的典仪。据《三迁志》记载此事发生的时间，虽有两种说法，但大体可以认为是在洪武朝初期。

清代官修《明史·钱唐传》对此事也有记载：

> 帝尝览《孟子》至“草芥”“寇仇”语，谓非臣子所宜言，议罢其配享，诏有谏者以大不敬论。唐抗疏入谏曰：“臣为孟轲死，死有余荣。”时廷臣无不为唐危。帝鉴其诚恳，不之罪。孟子配享亦旋复。然卒命儒臣修《孟子节文》云。②

清代官修《明史》中的这一故事没有具体发生的时间，并且将“罢黜孟子配享”与《孟子节文》的编修联系在一起，认为是系列事件。

这两段记载在情节上略有差异，《三迁志》的记载比较详细，甚至有些夸张的细节。《明史》还在《礼志》中记载：“五年罢孟子配享。逾年，帝曰：‘孟子辨异端，辟邪说，发明孔子之道，配享如故。’”③ 这段记载中，罢黜与恢复孟子配享的过程没有钱唐的参

---

① （明）吕元善撰，（明）吕兆祥续撰，（明）吕逢时续撰：《三迁志》卷三，《四库全书存目丛书》影印明天启七年刻本，史部第79册，第325页。

② （清）张廷玉等：《明史》卷一百三十九《钱唐传》，中华书局1974年版，第3982页。

③ （清）张廷玉等：《明史》卷五十《礼志四》，中华书局1974年版，第1296页。

与，而且有了具体的时间——洪武五年罢黜，洪武六年恢复。

朱元璋罢黜孟子在儒学史上是一件大事，但出于避讳的缘故，《明太祖实录》对此事未加记载，对钱唐的谏争也无记载。但在地方志等其他史料中，钱唐舍身捍卫礼教的形象广为流传，形成了许多不同的版本。

虽然各家传闻在故事情节上大致相同，但在某些关系到事件真实性的重要环节上却相互龃龉。质疑主要集中在三点：一是“罢黜孟子配享”的具体时间，二是“罢黜孟子配享”与修《孟子节文》两件事的关联，三是钱唐舍身捍卫孟子配享的形象。关于这三点，异说纷杂，明末清初学者谈迁（1593—1658）、朱彝尊（1629—1709）、万斯选（1629—1694）等人都怀疑过钱唐故事的可靠性。[①]而又以万斯选的质疑最为有力，共提出四点来质疑钱唐故事的真实性。对此，全祖望作《辨钱尚书争孟子事》一文来反驳万斯选，以维护钱唐流传已久的形象。[②] 他举出三点论述钱唐故事不是晚出之说，并非凭空编造。张佳佳在综合诸家研究后认为，“罢孟子配享也必在洪武二年钱唐致仕之前”[③]。

综上可见，洪武初年“罢黜孟子配享”事件是确实发生过的，钱唐也进行了一番抗争，并使朱元璋改变了态度。抗争的具体情况

---

① 具体质疑可参见（清）谈迁：《国榷》卷五“洪武五年十二月”条，中华书局 1958 年版，第 478 页；（清）朱彝尊：《曝书亭集》卷六十九《邹县重修孟子庙碑》，《文渊阁四库全书》本，集部别集类第 1318 册。按：谈迁从事件的发生时间与记载出处两方面加以质疑，万斯选与他的思路基本相同，今人朱鸿林也据此认为钱唐事件不足信，参见朱鸿林：《朱元璋的孔子崇拜》，《中国近世儒学实质的思辨与习学》，北京大学出版社 2005 年版，第 72 页。朱彝尊则不相信甚为尊崇孔孟的朱元璋会罢黜孟子配享，认为不合逻辑。

② 该议论可参见（清）全祖望：《鲒埼亭集》卷三十五《辨钱尚书争孟子事》，《全祖望集汇校集注》本，上海古籍出版社 2000 年版，第 559—661 页。

③ 具体考证可参见张佳佳：《〈孟子节文〉研究》，清华大学硕士学位论文，2007 年。

并不一定是后世记载得那样，《孟子节文》也不是在这次事件后便迅速编修的，两大事件没有直接的因果联系。《明史·钱唐传》还记载：

> 二年诏孔庙春秋释奠，止行于曲阜，天下不必通祀。唐伏阙上疏言：“孔子垂教万世，天下共尊其教，故天下得通祀孔子，报本之礼不可废。”侍郎程徐亦疏言：“古今祀典，独社稷、三皇与孔子通祀。天下民非社稷、三皇则无以生，非孔子之道则无以立。尧、舜、禹、汤、文、武、周公，皆圣人也，然发挥三纲五常之道，载之于经，仪范百王，师表万世，使世愈降而人极不坠者，孔子力也。孔子以道设教，天下祀之，非祀其人，祀其教也，祀其道也。今使天下之人，读其书，由其教，行其道，而不得举其祀，非所以维人心扶世教也。”皆不听。久之，乃用其言。①

通过这段材料可知，朱元璋在洪武二年（1369）有过取消全国通行的释奠礼的想法，被钱唐和程徐劝阻，二人坚持论辩了很久，朱元璋才答应。该传文的下一段就是钱唐捍卫孟子配享的故事。可见“罢黜孟子配享”应该不是一次孤立的事件，很有可能是朱元璋按自己意志修改礼教的一次尝试，结果“罢黜孟子配享”与取消全国通行释奠礼一样，遭到儒臣群体极力劝阻，于是在洪武初年未能落实。

朱元璋对待礼教的态度是又打又拉，目的就是将政治话语的主导权牢牢控制在自己手中。但朱元璋为何要罢黜孟子配享？后世常常认为是朱元璋出于个人好恶而为之。诚然，这是一个因素。作为强势君主的朱元璋，在建国后不断强化自己的君主权威，而孟子的

① （清）张廷玉等：《明史》卷一百三十九《钱唐传》，中华书局 1974 年版，第 3981—3982 页。

很多言论会化为儒生批评君主的言论武器，这是朱元璋很不想看到的，这是理念的矛盾。但笔者认为，解答这一问题也要考虑到孟子配享身份的特殊性。

首先，从时间上看，孟子配享不是很古老的事情。北宋神宗元丰七年（1084），孟子才开始配享文宣王庙。《王荆公年谱考略》记载："元丰七年甲子，年六十四。五月，以孟轲配食文宣王，封荀况、扬雄、韩愈为伯，并从祀。"① 配享是由晋州州学教授陆长愈建言的。《朱子语类》则认为孟子配享是王安石的功劳："孟子配享，乃荆公请之。配享只当论传道，合以颜子、曾子、子思、孟子配。"②

南宋被元朝攻灭后，孟子一度失去配享地位。直到元延祐三年（1316），随着科举制度的恢复，元仁宗才恢复了孟子的配享地位。《元史》载："延祐三年秋七月，诏春秋释奠于先圣，以颜子、曾子、子思、孟子配享。封孟子父为邾国公，母为邾国宣献夫人。"③ 所以，相对于朱元璋，孟子配享是比较晚近的事。洪武初年的礼教建制和改造都是打着"复古"大旗进行的，学习汉唐，回向三代，被朱元璋视为最典雅的。相对而言，宋代"元丰改制"才有的孟子配享其被罢黜与朱元璋的"复古"观念并不矛盾。

其次，孟子又是四配中和孔子关系最远的一位。颜子、曾子都是孔子的弟子，子思是孔子的孙子，唯有孟子离孔子的时代最远。而且孟子是四配中争议最大的一位，唐宋以来便有学者对孟子进行批评，有所谓的"非孟论"。孟子在争议很大的"元丰改制"中获得配享，地位至南宋进一步得到巩固，元代中期恢复配享并获得

① （清）蔡上翔：《王荆公年谱考略》卷二十三"元丰七年"条，《王安石年谱三种》本，中华书局 1994 年版，第 567 页。

② （宋）黎靖德编：《朱子语类》卷第九十《礼七・祭》，中华书局 1986 年版，第 2294 页。

③ （明）宋濂等：《元史》卷二十七上《祭祀志五》，中华书局 1976 年版，第 1892 页。

“亚圣”封号，在主流学术界中孟子是得到认可的，但这并不意味着“非孟论”的消亡。

当然，“非孟论”这种学术因素，相对而言还是更多地影响到洪武末年《孟子节文》的编修，建国初的朱元璋还不能对“非孟论”有很深刻的认识。总之，与孔子较远的关系、孟子思想在学术史上的争议，都会加深朱元璋对孟子配享合理性的怀疑。

孟子配享身份的特殊性与朱元璋“圣王”的理念，使得他在明洪武初年按自己意志改造礼教制度时尝试罢黜孟子配享，而且只罢黜孟子，没有涉及其他三位。可是儒臣们的强烈抗议，使他看到孟子在读书人心中的重要地位，从某种程度上讲也是元代“四书学”深入人心的结果，“四配”就是“四书”精神的具体化，承载着道统。于是朱元璋很快收回罢黜孟子配享的决定。当然，恢复配享的过程也要体现出“皇恩浩荡”，所以才有了《明史·礼志》中朱元璋称赞孟子攻击异端、有功于儒学的言论。

但是朱元璋与孟子思想在理念上的矛盾并没有解决，随着朱元璋君主专制的强化和自我学习，他对文化话语的掌控越来越强，既然不能动摇孟子的文化精神偶像地位，那么就尝试从经典入手来消解其中不利于君主专制统治的内容，于是就有了《孟子节文》的编修。

二、《孟子节文》的编修

朱元璋在明朝建国后十分热心于组织儒臣对传世典籍进行整理、编修等文化活动。例如，洪武三年，为了服务于新建立的国家与社会秩序，他广征儒者，开局修礼，编成《大明集礼》。此后又相继编成《洪武礼制》等，配合《大明律》等法律条文，对社会各个阶层的具体行为做出严格的规定，与庙堂之上日益肃杀的政治风气相结合，共同构成洪武朝“刑礼并重”的政治文化氛围。

对于其他儒学经典，朱元璋也下令进行实用性诠释。洪武六年，他命孔克表等人编修《群经类要》，重塑“四书五经”释文的语言风格，客观上推动了经学的通俗化。《罪惟录》载：“洪武六年正月，上取诸经要言，以浅语释之，名《群经类要》，仍手示二章以为式。至是，书成。御制《春光记》。上尝迂阔朱熹《集注》，每以己意释《论语》。至‘攻乎异端’，云：‘攻去异端，其害自止。’与宋孙奕之解暗合。诸类是。”① 所谓“浅语”就是比较通俗的语言，朱元璋还亲自编写《论语》两章作为范式，认为朱熹迂阔，以自己的意思来解释经典。宋濂的《文宪集》有《恭题御制〈论语解〉二章后》，记载了编修的详情：

> 右解《论语》二章，乃皇上所亲制以赐翰林修撰臣孔克表者也。初，上留心经籍，以为经之不明，传注害之。传注之害，在乎辞繁而旨深。洪武六年，乃诏克表及御史中丞臣刘基、秦府纪善臣林温，取诸经要言，析为若干类，以恒言释之，使人皆得通其说而尽圣贤之旨意。又虑一二儒臣未达注释之凡，乃手释二章以赐克表，俾取则而为之。克表等承诏，释《四书》《五经》以上，诏赐名曰《群经类要》。②

语言、文字是思想的载体，接受者的阅读能力是决定其能否理解思想的关键。洪武初期，大多数民众久历战乱，即使是读书人，其阅读能力也相对低下，要想普及经学，就必须对经学诠释语言进行再加工，增强典籍的可读性。

朱元璋为了推行经学思想，在推行经学过程中使用了化古为今

① （清）查继佐：《罪惟录》卷五《艺文志》，浙江古籍出版社 1986 年版，第 509 页。

② （明）宋濂：《文宪集》卷十二《恭题御制〈论语解〉二章后》，《文渊阁四库全书》本，集部别集类第 1223 册。

的办法。《群经类要》以浅显的语言，体现了朱元璋对经学实用性的强调，显示了经学简约化的趋势。所谓“恒言”，指的就是广泛流传于民间的词语，通俗易懂，富有生活气息。

在经学盛行的帝制时代，俗语一般被视为低级的词语，为士大夫阶层所不齿，难登大雅之堂。然而，朱元璋却要求用“恒言”解释古朴典雅的经书，其结果是经学通俗化，实现经学思想覆盖范围的扩大。此为朱元璋对经典释文改造的典型案例。

朱元璋对于“四六文风”也非常反感，一是因为当时流行的“四六文风”过于强调华丽而脱离现实内容，不务实也不利于推广。二是因为“四六文风”的流行，不利于国家改变南北资源与文化不平衡的局面。当然，“四六文风”不符合朱元璋本人的行文习惯，他怀疑文臣利用“四六文风”在文书中作弊，于是在同一年下诏“禁四六文辞”：

> 先是，上命儒臣择唐、宋名儒表笺可为法者，遂以韩愈《贺雨表》、柳宗元《代柳公绰谢表》进。上命中书省臣录二表，颁为天下式。谕群臣曰：“唐、虞、三代典谟训诰之词，质实不华，诚可为千万世之法。汉、魏之间，犹为近古。晋、宋间，文体日衰，骈俪绮靡，而古法荡然矣。唐、宋名儒辈出，虽欲变之而卒未能。近时若诏诰章表之类，仍蹈旧习。朕常厌其雕琢，殊异古体，使事实为浮文所蔽。其自今，凡诰谕臣下之辞，务从简古，以革弊习。尔中书省宜播告中外臣民，凡表笺、奏疏，毋用四六对偶，悉从典雅。”①

这次文体改革搭配经典释文改革，对明初文化产生了深远影响，朱

① （明）陈建撰：《皇明通纪·启运录》卷六“洪武六年九月”条，中华书局2008年版，第193—194页。

元璋在这一年还以文风浮华为理由停罢了科举考试，直到十年后才重新恢复科举。当然，洪武朝停罢科举的原因不仅仅是文风浮华，具体我们会在后面专门论述。这场改革以强大的皇权为支持，强力推行，客观上有利于思想文化向基层的传播。

大约在《群经类要》编成后，朱元璋又下令颁正定“十三经”，清代官修《明史·赵俶传》中记载了此事：“赵俶，字本初，山阴人。元进士。洪武六年征授国子博士。帝尝御奉天殿，召俶及钱宰、贝琼等曰：‘汝等一以孔子所定经书为教，慎勿杂苏秦、张仪纵横之言。’诸臣顿首受命。俶因请颁正定《十三经》于天下，屏《战国策》及阴阳谶卜诸书，勿列学宫。”① 所谓“正定”，就是朝廷认可的标准版本。赵俶是元代儒臣，建议朱元璋重申“十三经”的经典地位，很符合朱元璋统一经典和思想的心思，对儒学典籍的解释，由此在明代定于一尊，与通俗化的释文《群经类要》流通于世，服务于朱元璋以儒学、礼教为中心的文化建设。但朱元璋并非只以“十三经”为重的君主，也对老子的《道德经》、刘向的《说苑》等典籍感兴趣，时常翻阅。

洪武初年，朱元璋对经典的改造还是在释文的层面，而到了洪武二十七年（1394）发生了对经文进行改造的《孟子节文》事件。

今天我们所看到的《明太祖实录》中并没有关于编修《孟子节文》的记载。《明太祖实录》共经历三次编修，《明太祖实录》的三修始于永乐九年（1411），此时全本《孟子》已恢复教材地位，《孟子节文》不再通行。修史诸臣可能意识到朱元璋删节《孟子》，改造经文，不利于维护朱元璋崇尚儒学的形象，于是将有关记载删去，以掩盖编修《孟子节文》一事。

目前可见唯一记载《孟子节文》编修过程的史料，是洪武末年儒

---

① （清）张廷玉等：《明史》卷一百三十七《赵俶传》，中华书局 1974 年版，第 3954—3955 页。

臣刘三吾（1313—1400）作的《孟子节文》卷首《题辞》。其文如下：

《孟子》七篇，圣贤扶持名教之书。但其生于战国之世，其时诸侯方务合纵连衡，以功利为尚，不复知有仁义，唯魏惠王首以礼聘至其国。彼其介于齐、秦、楚三大国之间，事多龃龉，故一见孟子，即问何以利便其国，非财利之利也。孟子恐利源一开，非但有害仁义，且将有弑夺之祸。仁义，正论也。所答非所问矣，是以所如不合，终莫能听纳其说。及其欲为死者雪耻，非兵连祸结不可也。乃谓能行仁政，可使制梃以挞秦、楚之坚甲利兵，则益迂且远矣。“台池鸟兽之乐”，引文王灵台之事，善矣。《汤誓》“时日害丧”之喻，岂不太甚哉！“雪宫之乐”，谓贤者有此乐宜矣，谓人不得即有非议其上之心，又岂不太甚哉！其他或将朝而闻命中止，或相待如草芥，而见报施以仇雠，或以谏大过不听而易位，或以诸侯危社稷，则变置其君，或所就三，所去三，而不轻其去就于时君，固其崇高节、抗浮云之素志。抑斯类也，在当时列国诸侯可也。若夫天下一家，四海一国，人人同一尊君亲上之心，学者或不得其扶持名教之本意。于所不当言不当施者，既以言焉，既以施焉，则学非所学，而用非所用矣。今翰林儒臣三吾等，既请旨，与征来天下耆儒，同校蔡氏《书传》，蒙赐其名曰《书传会选》。又《孟子》一书，中间词气之间，抑扬太过者八十五条，其余一百七十余条，悉颁之中外校官，俾读是书者，知所本旨。自今八十五条之内，课试不以命题，科举不以取士，壹以圣贤中正之学为本，则高不至于抗，卑不至于谄矣。抑《孟子》一书，其有关于名教之大，如“孔子贤于尧舜”，后人因其推尊尧舜，而益知尊孔子之道，“诸侯之礼，吾未之学”，而知其所学者周天子盛时之礼，非列国诸侯所僭之礼，皆所谓扩前圣所未发者。其关世教，讵小补哉！

洪武二十七年十月癸酉翰林学士奉议大夫臣刘三吾等谨上。①

通读全文可知，在同一时期朱元璋还下令群臣编修了《书传会选》，刘三吾也参与其中。刘三吾是洪武朝中后期的重要儒臣，七十三岁才入朝为官，但很受朱元璋重用，许多重要典章制度皆出其手。《明史》本传称：

时天下初平，典章阙略。帝锐意制作，宿儒凋谢，得三吾晚，悦之。一切礼制及三场取士法，多所刊定。三吾博学善属文，帝制《大诰》及《洪范注》成，皆命为序。敕修《省躬录》《书传会选》《寰宇通志》《礼制集要》诸书，皆总其事，赏赉甚厚。②

由此可见刘三吾在朝中的地位，清代官修《明史》对他评价颇高。但是他奉承朱元璋意志编修《孟子节文》，为后世学者所不齿。洪武三十年（1398），刘三吾因"南北榜事件"获罪，发配边疆，建文初被赦免，两年后死去。有人认为他是因为编修《孟子节文》遭了报应。例如，《涌幢小品》载："《孟子节文》，乃刘昆孙（按，即刘三吾）等奉旨所为，后昆孙以科场事坐死，说者谓《节文》报应，岂孟子一迁怒而然哉？"③

① （明）刘三吾：《孟子节文》卷首《题辞》，《北京图书馆古籍珍本丛刊》缩印明初刻本，书目文献出版社2000年版，第955—956页。

② （清）张廷玉等：《明史》卷一百三十七《赵俶传》，中华书局1974年版，第3954—3955页。

③ （明）朱国桢：《涌幢小品》，《四库全书存目丛书》影印明天启二年刻本，子部第106册，第624页。

刘三吾被后世学者视作“屈从君意”的佞臣、不坚持道统的典型，但是回归当时的历史情境来看，他也并非毫无依据地删节《孟子》。从《题辞》来看，前面所列的《孟子》内容都是唐宋以来关于《孟子》的争议话题，体现着“非孟论”对《孟子》的主要质疑。

三、两宋“非孟论”对《孟子节文》的影响

《孟子》是最后一部升入“十三经”的儒家经典。中唐开始，在韩愈、李翱的褒扬下，孟子的地位开始逐渐上升。将近三百年后，到王安石主政的北宋元丰末年，孟子一跃成为仅次于孔、颜的圣人而享受配享，《孟子》一书也由子部升入经部。这一过程被当代学者称为“孟子升格运动”。①

从中唐到北宋的“孟子升格运动”，极大地扩大了孟子的影响，奠定了孟子作为道统接续者的儒家“亚圣”地位。但是，与“孟子升格运动”相伴而生的，还有一股强大的“非孟”思潮，只是在“尊孟”与“非孟”的较量中，“尊孟”最终占据了上风，才有了后来孟子被官方认可的配享地位。

宋代的“非孟”者颇多，而且其中不乏李觏、司马光、苏轼这些在当时极有影响力的学者文臣。宋代“非孟论”之所以非议孟子，一方面是因为孟子所倡导的君臣理念，有可能对北宋初确定的“君主臣从”政治结构产生潜在的威胁，“非孟论”者担心削弱君权将重蹈唐代武人政权崛起的覆辙。另一方面是因为“非孟论”与北宋

① 关于“孟子升格运动”的具体研究，可参见周予同：《周予同经学史论著选集》，上海人民出版社 1983 年版，第 289 页；徐洪兴：《唐宋间的孟子升格运动》，《中国社会科学》1993 年第 5 期；李峻岫：《隋唐孟子学史》，北京大学硕士学位论文，2003 年。

“元丰改制”有关。《孟子》是王安石新党的重要理论支撑①，而司马光、苏轼、晁说之（1059—1129）等人对《孟子》的批评，很大程度上是借题发挥攻击王安石。②

宋儒“非孟”的范围很广，包括政治观念、心性论、史实错误、论辩逻辑以及行文语气等，尤以对政治观念的非议最多。批评主要集中在孟子无视周室、以德傲爵、尊士轻君等，“非孟论”认为孟子实际上淆乱了名分，违背礼教尊卑、君臣大伦。

孟子在战国时代游说诸侯实行“仁政”与“王道”，本是继承孔子学说，但孟子劝说诸侯统一天下，而不是辅佐周王室平定四方，因此招致非议。例如，李觏曾批评孟子道：

> 孟子曰：“五霸者，三王之罪人也。”吾以为孟子者，五霸之罪人也。五霸率诸侯事天子，孟子劝诸侯为天子。苟有人性者，必知其逆顺耳矣。孟子当周显王时，其后尚且百年而秦并之。呜呼，忍人也，其视周室如无有也！③

他从尊王、尊周的角度批判孟子，直接将孟子斥为罪人，从礼教尊卑的角度否定了孟子的所作所为。司马光在《疑孟》中也批评孟子不见齐王是目无尊上的傲慢之举。

---

① 关于王安石与《孟子》的关系，可参见杨志玖：《王安石与孟子》，《社会科学战线》1979年第3期。

② 关于宋代“非孟论”的背景，可参见黄俊杰：《孟学思想史论》卷二，台北“中研院”中国文哲研究所筹备处，1997年，第127—189页。亦可参见夏长朴：《尊孟与非孟》，姜广辉主编：《中国哲学》第二十四辑《经学今诠三编》，辽宁教育出版社2002年版，第591页。

③ （宋）余允文：《尊孟辨》，《丛书集成初编》本，商务印书馆1937年版，第14页。

> 孔子，圣人也，定、哀，庸君也，然定、哀召孔子，不俟驾而行。过位，色勃如也，足躩如也。过虚位且不敢不恭，况召之有不往而他适乎？孟子，学孔子者也，其道岂异乎？夫君臣之义，人之大伦也。孟子之德孰与周公？其齿之长孰与周公？周公之于成王，成王幼，周公负以朝诸侯，及长而归政，北面稽首，畏事之，与事文、武无异也。岂得云：彼有爵，我有德齿？可慢彼哉？①

司马光将孔子和周公对君主的态度拿来和孟子对比，认为孟子以“德”“齿”为理由不见齐王是狡辩，根本站不住脚。他认为，“君尊臣卑”是绝对的，并不受道德、学问、年龄等因素影响。

当然，司马光这些批评在很大程度上也是在讥刺王安石以“师道自尊”。元人白珽（1248—1328）的《湛渊静语》评论了司马光《疑孟》一文的写作动机：

> 或问文节倪公思曰：“司马温公乃著《疑孟》，何也？”答曰：“盖有为也，时王安石假孟子‘大有为’之说，欲人主师尊之，变乱法度，是以温公致疑于孟子，以为安石之言未可尽信也。”②

孟子“大有为”出自《孟子·公孙丑下》。王安石引用《孟子》中的“大有为”来劝说宋神宗变法，司马光则怀疑王安石在鼓吹变法的同时要以这段话为依据向宋神宗索要更高的礼遇，以“不召之臣”妄自尊大。

---

① （宋）余允文：《尊孟辨》，《丛书集成初编》本，商务印书馆 1937 年版，第 3 页。

② （元）白珽：《湛渊静语》卷二，《文渊阁四库全书》本，子部杂家类第 866 册。

可知，司马光的“非孟”和与王安石的政治斗争有很大关联，孟子的尊与贬也成为北宋党争的重要话题之一。当然，司马光“非孟”也并非全然为了与王安石为敌，也有对《孟子》本身观念的担忧。例如，他也批评孟子的“汤武放伐论”，这与党争无涉，完全是出于稳固君主政治秩序的考虑。

> 夫以纣之过大，而三子之贤，犹且不敢易位也，况过不及纣、贤不及三子者乎？必也使后世有贵戚之臣，谏其君而不听，遂废而代之曰：吾用孟子之言也，非篡也，义也。其可乎？或曰：孟子之志，欲以惧齐王也。是又不然。齐王若闻孟子之言而惧，则将愈忌恶其贵戚，闻谏而诛之；贵戚闻孟子之言，又将起而蹈之。则孟子之言，不足以格骄君之非，而适足以为篡乱之资也，其可乎?!①

文中“三子”指的是比干、微子、箕子。《论语·微子》中孔子对三人的行为非常赞赏。司马光认为，纣王那样的暴君，比干等大贤都没想推翻他，恪守臣道，得到孔子称赞。可是孟子居然称赞“武王革命”，为后世贵戚、大臣废立君主提供了理论支持，等于动摇了“君尊臣卑”的政治秩序。

唐中期至五代，权阉、将领经常废立君主，这是宋代最直接的历史教训。为了不使宋代成为“五代”后短命的第六代，宋太祖、宋太宗两朝进行了一系列制度改革，使“君尊臣卑”的政治秩序重新树立起来，并辅之以“右文”的政治文化，才逐渐改变了五代时期“兵强马壮者为天子”的“武断”政治秩序。司马光反对孟子的“汤武放伐论”，正是吸取唐末五代历史经验教训提出的。

---

① （宋）余允文：《尊孟辨》，《丛书集成初编》本，商务印书馆 1937 年版，第 7 页。

虽然“非孟论”没能阻挡“孟子升格”的历史大势，到南宋理学大盛和朱熹“四书”结集后已经基本绝迹了，但“非孟论”在文献中留存到了后世，并在合适的时候发挥了作用。从刘三吾的《题辞》来看，他受到宋代“非孟论”的很多启发。换言之，宋代“非孟论”成为《孟子节文》删节《孟子》的理论依据和操作参考。

宋代的“非孟论”集中存留在南宋余允文编修的《尊孟辨》中。南宋孝宗隆兴元年（1163），他将司马光、史剡、李觏、郑厚叔四人的“非孟论”辑录在一起，逐条批驳，辑成《尊孟辨》三卷。朱熹曾对他的反驳意见逐条加以点评。[①] 南宋乾道八年（1172），余允文又对王充、苏轼两家对孟子的批评加以辩驳，辑成《尊孟续辨》两卷。随着元代“四书学”和理学的兴盛，“四书学”又与科举相结合，《孟子》成为士人晋身的必读书，“非孟论”逐渐消失。但是对于洪武年间的刘三吾等儒臣，《尊孟辨》《尊孟续辨》等书完全是可以翻阅到的，《尊孟辨》本身是为《孟子》辩护的，但对于刘三吾等儒臣而言，却恰好为他们提供了丰富的“非孟论”参考资料。

据张佳佳考证，“白文本《节文》总共删掉了八十八章，超过了《孟子》三分之一的章节数；但在文字量上，《节文》所删掉的字数将近《孟子》全文的47%，也就是说《孟子》中有近一半的内容被《节文》删除”[②]。可见《孟子节文》对《孟子》经文的破坏，不仅是删去文字，也变乱了章节。

白文本指的是国家图书馆收藏的半叶七行、每行八字的大字白文本《孟子节文》，黄永年（1925—2007）鉴定其为内府刻本，张佳佳考证其为《孟子节文》的最初刻本。国家图书馆另一藏本双行夹注本，系根据《孟子节文》删节朱熹《孟子集注》而成，应

① 可参见（宋）朱熹：《晦庵先生朱文公文集》卷七十三《读余隐之〈尊孟辨〉》，《朱子全书》本，上海古籍出版社2002年版，第3508页。

② 张佳佳：《〈孟子节文〉研究》，清华大学硕士学位论文，2007年，第20页。

为洪武三十年（1397）后书商为满足士子考试需求而修订重刻的坊刻本。

比较《尊孟辨》《尊孟续辨》《孟子节文》，便可大体知晓刘三吾等人删节《孟子》的理论依据与操作参考。《题辞》开篇质疑孟子和梁惠王对话，认为孟子所答非所问，和《尊孟续辨》中辑录的汉代王充的“非孟论”不仅思路一致，连关键词句也很相似：

> 孟子见梁惠王，王曰：“叟不远千里而来，将何以利吾国乎？”孟子曰：“仁义而已矣，何必曰利。”夫利有二，有财货之利，有安吉之利。惠王曰“何以利吾国”，何以知不欲安吉之利，而孟子径难以财货之利也。《易》曰“利见大人”“利涉大川”，《乾》“元亨利贞”，《尚书》曰“黎民尚亦有利哉”，皆安吉之利也。行仁义，得安吉之利，孟子不且诘问惠王“何谓利吾国”，惠王言财货之利乃可答。若设令惠王之问未知何趣，孟子径答以财货之利，如惠王实问财货，孟子无以验效也；如问安吉之利，而孟子答以财货之利，失对上之指，违道理之实也。①

王充认为孟子的论辨逻辑出现错误，混淆了财货之利与平安之利，先入为主地非难梁惠王。刘三吾继承了王充的“非孟”观点，但同时也委婉地对孟子进行了回护，认为孟子是“恐利源一开，非但有害仁义，且将有弑夺之祸”②，所以所答非所问，也就因此没有被梁惠王重用。

---

① （宋）余允文：《尊孟辨》附《尊孟续辨》，《丛书集成初编》本，商务印书馆1937年版，第39页。

② （明）刘三吾：《孟子节文》卷首《题辞》，《北京图书馆古籍珍本丛刊》缩印明初刻本，书目文献出版社2000年版，第955页。

《题辞》中，“其他或将朝而闻命中止，或相待如草芥，而见报施以仇雠，或以谏大过不听而易位，或以诸侯危社稷，则变置其君，或所就三，所去三，而不轻其去就于时君，固其崇高节、抗浮云之素志”①。这些话正是对上文所述司马光等人“非孟论”的总结。

尽管罗列了这些“非孟”观点，刘三吾还是为孟子稍作回护，“抑斯类也，在当时列国诸侯可也。若夫天下一家，四海一国，人人同一尊君亲上之心，学者或不得其扶持名教之本意。于所不当言不当施者，既以言焉，既以施焉，则学非所学，而用非所用矣”②。他指出了《孟子》中这些“不当言论”在诸侯割据的战国时代还是可行的，但是在后世尤其是在天下一统的皇帝治下明显不适用了。这种说法与态度，比宋儒依凭《春秋》大义和礼教尊卑，片面强调“君尊臣卑”的绝对性，脱离具体历史情境非议《孟子》要公允一些。

在具体删节操作中，刘三吾等人也以《尊孟辨》等为参照。例如一些无涉政治的章节，因为《尊孟辨》中司马光、李觏等人认为逻辑不妥、不通情理，所以也被删去。诸如此类的删节，无法从政治文化角度去理解，只有读了《尊孟辨》才了解其遭删削的原因。可知《孟子节文》的删节，以有碍君主专制的内容为主，但也并不限于有碍君主专制的内容。

“非孟论”是明代以前“四书学”思想中特殊的一支，明初“四书学”在强势君主干涉的情况下，意外地实践了宋代“非孟论”学者的部分主张。尽管他们在当时并非想要改动《孟子》经文，但是他们所批判的内容，在《孟子节文》中得到了删节，而且与朱元

① （明）刘三吾：《孟子节文》卷首《题辞》，《北京图书馆古籍珍本丛刊》缩印明初刻本，书目文献出版社 2000 年版，第 955—956 页。

② （明）刘三吾：《孟子节文》卷首《题辞》，《北京图书馆古籍珍本丛刊》缩印明初刻本，书目文献出版社 2000 年版，第 956 页。

璋的诉求大体一致。这也是“四书学”史上的一段奇事。

四、再评《孟子节文》的编修

总结一下《孟子节文》具体删去的《孟子》经文，大致分为以下三类。

第一类是从《春秋》“尊王”的角度看属于目无周室权威、怂恿诸侯反叛称王的内容。这类内容是宋儒最为反对的，也是强化中央集权的朱元璋所不容的。从学术依据上看，既有宋代“非孟论”的理论依据，也有洪武朝“复古”旗号下《春秋》经学的支持。

第二类是强调士人的自主性，贬抑“君尊臣卑”的内容。这类内容是宋儒所反对的，也是最为朱元璋所反感的。自明朝建立后，朱元璋与儒臣的关系渐趋淡漠，他不断强化君权和绝对的“君尊臣卑”秩序，通过几次“大案”整肃官僚集团，这是朱元璋与孟子在理念上最直接的矛盾。

孟子所言“民贵，社稷次之，君轻”，也属于此类范畴。因为相对于君主，官僚与百姓都可以是“民”，这个概念并不清晰，但与朱元璋的强化君主权威、“圣王”等理念是根本冲突的，而且与朱元璋一生致力于“防范产生权臣”的努力相违背。权臣，相对于君主是“民”，也可以借着“不召之臣”之尊而凌驾于君主之上，甚至可以以“汤武放伐”为由废立君主，这些都能在《孟子》中找到依据。朱元璋自然如芒在背，甚至觉得这些经文已经到了无法编写满意的释文最终只能删去的地步。

第三类是讽刺弊政、非议时政、语气强硬的内容。这涉及朱元璋对士人言论的控制以及他的教育思想。朱元璋对儒生群体的言论控制得非常严格，民生弊病与政治得失也都不得随意非议，试图以此培养服从皇权的因循官员，牢牢控制社会舆论，主导话语权。可是，《孟子》中这些讽刺、非议君主的内容，无疑有鼓动士人妄议朝政、分掌舆论的危险，这与朱元璋的理念不符，因而被删除。

朱元璋在“复古”大旗与前所未有的集权条件下，以“圣王”自居，君主同时也是天下人的老师，在“圣王”面前即使是“圣人”也要聆听教谕，这也是朱元璋在建国伊始就要教训一番孔子后人，并在礼教制度建设和典籍诠释等活动中事必躬亲，多有训示，一直要处于文化话语主导地位的深层次原因。“圣王”是不会容许被人嘲讽的，洪武朝几次文字狱也用鲜血警告了士人。

《孟子》被删掉的内容大体属于以上三类。除此之外，还有一些被以引史失实、论辩逻辑不合理等理由删去的内容，较为细琐，在此不一一列举。《孟子节文》的编修本为服务科举，该书与科举制度将在后面的章节谈到，在此不再展开。

通过考察《孟子节文》的编修过程与学术理路，我们可以看到学术影响政治的理念，政治决定学术的走向。因为朱元璋的政治意志，才使得“非孟论”被重新关注，在“四书学”史上写下了奇特的一笔。《孟子节文》的编修是朱元璋仗恃君主强权开启的，为解决他和孟子不可调和的理念冲突而作。刘三吾等人在编修过程中对“非孟论”的参考，其出发点不是基于学术考虑，而是为了完成君主交代的任务，所以本书将此次编修称为“非孟论”的“意外实践”。《孟子节文》中也没有标示参考的“非孟论”文献，可见对刘三吾等人而言，参考“非孟论”属于纯粹的策略，不值得大书特书。

所以，在《孟子节文》的产生过程中，政治因素而不是学术因素是决定性的，它不是学术自主发展的成果。因为这次事件是政治权力对学术的强势干涉，《孟子节文》事件也被视为专制君主依凭政治权力干涉儒学与经典最粗暴的例子，朱元璋在后世受到了很多学者的谴责，尤其在清朝，更是被很多人视为无知暴君的一种任性举措。

但是客观来看，《孟子节文》并不是朱元璋简单任性的结果，他与孟子思想的冲突从洪武朝初期就开始了。他在施政理念中应用着孟子的学说，但同时对孟子不利于自己的言论进行剔除，这点和他一贯的实用主义相一致，包括礼教、道统、功臣集团、官吏集体等，对他而言只能“为我所用”，而不能“为其所制”。也许这最朴素的实用主义，正是朱元璋塑造洪武朝“刑礼并重”、充满矛盾的政治风气的根本理念。

第五节　洪武朝政治文化的成因

洪武朝“刑礼并重”政治风气的形成也是一个历史过程，其远端可以追溯到汉朝的“王霸道杂糅”或“外儒内法”的治国理念，而具体的经验、教训则得自元末乱世。朱元璋作为经历元末战乱的人，很渴望稳定的秩序，这点与刘基等元末士人的诉求是一致的，所以才会有很多元末士人来辅佐他。

一、加强中央集权以整顿元末弊政

换言之，强势的君主与中央集权的国家制度在当时具有一定社会基础。刘基等元末学者总结元朝弊政主要集中在权臣擅政、政治内讧、法度松弛、社会失序等几个问题上。受到他们的影响并结合自身经历，朱元璋建国后一直在解决这些问题，这便是洪武朝君主政治的主要出发点。

为了解决权臣专政问题，他推行了一系列政治制度改革，在地方废除行中书省，在中央废除中书省，从此取消丞相制度，从制度层面铲除权臣产生的土壤；通过一系列“大案”，对可能发展为权臣的胡惟庸等人和开国功臣集团进行整肃。

为了解决法度松弛、社会失序等问题，他“刑礼并重”，一方面恢复礼教，建设各级学校与社学，发布《教民榜文》，恢复“乡饮酒礼”等典仪，建立粮长制、里甲制、乡老制等制度相结合的自我监督的道德社会体系；另一方面强化法律建设，颁布《大明律》等法律，“郭桓案”后更是颁布了既有法治效力又有民治效力的《大诰三编》，对贪污腐败、官吏不法行为进行严厉打击，《大诰武臣》则对功臣集团子弟和军户子弟进行约束。洪武朝的诸多制度建设，对明代未来二百余年的发展产生了深远影响。

二、强化“圣王”意志以独尊皇权

纵观洪武朝，我们可以看到学术对政治的影响，儒学与礼教成为国家政治核心理念，这与元末“四书学”强大的社会影响力是分不开的，明初朱元璋实行符合“仁政”的养民国策，在具体治国理政中运用“四书学”，使民生得到一定程度的恢复。但是，我们更可以看到政治对学术强大的决定性作用。朱元璋接受了儒学和礼教，但同时以“圣王”自许，他不断强化君主权威，以“刑礼并重”的政治理念来改造、整顿国家与社会秩序。

在他的整体设计中，除了“天道”和“祖制”之外没有任何可能掣肘君主的因素。而他活着的时候以“圣王”姿态“教化”天下人，按照自己的意志对经典进行诠释和改造；待其死后，他的意志会“活在”《皇明祖训》中。这种“圣王”自许的心态被后世君主所承袭，而宋代不断完善的“道统论”则逐渐成为专制君主的注脚。

纵观朱元璋的社会治理理念，其和《孟子》有很多吻合之处。洪武朝由国家主导恢复小农经济，“重民养民”，使土地和人民重新结合以稳定社会、恢复经济，非常符合孟子的“民本”主张。朱元璋还特别重视粮食仓储，设置社会救济组织，扩大军屯以减轻农民赋税，逐渐稳定了边疆和内地的政治经济秩序，为中国进入一个相对发展的历史时期创造了稳定的基础。但是，从国家治理和政治文化角度看，朱元璋将君主个人权力空前强化，使洪武朝国家体制充斥着专制主义精神和肃杀风气，理学道统和专制君主之间的矛盾也没有调适完成，留下了大量的隐患和未完成的课题。

第四章 “靖难之役”与《四书大全》

洪武三十一年（1398），朱元璋驾崩，皇太孙朱允炆（1377—1402）即位，次年改元“建文”。空前专制的君主朱元璋真正成了“祖宗”，但是明帝国却没有完全按照他设计的那样发展，在建文元年（1399）就发生了皇位争夺战——“靖难之役”。建文四年（1402），朱元璋第四子燕王朱棣（1360—1424）攻入南京，朱允炆在混乱中下落不明，随后燕王朱棣即位，改元“永乐”。朱棣也是一位强势的君主，永乐朝君主政治既有延续洪武朝之处，也有很多创新与改革之处，同样对后世历史走向和“四书学”学术的发展产生了深远的影响。

第一节 “靖难之役”及其对明前期“文治”转向的影响

“靖难之役”本质上是皇族争夺皇位的战乱，其根源始自明朝建国的分封制度。洪武三年，朱元璋为确保明帝国的长治久安与自己家族的安全，决定分封诸王。他把宗室25人（24个儿子和1个从孙）封为藩王，分驻于北部边境和内地各战略要冲，想通过他们来屏藩帝国。《明太祖实录》记载：

> 辛酉，以封建诸王告太庙，礼成，宴群臣于奉天门及文华

殿。上谕廷臣曰："昔者元失其驭，群雄并起，四方鼎沸，民遭涂炭。朕躬率师徒以靖大难，皇天眷佑，海宇宁谧。然天下之大，必建藩屏，上卫国家，下安生民。今诸子既长，宜各有爵封，分镇诸国。朕非私其亲，乃遵古先哲王之制，为久安长治之计。"群臣稽首对曰："陛下封建诸王，以卫宗社，天下万世之公议。"上曰："先王封建所以庇民，周行之而久远，秦废之而速亡，汉晋以来莫不皆然，其间治乱不齐，特顾施为何如尔。要之为长久之计，莫过于此。"①

就洪武初年的实际局势而言，朱元璋封建子孙具有一定的巩固地方的意义。他虽然宣称封建是效仿周制，但其具体操作也借鉴了蒙元封建制度。

蒙元封建制度比较复杂，从宗室角度讲，其封地形式大致有三类：(1)自成吉思汗时代形成的兀鲁思，成吉思汗分封诸子、宗室以人口与土地，其范围覆盖蒙古草原、中亚、西亚、东欧等地，西北诸大兀鲁思逐渐发展为钦察汗国、窝阔台汗国、察合台汗国等。(2)五户丝食邑，窝阔台时期形成的分封给诸王、后妃、公主、驸马在汉地的食邑。受封者一般不驻食邑，不干涉民政，食邑百姓为受封者提供贡赋，诸王的王号一般说明他食邑的位置。(3)宗王出镇地。元代宗王出镇地方边疆，一般是军事性质的，多数为战时事务型，但也有世镇某地的，比如云南王、梁王镇守云南行省等。

一、明太祖分封诸王

朱元璋分封宗室，也仿效元代制度，优先考虑军事需要，每位

① 《明太祖实录》卷五十一"洪武三年四月辛酉"条，影印台北"中研院"史语所校勘本。

藩王都有军事指挥权，相当于宗王出镇地方，但又是世守的藩国。于王府设亲王护卫指挥使司，辖军三护卫。护卫甲士少者三千人，多者一万九千人，而辽、宁、燕、谷、代、晋、秦、庆、肃九个藩沿北方边境展开，被称为“塞王”，负有防御北元南下的重任，所以护卫甲士尤多。可见，整个洪武朝，朱元璋都没有放松对北元的防备，整个国家治理体系也充满了准军事化的气息。洪武三年至洪武二十九年（1396），朱元璋先后对北元发动了十三次进攻，目标是摧毁北元在漠北的残余势力。也正因为如此，武臣中的蓝玉等人自恃功高而骄纵，最终引来了杀身之祸。

同时，朱元璋也对藩王的潜在威胁有所防范，王府内设有“左右相傅官属”负责辅佐王府政务，藩王并不直接管理民政，有国家确定的俸禄对其进行优养，没有民政权、司法权。这点也明显参考了五户丝食邑制度。《明史》总结了明代封建诸王的特征：“有明诸藩，分封而不锡土，列爵而不临民，食禄而不治事。”① 此外，他还规定受封诸王必须离开京城到封地就藩，禁止藩王间相互往来，即使入朝也不能同时前来，“凡亲王来朝，洪武六年定：亲王每岁朝觐，不许一时同至。务要一王来朝，还国无虞，信报别王，方许来朝”②。此举的目的在于防范诸王勾结，同时禁止藩王与京城官员密切往来，防止未来朝中权臣拥立藩王，对皇帝擅行废立。

可见，洪武朝分封诸王也是有多重考虑的，朱元璋认为这样既能让藩王拱卫皇权、镇守边疆，又能防范藩王增强自身实力，还合乎“复古”与“尊尊亲亲”的政治精神。清代官修《明史》这样评

---

① （清）张廷玉等：《明史》卷一百二十《诸王传五》，中华书局 1974 年版，第 3659 页。

② （明）申时行等：《大明会典》卷五六《王国礼二》，《续修四库全书》影印明万历内府刻本，史部政书类第 790 册，第 156 页。

价朱元璋的封建政策："初，太祖大封宗籓，令世世皆食岁禄，不授职任事，亲亲之谊甚厚。"① 朱元璋自己对这套制度设计颇为自负，"特顾施为何如尔"。然而藩王握有重兵，终究是一种对中央的潜在威胁。洪武九年，平遥训导叶伯巨借天象上书劝谏朱元璋"分封太侈，用刑太繁，求治太速"三事，认为朱元璋封建藩王，将来会酿成内乱：

> ……上天示象，似为分封。《传》曰："都城过百雉，国之害也。大都不过三国之一，中五之一，小九之一。"上下等差，各有定制。所以强干弱枝，遏乱源，崇治本也。国家分裂境土，大封诸王，盖惩宋元孤立之弊。然天子畿内，地止千里，秦、晋、燕、齐、吴、楚诸国，各尽其境，以封年少浅事之王，都城宫室亚天子之畿，以甲兵卫士之盛，比于金吾缇骑。《书》曰："列爵惟五，分土惟三。"王亦爵也，而国都兵卫与京畿等，尚有君臣之分乎？臣恐数世之后，间隙易起，觖望易生。汉之七国，晋之诸王，可为永鉴，臣所谓分封太侈之过也。②

他认为朱元璋令诸王掌兵过多，藩王的待遇也过于优厚，不合礼数，"数世后"藩王与皇帝一旦有了矛盾，还是会造成内乱的。所谓"宋元孤立"，是说宋代对宗室的限制政策使宗室没有实力拱卫皇帝，而元代封建宗室也没有收到屏藩的效果。但此时朱元璋对自己的设计非常满意，他封建宗室还有防范权臣作乱的目的，而且相对于没有血缘的功臣和文臣，他还是更愿意相信自己的子孙。于是，"上怒

---

① （清）张廷玉等：《明史》卷八十二《食货志六》，中华书局 1974 年版，第 2001 页。

② （清）谈迁：《国榷》卷六"洪武九年闰九月"条，中华书局 1958 年版，第 540 页。

其言分封，曰：‘此离间吾骨肉！’逮下狱，瘐死”①。叶伯巨最终死于非命。至于“用刑太繁”的批评自然也不会被朱元璋接受，同年便发生了“空印案”，诛杀了大量官吏。

朱元璋废除中书省，打击功臣集团，整顿官吏群体，目的就是使君主的权威得到强化，从制度和人选上消除产生权臣的可能性，这样后世的君主可以安稳坐镇中央，诸藩王则共同拱卫大明江山。然而在他晚年，太子朱标去世，严重影响了他的计划，不得不除掉原计划辅佐太子朱标的蓝玉等功臣，彻底肃清朝中任何可能威胁年轻皇太孙的因素。可是朱元璋这样的举措，也使得中央力量严重被削弱，尤其是知兵善战将领的严重匮乏。

到朱元璋驾崩前，开国时的宿将只剩长兴侯耿炳文（1334—1403）和武定侯郭英（1335—1403）尚在。“时诸勋臣坐胡、蓝二党诛戮且尽，炳文以开国功臣，榜列其名，与大将军达为一等，是时元功宿将，无出其右者。英兄弟贵显，女弟为宁妃，恩宠尤渥。上自起兵以来，存者仅炳文与英二人，而炳文亦年逾六十矣。”②

然而，朱允炆即位后就要面对诸多掌握重兵的叔父藩王，深感威胁。诸王中宁王朱权（1378—1448）和燕王朱棣实力最强。宁王朱权麾下有强悍的蒙古骑兵“朵颜三卫”，而燕王朱棣的封国在昔日元朝的首都大都（今北京），因其特殊的战略意义，于诸王中兵力最强，手下掌握近十万兵马。

《明太祖实录》经过朱棣的修改，在行文中多次声明朱元璋生前便属意朱棣，以此来为反叛夺位进行辩护，自不足信。但是从当时

① （清）谈迁：《国榷》卷六“洪武九年闰九月”条，中华书局1958年版，第541页。

② （清）夏燮：《明通鉴》卷十一“洪武三十年正月”条，中华书局2009年版，第481页。

的形势来看，秦、晋二王已薨，燕王是诸王兄弟中最年长的，而且颇具实力，朱元璋对他也确实颇为器重。洪武三十一年，“敕燕王棣率诸王防边。谕曰：‘北骑南行，不寇大宁，即袭开平，可召西凉、开平、辽东诸将，分左右翼，尔与代、辽、宁、谷诸王居中策应，彼此相护，首尾相救。兵法示饥而实饱，外钝而内精，其毋忽！’”① 可见朱棣的军事能力是被朱元璋肯定的。此时朱元璋的身体已经日渐衰弱，为了防备蒙古趁机南下，不得不命皇子诸藩加强防御。一个多月后，朱元璋驾崩，朱允炆和朱棣的矛盾在朱元璋刚刚去世便显露出来。

朱元璋在遗诏中有“诸王临国中，毋至京师”② 之语，但是燕王朱棣仍然坚持要来南京奔丧。“王自北平入奔丧，闻诏乃止。”③《国榷》中的记载较《明史》更为详细，“葬太祖高皇帝于孝陵，止诸王会葬，哭临本国。所在吏民军士，悉听朝廷节制。燕王入临，将至淮安，兵部左侍郎齐泰言于上，急敕还”④。朱棣已经快到淮安而奉诏回还，这次交锋虽然以朱棣失败而告终，但是其内心自然很不满。朱允炆因为这次事件，也越发感觉到朱棣的威胁。

从史料来看，懿文太子朱标（1355—1392）为人宽厚，对儒臣很友善，同时具备驭下之能，在兄弟与群臣中很有威望，朱元璋本想以蓝玉等人为辅臣来辅佐他，从这点也可看出朱标的统御能力。而朱允炆相对于朱标则文弱有余，果决不足，这令朱元璋十分担忧，

---

① （清）夏燮：《明通鉴》卷十一“洪武三十一年四月”条，中华书局 2009 年版，第 482 页。

② （清）张廷玉等：《明史》卷三《太祖本纪三》，中华书局 1974 年版，第 55 页。

③ （清）张廷玉等：《明史》卷五《成祖本纪一》，中华书局 1974 年版，第 69 页。

④ （清）谈迁：《国榷》卷十一“洪武三十一年闰五月”条，中华书局 1958 年版，第 787 页。

从此次奔丧事件中也可以看出端倪。因为齐泰（？—1402）的建言，才坚定决心阻止朱棣，换言之，如果没有齐泰的建言，朱允炆也许还会犹豫不决。

这次事件之后，朱棣和朱允炆就有了嫌隙。朱棣回到北平进一步提高警惕，而朱允炆则迅速与自己的心腹之臣商议“削藩”之计。“兵部左侍郎齐泰为尚书，太常寺卿黄子澄兼翰林院学士，参军务。泰受顾命，时诸王皆尊属，拥兵专制。上以问子澄，对曰：‘诸王虽有三护卫，仅足自固。万一有变，以六师临之，谁其能支？汉七国非不强，卒底灭亡，小大强弱之势不同，而顺逆之理异也。’上曰：‘善。’同齐泰倚任。”[①] 太常寺卿黄子澄（1350—1402）此时的建言，从静态角度来分析强弱，客观而言合乎当时的形势，但并没有考虑其他因素，而将汉景帝胜利平定“七国之乱”归因于“顺逆之理”，则显得迂阔。也有可能是黄子澄为了使年轻的朱允炆锐意“削藩”，而从君臣大义层面坚定其信心。

二、建文朝的“削藩”与“文治”转向趋势

建文朝的史料因为朱棣夺权后被销毁殆尽，至明中期以后关于建文朝的记载才逐渐多起来，而众多的野史杂闻又增加了我们了解那个时代的难度。明末清初史学家谈迁对建文朝史料有过周密考证，其著作《国榷》中的建文朝史事，叙述相对完整，较合乎逻辑。因此，本书以《国榷》为依据来解读建文朝的各项政策和与“靖难之役”的大致经过。

朱元璋晚年的肃杀政风，使得洪武朝末年人人自危，朱允炆即位后迅速实施了一系列宽政以期收拢民心和获得官员们的支持。“甲午，定保举法，命中外文臣五品以上及县令，各举贤才，毋问下僚

① （清）谈迁：《国榷》卷十一“洪武三十一年闰五月”条，中华书局 1958 年版，第 788 页。

布衣。非其人，连坐。”① 此时的朱允炆作为少年君主，努力使处于准军事状态的国家实现“文治”转向，这点从他的年号“建文”就可以看出来。他急需提拔一批新官员来支持自己的改革，所以广招人才，“驿召汉中府教授方孝孺为翰林院博士。上素闻其贤，将大用之，为当事所忌，授博士，寻迁侍讲”②。后来为建文朝惨烈殉难的方孝孺，在洪武朝时就已有些名气，是蜀王朱椿（1371—1423）的老师，此时也被朱允炆任用，而从“为当事所疾”五个字可以看出，建文朝并不如后世人们想象得那样团结。

朱允炆本人起初对于“削藩”的态度还是比较坚定的，礼部左侍郎兼翰林院学士董伦“屡请亲睦宗人，不听”③。于是我们会发现，朱允炆在实行“仁政”宽宥其他罪犯、减免赋税的同时，对皇叔诸王的态度却越来越严苛。七月，周藩案发：

> 周府汝南王有爋，告其父橚及世子有炖反。会曹国公李景隆往讯，大索金宝，王不能应，坐罪执至。诏诸王议其罪，燕王请宽之。上欲且止，齐泰、黄子澄曰：“若然，妇人之仁耳。”乃废周王为庶人，徙蒙化，置世子临安。时，齐泰、黄子澄谋削藩，泰欲先燕，子澄曰：“不然，燕猝难图也。先取周，剪其翼。”而周王亦自为备。长史王翰屡谏，不纳，即断指佯狂去。至是，官属皆就理，翰竟无所坐。奉祠正周是修尝谏王，调衡

① （清）谈迁：《国榷》卷十一“洪武三十一年闰五月”条，中华书局1958年版，第788页。

② （清）谈迁：《国榷》卷十一“洪武三十一年六月”条，中华书局1958年版，第789页。

③ （清）谈迁：《国榷》卷十一“洪武三十一年七月”条，中华书局1958年版，第789页。

府纪善。教授吉水黄金华，洪武戊辰进士，论死。[1]

周王是朱允炆削灭的第一个藩王，此时距离朱允炆即位才两个月。周王朱橚（1361—1425）与燕王朱棣关系密切，是同母兄弟。黄子澄建议先图谋弱一些的周王，逐渐孤立燕王。

此次交锋，朱允炆非常顺利地取得了胜利，但是他在削藩过程中又流露出犹豫不决，可见其性格缺陷。对他而言，“削藩”是必须要做的，但是在对亲王的具体处理上又颇为优柔。朱橚事先也有所警觉，并做了些准备，但还是在朝廷的压力下束手就擒，可见建文初期，皇帝的权威和中央的力量占据着绝对的优势。而且，周藩的削灭恰恰验证了黄子澄建言的可行性，于是他进一步受到朱允炆的信任。

周藩的垮掉使诸王尤其是朱棣震惊，“燕王简壮士为护卫，以周王得罪，益为备”[2]。此时朱棣开始为必要时的自保做准备了。为了防备朱棣，朱允炆也几乎同时任命魏国公徐辉祖（？—1407）兼太子太傅赴山东练兵。徐辉祖是徐达之子，朱棣徐王妃的兄长，既是颇有威名的名将之后，又是朱棣的姻亲，其练兵山东，对朱棣无疑是一种压力。

在防备朱棣的同时，“削藩”的力度还在进一步加大。建文元年二月，“令亲王不得节制文武吏士”[3]。不久朱棣来朝，对中央进行一次试探，他“绝驰道，登陛不拜。监察御史曾凤韶侍班，奏曰：‘诸王来朝，殿上宜主臣礼，宫中宜家人礼。今燕王大不敬，当问。’

① （清）谈迁：《国榷》卷十一“洪武三十一年七月”条，中华书局1958年版，第789页。

② （清）谈迁：《国榷》卷十一“洪武三十一年七月”条，中华书局1958年版，第790页。

③ （清）谈迁：《国榷》卷十一“建文元年二月”条，中华书局1958年版，第794页。

上不报”[1]。从朝廷论，朱允炆与朱棣是君臣，但是从亲缘论，朱棣和朱允炆是叔侄，这使得柔弱的朱允炆既顾虑燕藩的实力，又顾虑家族伦常，居然没有借机向朱棣问罪。

户部左侍郎卓敬（约1348—1402）此时劝说朱允炆借机向朱棣发难，“北平强干之地，金元所由兴也。宜及今徙封南昌。羽翼既剪，变无从生，万一有之，亦易控制”[2]。朱允炆以“骨肉至亲”为由拒绝了建议。卓敬进一步提醒，“杨广、隋文，非父子耶？帝王之孝，在保安社稷，小节非所论也”[3]。卓敬所言点出了政治斗争的残酷性，但是朱允炆终究没有采纳。

其实并非朱允炆心慈手软，而是他特重名声，不愿背负直接杀害长辈的骂名。如果他真想“亲亲”，不至于刚即位就着手“削藩”。他既希望巩固皇权，消除威胁，又不想给人留下心狠手辣的骂名，所以在对付朱棣的问题上一直错失良机。而且此时燕藩的真正实力，他还不了解，所以贸然行动对他而言也未必是上策。朱棣兵行险着，反而了解到了朱允炆的弱点与犹豫。

不久朱棣返回北平，留下儿子们做人质，通过退让一步，获得宝贵的时间。但朱棣的环境仍然很险恶，因为朱允炆随之“命参将宋忠屯兵北平，都督徐凯练兵临清，耿瓛练兵山海关。忠至开平，征边兵三万，选燕护卫之锐士隶麾下，遣护卫胡骑指挥关童等入京，永清左右卫军调彰德、顺德，皆防燕也”[4]。尽管朱允炆不能马上发

① （清）谈迁：《国榷》卷十一“建文元年二月”条，中华书局1958年版，第795页。

② （清）谈迁：《国榷》卷十一“建文元年二月”条，中华书局1958年版，第795页。

③ （清）谈迁：《国榷》卷十一“建文元年二月”条，中华书局1958年版，第795页。

④ （清）谈迁：《国榷》卷十一“建文元年三月”条，中华书局1958年版，第797页。

难，但是这后续几步瓦解燕藩军事实力的举措还是很明智的，虽然朱棣没被当场拿问并且试探到了朱允炆的底线，但是朱允炆"削藩"的步伐也没有丝毫停止。

朱允炆顾虑燕藩兵强马壮，对其他实力弱的藩王却毫不客气。建文元年正月，废代王朱桂（1374—1446）为庶人，幽禁于大同。四月，湘王朱柏（1371—1399）因抗拒"削藩"而自焚。

朱柏在诸王中比较好学，而且颇有勇力，曾随楚王出征，立有战功。也曾被人揭发伪造宝钞，暴虐杀人，性格很是刚猛。"上降敕切责，召之。王怒，焚其宫室美人，乘马执弓，跃入火中死，年二十。"① "削藩"弄出了人命，藩王们一时间人人自危，朱棣更是加紧暗中积蓄力量以备不测。同时他向朱允炆诈病，表示自己已病入膏肓，想见在南京做人质的儿子们最后一面。朱允炆此时或许也觉得逼死叔父有些过分，需要缓和一下和藩王的关系以示仁厚；或许是也想麻痹一下燕藩，居然要将朱棣的三个儿子放归北平。

关于放归朱棣三子，朱允炆的智囊团的意见并不统一。"时魏国公徐辉祖，虽元舅，密请留之。曰：'诸甥中高煦悍剽无赖，异时者亡论叛君，且叛父。'上以问辉祖弟都督增寿，增寿故善燕，力护之。寻遣还。高煦入辉祖厩，窃善马驰去。初，齐泰欲收之，黄子澄曰：'若尔则先发有名，不如遣也。'寻悔而追之，不及。"② 徐辉祖建议扣下朱高煦做人质，其弟徐增寿（？—1402）却暗中与燕藩交好而放水，黄子澄的反应则属于失策，建文朝由此失去了牵制朱棣的筹码。

尽管如此，朱允炆还在坚定推行"削藩"。五月，废齐王朱榑

① （清）谈迁：《国榷》卷十一"建文元年四月"条，中华书局 1958 年版，第 798 页。

② （清）谈迁：《国榷》卷十一"建文元年四月"条，中华书局 1958 年版，第 798 页。

（1364—1428）为庶人，幽禁于南京。六月，废岷王朱楩（1379—1450）为庶人，幽禁于云南。同时，朱允炆对朱棣的“包围网”也越织越密。

七月，长期诈病的朱棣被人揭发，于是朱棣迅速诛杀监视自己的北平左布政使张昺、都指挥使谢贵等人，正式起兵叛乱，“上书天子，指泰、子澄为奸臣，并援祖训‘朝无正臣，内有奸恶，则亲王训兵待命，天子密诏诸王统领镇兵讨平之’。书既发，遂举兵。自署官属，称其师曰‘靖难’”①。改变未来皇位归属的“靖难之役”正式开始，朱元璋分封诸子埋下的战端，终于以他的祖训为旗号开启。

三、“靖难之役”与建文朝的终结

朱棣起兵以后，“拔居庸关，破怀来，执宋忠，取密云，克遵化，降永平，二旬众至数万”②，迅速攻陷了北平周边的地区，建立防御阵地，征召兵士，向天下宣传“靖难”。

燕军攻破怀来后，由于领地相距太近。驻扎在宣府的谷王朱橞（1379—1428）逃离封地（今属张家口），投奔南京。八月，齐泰等人担心其他“塞王”中的辽王朱植（1377—1424）、宁王朱权帮助燕王，建议朱允炆将他们召还京师。最终辽王朱植从海路前往南京，而宁王朱权却不从，朱允炆遂下诏削减宁藩护卫。原先防备北平的宋忠被朱棣打垮后，其部将陈质退守山西大同。幽禁中的代王朱桂本欲趁乱起兵呼应朱棣，结果被陈质所制，没能成功。

朱允炆在接到燕藩造反的消息后，一方面迅速组织军队前往镇压，以耿炳文为大将军，统帅号称三十六万的大军讨伐燕藩；另一方面祭告天地和宗庙，削去朱棣宗室籍属，诏告天下。诏书中将朱棣与废黜诸王并案处理，甚至连朱元璋的驾崩都归因于朱棣的“不

① （清）张廷玉等：《明史》卷五《成祖本纪一》，中华书局1974年版，第70页。
② （清）张廷玉等：《明史》卷五《成祖本纪一》，中华书局1974年版，第70页。

法”：“昔先皇帝时，棣包藏祸心，为日已久，印造伪钞，阴结人主，朝廷穷极藏匿罪人，先帝震怒，遂以成疾，至于升遐。”① 由此来看，此阶段朝廷的策略比较合理，且占据绝对优势。

但朱允炆同时又下令给北伐将士，“昔萧绎举兵入京，令其下曰：‘一门之内，自极兵威，不仁之极。’今尔将士，与燕对垒，务体此意，毋使朕负杀叔父名”②。朱允炆十分看重自己的名声，而且此时发大军北伐，强弱立判，客观上讲他也没有想到朱棣有任何翻盘的机会，所以下了这样的命令，殊不知这道命令在后来的战事中给了朱棣极大的方便。

然而耿炳文率领的大军，不久就在滹沱河一带被燕军击败，被迫退守真定。燕军围攻真定也不克，双方陷入僵持。朱允炆接到耿炳文战败的消息，便接受黄子澄的建议，以曹国公李景隆代替耿炳文为大将军，统帅前线官军。建文元年九月，李景隆进驻河间，并增调官兵近五十万。然而，李景隆虽然是洪武朝名将曹国公李文忠（1339—1384）之子，但却不是朱棣的对手。朱棣虽然是朱元璋的皇子，但从小在军营长大，成年后又受封燕王，镇守“燕赵门户”北平，在边塞久历战阵，也因此被朱元璋器重，经常令其统帅诸王备边。李景隆则军事经验有限，而且为人贪图小利，之前查抄周王的时候他还索要财物贿赂，可见其人品。

十月，李景隆趁朱棣援助永平之机，率大军围攻北平，却因为燕藩世子朱高炽（1378—1425）的拼死防守和自己的短视贪功而错失攻城良机。朱棣则在解围永平的同时，奇袭在大宁的宁王朱权，收编其部下包括蒙古“朵颜三卫”在内的精锐部队，宁王朱权也被

① （清）谈迁：《国榷》卷十一“建文元年七月”条，中华书局1958年版，第805页。
② （清）谈迁：《国榷》卷十一“建文元年七月”条，中华书局1958年版，第805页。

迫加入燕军。之后朱棣便率军去解北平之围，与李景隆大军在北平郊外的郑村坝会战，李景隆败退德州。因为他撤得匆忙，没有通知北平围城部队，结果被朱棣里外夹攻，围城部队几近全军覆没。这一战，朝廷官军伤亡十余万，之前对北平的包围工事也基本被毁。

朱棣取得大胜，争取了一点主动权，但此时与朝廷的差距依旧悬殊。于是他再次上书朱允炆并传檄天下，从骨肉亲情的角度，解释自己起兵实在是迫不得已，要求朱允炆一定要"奋去巨奸"①。

朱允炆得知官军损失惨重，或许是想争取时间，或许是被朱棣的话蒙蔽，"罢兵部尚书齐泰、太常寺卿黄子澄以说于燕人"②，以茹瑺（1358—1409）接任兵部尚书。但是朱允炆的举措并没有收到令朱棣罢兵的效果，反而暴露了朝廷的懦弱。于是燕军进攻大同一带，扩张势力，而官军却士气严重低落，广昌、蔚州守将相继投降，山西不保。

建文二年（1400）二月，保定府降燕，燕军攻破大同，"自是东自天城、阳和，西自云州、岢岚皆不守。燕人安行取代州，略太原，长驱度井陉"③。李景隆本来率军去增援，但是行动力不及燕军，到达大同时燕军已经离开，空耗辎重。此时蒙古可汗坤帖木儿（1377—1402）和瓦剌首领猛可帖木儿见到朱棣在北方崛起，纷纷遣使交好。朱棣借机上书朝廷求和，朱允炆拒绝，此时朝中有传言，怀疑李景隆勾结燕藩。

同月，朝廷在南京举行会试，"时得吉水王艮，常熟黄钺，莆田陈继之，闽县叶福，皆死壬午国难。庐陵胡广，崇仁吴溥，建安杨

① （清）谈迁：《国榷》卷十一"建文元年十一月"条，中华书局1958年版，第810页。

② （清）谈迁：《国榷》卷十一"建文元年十一月"条，中华书局1958年版，第810页。

③ （清）谈迁：《国榷》卷十一"建文二年二月"条，中华书局1958年版，第814页。

荣，新淦金幼孜，武进胡濙，太康顾佐，皆知名士”①。这次会试相对“靖难之役”在史书上不那么起眼，但其影响却很深远。这次会试选拔的进士在战后分化，有人为朱允炆“殉难”，表率忠贞；有人投奔朱棣，成为永乐朝的股肱，为永乐朝的繁荣与安定做出了巨大贡献。例如，“赐胡广、王艮、李贯等进士及第出身有差。上欲首艮，寝其貌，易胡广，赐名靖。其对策云：‘亲藩陆梁，人心不摇’，上善之。后艮殉难，靖归附，仍名广”②。朱允炆本来看中王艮（1368—1402）的才学，但以貌取人，改点胡广（1370—1418）为头名，并赐名“靖”，寄以“靖国安民”的厚望，胡广也深谙朱允炆心理，对策深得朱允炆欢心。但最后王艮殉难死节，胡广却投奔了朱棣，名字也改回“广”，想来也真让人唏嘘。

四月，李景隆再次集结大军，与武定侯郭英、安陆侯吴杰等部相约北伐北平，兵力达六十万，号称“百万”，朱棣遂率领马步军二十万与官军在白河沟决战。起初，官军先锋平安以伏兵挫败燕军，大都督瞿能英勇善战，李景隆也率领大军包抄燕军阵地，朱棣一度陷入苦战，“燕庶人马三创三易，射矢尽三橐，提剑左右击。剑缺，遂稍却，迫重堤，瞿能几及之”③。如果没有之前朱允炆不伤叔父的命令，可能朱棣此时已经战死沙场。

不久，瞿能父子再次发起冲锋，越嶲侯俞通渊也率军参战。在这危急时刻，李景隆帅旗被风吹折，趁官军诧异之时，朱棣派精锐骑兵绕至官军后方顺风纵火，同时挥师全力反击。官军战线崩溃，瞿能父子、俞通渊等将领阵亡，李景隆败走德州，官军伤亡十余万。

① （清）谈迁：《国榷》卷十一“建文二年二月”条，中华书局 1958 年版，第 814 页。

② （清）谈迁：《国榷》卷十一“建文二年三月”条，中华书局 1958 年版，第 815 页。

③ （清）谈迁：《国榷》卷十一“建文二年四月”条，中华书局 1958 年版，第 816 页。

燕军随后追击李景隆，于月漾桥再战，杀溺蹂躏死者数万，招降十余万，李景隆单骑逃命，残余部队由魏国公徐辉祖指挥撤退。白河沟之战，建文朝廷损失更为惨重，官军被迫转入守势。

五月，李景隆弃德州奔济南，结果再败于济南城外，燕军遂包围济南。但济南城中参政铁铉和左都督盛庸等人善于守城，朱棣围城三月而不克。朱允炆见战事吃紧，一方面遣使求和，结果失败；另一方面派平安率军二十万，攻击燕军粮道。朱棣被迫撤回北平，济南之围解除，平安与盛庸会师夺回德州。

朱允炆于是晋升铁铉为山东布政使，不久领兵部尚书衔。八月，朱允炆召回李景隆，命左都督盛庸为平燕将军、总兵官，右都督陈晖、平安为左、右副将军，再次集结兵力北伐，随着济南解围，朝廷转守为攻。时人纷纷传说李景隆私通燕藩，所以作战不力，黄子澄等人请求诛杀李景隆，但朱允炆不听。

朱棣听闻官军再次北伐，先下手为强，攻下沧州，建文二年十一月到达临清，攻击官军粮道，发挥燕军行动力强的优势，转攻山东南部，迫使盛庸大军南下。盛庸将计就计，于东昌（今聊城）布阵。十二月，燕军到达东昌，盛庸引诱朱棣突入，进而包围，朱棣奋战，被大将朱能率军救出，但是燕军损失惨重，大将张玉战死。平安率军合击，燕军被迫撤退，因朱棣亲自率军殿后而保全残部。东昌之战是朱棣起兵以来遭受的最大损失，也是官军取得的第一次大捷，朱允炆大喜，于建文三年（1401）正月恢复齐泰、黄子澄官职。

二月，朱棣率军攻打盛庸，双方互有胜负。三月，两军在夹河会战，朱棣充分利用朱允炆禁杀叔父的命令，不断打击官军士气，最后趁风沙以骑兵冲破盛庸的火器阵线，杀伤数万。盛庸败走德州，吴杰、平安引兵准备会合，闻盛庸已败，遂退回真定。燕军趁机攻下顺德、广平、大名等地。朱允炆因为夹河之败，“复谪齐泰、黄子澄，谕燕罢兵”①。朱棣回书拒绝和谈，方孝孺等建议朱允炆用和谈拖延时间，将齐泰、黄子澄等明示贬出地方，暗中为朝廷募兵。

闰三月，朱棣进军真定，与平安、吴杰于藁城会战，朱棣再次取得胜利，官兵伤亡六万余人。六月，朝廷与燕藩的谈判破裂，朱棣率军南下攻击官军粮道，奇袭沛县，使官军损失粮食数百万石，京师大震，德州的盛庸陷入窘境。七月，平安率军进攻北平，朱棣于是分兵回援。九月，平安退回真定。方孝孺献上反间计，打算封朱高炽为燕王，使燕藩父子反目，结果失败。十月，朱棣率军打败从大同赶到易州的官军，之后回到北平，研究新的战略。

此时距朱棣起兵已有两年多，尽管燕军在对盛庸、平安等人的作战中屡战屡胜，但经常因兵力和补给有限，受后方牵绊而退兵。战果无法扩大，新占领地区也无力据守，实际上长期占据的地区只有北平、保定和永平，如此的拉锯战持续下去对燕藩很不利。于是朱棣决心采纳谋士道衍（1335—1418）的建议，不再与盛庸、平安等纠缠，率主力南下，决战京师。建文三年十二月，朱棣率燕军主力开拔，朱允炆闻报命驸马都尉梅殷驻守淮安。第二年正月，朱棣挫败平安的拦截，沿途过关拔城，前锋直达徐州，朱允炆紧急命魏国公徐辉祖率兵增援山东。

建文四年三月，朱棣绕过徐州，进逼宿州，击败宿州出战部队和平安的追击部队，与铁铉所部交战，互有胜负。四月，于齐眉山和徐辉祖的援军交战，燕军失利。就在燕军内部产生动摇的时候，徐辉祖却被朱允炆召回，“南军树碑相庆。捷闻，廷臣有曰：‘燕且北矣，京师固不可无良将。’上遽召辉祖还”②。朱允炆君臣显然低

① （清）谈迁：《国榷》卷十一“建文三年闰三月”条，中华书局 1958 年版，第 824 页。

② （清）谈迁：《国榷》卷十二“建文四年四月”条，中华书局 1958 年版，第 832 页。

估了朱棣的意志力和燕军的战斗力。

四月底，燕军进攻官军在灵璧的阵地，切断官军粮道，朱棣亲自率军截断平安部队。官军粮尽突围，但因为号令失误而陷入混乱，燕军全力进攻，官军全军覆没，灵璧之战很意外地结束了。此战官军遭受重创，“都督平安、陈晖、马溥、徐真，都指挥孙成等三十七人；监军礼部左侍郎山阴、陈性善，大理寺丞万安、彭与民，钦天监副刘伯完，指挥王资等百五十余人，皆见执。降数万人，获马二万”①。一瞬间，长江以北的局势就彻底变化了，燕军遂进军东南。

五月，朱棣突破盛庸的防线，渡过淮河，继续南下，扬州、高邮降。朱允炆派庆成郡主和谈，被朱棣拒绝。六月初一，盛庸阻挠燕军渡长江，被朱高煦援军所败。六月初三，朱棣于瓜州渡江。六月八日，燕军驻扎龙潭。此后朱允炆听从方孝孺建议，踞守南京，同时派李景隆、茹瑺与朱棣谈判，割地求和，亦被朱棣驳回。又遣谷王朱橞、安王朱楹等前往谈判，均告失败。“诸王还报，上会群臣恸哭，或劝幸浙江，或曰‘不如从湖湘入蜀’，方孝孺请坚守待援，议不决。乃遣魏国公徐辉祖、开国公常升，分道御战。”② 召唤勤王兵的密信蜡丸均被燕军截获，燕军遂逼近京师。十三日，燕军到达京师城外，左都督徐增寿内应失败，被朱允炆诛杀于左顺门，镇守金川门的谷王朱橞、曹国公李景隆开门迎降，京师遂陷。当日宫中火起，朱允炆不知所踪，历时四年的“靖难之役”至此结束。

四、“靖难之役”对明初国家“文治”转向趋势的影响

“靖难之役”几乎伴随建文朝始终，并成为永乐朝政治的起点性

① （清）谈迁：《国榷》卷十二“建文四年四月”条，中华书局 1958 年版，第 833 页。

② （清）谈迁：《国榷》卷十二“建文四年六月”条，中华书局 1958 年版，第 836 页。

事件，其影响的层面很广，这里只谈谈其对国家“文治”转向的影响。首先我们来分析一下建文朝的“文治”得失，作为“靖难之役”失败方，建文朝得失是朱棣施政的重要参照。

通过前文可知，朱允炆是一位标榜“文治”的皇帝，其政风相对于洪武朝要宽松许多，除了对亲王宗室群体比较严苛外，对文臣、百姓都要宽仁许多。在他的身边聚集了齐泰、黄子澄、练子宁、方孝孺、茹瑺等文臣，他们都具备一定的儒学功底，尤为可贵的是朱允炆对他们十分信任与倚重，使他们颇有“知遇”之感。这与朱元璋中后期紧张的君臣关系形成了鲜明对比。

从朱允炆的施政来看，他在努力打造一个“文治”政府，“建文”这个年号在一定程度上承载着政治愿景。尽管在与燕藩交战，建文朝科举也没有停辍，成功地选拔出一批人才。虽然这批人才在内战中分化，但这也与朱允炆重视人才分不开，他们在永乐朝发挥了更大的作用。朱允炆对文臣的信任度，也较朱元璋要高很多，例如他派文臣巡视地方，体察民情，同时授予他们一定的处置权限。“户部右侍郎夏原吉、给事中徐思敬等二十四人，充采访使，巡行天下，问民瘼，课吏治，皆得便宜行之。”① 朱元璋也会派人巡查，但对官员处置事务的权限十分限制。

朱允炆还对学士制度和翰林院等机构进行了改革。

> 改大学士为学士，华盖、文华、武英、正心殿、文渊阁，各学士一。各殿增待诏、典籍，革东阁大学士。乙巳，增翰林院承旨一、学士一。省侍读、侍讲学士。置文翰、文史二馆，改中书为侍书，隶之。石首杨敬为修撰、孙子敬为检讨，归州

① （清）谈迁：《国榷》卷十一“建文元年二月”条，中华书局 1958 年版，第 796 页。

梅遇春为左春坊左司谏，国子助教汉川胡灏为检讨。①

馆阁学士与翰林院的改革，以及文翰、文史二馆的增设，属于制度建设，意味着在为建文朝日后某种设计做准备，但是随着朱允炆失位，这种历史进程被打断，无法了解其进一步的意图。但根据其实施的各项政策，可以猜想，与后世内阁制度大体思路相似。

朱允炆对文臣十分礼遇，对他们提出的宽政建议也大多接受。例如，建文二年，“八月癸巳朔，承天门灾，诏求直言。礼部尚书陈迪言清刑狱、恤流民数事；户科给事中陈继之请捐公私逋负，江南僧道多占腴田、蚕食百姓，宜限给之；皆见采纳”②。

但是，朱允炆对于劝说他与藩王和解、放缓削藩策略的建议是很抵触的，方孝孺曾劝说朱允炆“亲亲”，削藩不可过于刚猛，朱允炆没有采纳。前军都督府左断事高巍上书主张采用汉武帝时的“推恩令”：“贾谊曰：‘欲天下治安，莫要于众建诸侯而少其力。’力少则易使以义，国小则无邪心，真裁制诸侯之长策也。今盍师其意，下推恩之令，命秦、晋、燕、蜀四府子弟，分王于齐、兖、吴、楚、湘、潭。齐、兖、吴、楚、湘、潭，分王于秦、晋、燕、蜀，其余皆然，则藩王之权，不削而自弱矣。”③ 朱允炆觉得他很有才能，于是命其随军出征燕藩，但没有采纳他的建言。高巍到达前线后，还自愿为使节前往燕藩，劝说双方罢兵，同时张扬官兵威势，探查燕藩虚实。

同月，监察御史韩郁也上书建议放缓“削藩”，对官军讨伐燕藩

① （清）谈迁：《国榷》卷十一“建文二年八月”条，中华书局 1958 年版，第 819 页。

② （清）谈迁：《国榷》卷十一“建文二年八月”条，中华书局 1958 年版，第 819 页。

③ （清）谈迁：《国榷》卷十一“建文元年九月”条，中华书局 1958 年版，第 807—808 页。

的军事行动予以批评，认为劳民伤财，直接点明是朱允炆“逼反”了朱棣：

> ……言者曰：“二叔流言，周未尝不诛也；六国反叛，汉未尝不削也。”遂使周王播迁，谷王流离，于是齐王废，湘王焚，代王遣，岷王又见告矣。诸王自为计，必曰：‘兵不举，祸必结。’是陛下激之也。燕王举事两月矣，前后调兵不下五十余万，有一矢之获乎？经营已久，军兴辄乏，将士挺败，徒令中原赤子，困于输战，九重之忧方深，帷幄之计弥覈，日甚一日。语曰：“亲者割之不断，疏者续之不坚。”臣恐陛下不察，不待十年，必有噬脐之衅。伏惟兴灭继绝，释齐、代、岷之囚，封湘王之墓，还周王京师，迎楚、蜀为周公，俾各命世子持书劝燕，罢兵守藩，以慰宗社之灵，明诏天下，拨乱反正，笃厚亲亲，宗社幸甚！①

这份上书言辞比较激烈，站在儒学的“亲亲”伦理立场反对战争，朱允炆没有采纳，但也没有对韩郁进行处分，相对于朱元璋对待建言的态度，朱允炆明显要宽仁很多，这与朱允炆精心维护的“文治”君主形象有关。

建文二年十月，“山西清远卫卒罗义，扣燕投书请罢兵，复诣阙上言：‘天子当笃亲亲，厚诸父，已北征之役。’上不悦，下之狱”②。此时燕军和官军已经经过数次大规模交战，官军损失惨重，朱允炆十分焦虑。在这个时候，清远卫的士兵罗义居然也上书要朱

① （清）谈迁：《国榷》卷十一“建文元年九月”条，中华书局 1958 年版，第 808 页。

② （清）谈迁：《国榷》卷十一“建文二年十月”条，中华书局 1958 年版，第 820 页。

允炆“亲亲”罢兵，其身份既不是儒生也不是文臣。这次朱允炆没有客气，将罗义下狱。可以看出，朱允炆的宽仁是对于文臣、儒士而言的，他并非无条件纳谏。

但总体而言，建文朝君臣关系比较融洽，尤其是在政风肃杀的洪武朝之后，这份融洽甚为难得。但建文朝的“文治”转向进程最终被“靖难之役”中断，因此失位的朱允炆很受文人群体的同情。

朱允炆还经常下诏减免赋税，包括洪武朝规定征以重税的江浙地区，所以在民间也有一定美名。随着朱棣“革除”建文朝政策，这些“善政”也都被取消了，明代政风一度重归肃杀，于是很多文人与士绅更加怀念朱允炆和建文朝的“善政”。

京师陷落时朱允炆下落不明，留给后世一个谜团，使很多地方出现朱允炆逃亡的传说，客观上也反映了人们对建文朝政风的怀念。但是，必须承认的是，无论朱允炆本人最终归宿如何，作为政治人物的朱允炆在京师陷落那一刻就已经死亡了，再也没有出现记载他政治活动的史料。

朱允炆和朱棣虽然是君臣关系，却又是朱棣的晚辈，这使朱允炆在面对诸王叔父时颇为尴尬，朝会典仪曾反映出这种特殊关系，“凡来朝，冕服见天子毕，次见东宫于文华殿，四拜坐受，始叙家人礼于后殿，王西向坐，太孙东向四拜，已叙坐，太孙中席南向，诸王列左右。而诸王并尊属，多不悦，藩衅开矣”①。先为君臣礼，后叙家人礼，符合“尊尊亲亲”之义，但长幼、尊卑之间有了矛盾，这让爱惜声誉的朱允炆在日后“削藩”之时多有掣肘。当然，朱允炆失败的主要原因还在于战略失误和性格优柔，导致用人失当，坐失良机，最终被朱棣击败。

朱棣进入京师后第一件事是对政敌进行清算。齐泰、黄子澄、

① （清）谈迁：《国榷》卷十一，中华书局1958年版，第786页。

练子宁、铁铉、方孝孺等人被残忍杀害，其亲属、族人也惨遭屠杀与迫害，后世有“瓜蔓抄”的说法，曾经主试应天的“文宗”方孝孺的学生、朋友更是被株连。除了被朱棣捉拿、处决的官员以外，也有为朱允炆自尽殉节者，如前文提到的王艮。

朱棣对建文朝官员的清算，使得永乐朝的政风重归肃杀，这使朱棣的形象严重受损，并与宽仁的朱允炆形成鲜明的对比，后者与殉难诸臣更加被后人同情，于是在明中期以后形成了一系列“殉难忠臣”的“殉难事迹”，尤以方孝孺“诛十族”的故事最为惨烈。①

黄宗羲在《明儒学案》中慨叹方孝孺的殉难：“既而时命不偶，遂以九死成就一个是，完天下万世之责。其扶持世教，信乎不愧千秋正学者也。考先生在当时已称程、朱复出，后之人反以一死抹过先生一生苦心，谓节义与理学是两事，出此者入彼，至不得与扬雄、吴草庐论次并称。于是，成仁取义之训，为世大禁，而乱臣贼子，将接踵于天下矣。悲夫！”② 黄宗羲在《明儒学案》之首作《师说》，而方孝孺是其评价的首位明代大儒，方孝孺生前被称为“程、朱复出”，理学造诣很高，最后尽忠而死，实践了“舍生取义”。

但是因为“诛十族”的惨烈传闻，后世有人认为方孝孺之死不值得，黄宗羲对此进行激烈批评，认为方孝孺之死和族人、学生、朋友受到株连，应谴责的是“天性刻薄”的朱棣，而非守持忠义的方孝孺。黄宗羲作《明儒学案》已是明末清初之时，他痛定思痛，总结明亡的教训，指明士大夫丧失气节是明朝人心离散的重要原因，

---

① 方孝孺殉难事迹与“诛十族”的叙事演化，是一个漫长的历史过程，方孝孺成为士大夫气节的榜样，但是尽管方孝孺的亲属、族人、学生、朋友都惨遭株连，受难人数达七百多人，“诛十族”这个事情本身却并非史实，关于该问题的具体考证可以参见拙作《方孝孺殉难事迹的叙事演化与“诛十族”说考》（《史学月刊》2014 年第 5 期）。

② （清）黄宗羲：《明儒学案》卷首《师说·方正学孝孺》，中华书局 2008 年版，第 1 页。

而这个离散的起始，应该归咎于朱棣杀死了“坚守臣道”的方孝孺。当然，黄宗羲的这个批判，距离“靖难之役”已有二百余年，很多地方值得再讨论，也有一些感情因素在里面，但是他指明了朱棣杀戮方孝孺及其亲属、族人、学生对明代儒学、理学的破坏作用，历史眼光非常独到。

方孝孺与殉难众臣身上承载着“忠君死节”的意义，而朱棣则是“造反夺位”的反贼，在礼教上朱棣以臣犯君，但他凭借强大的政治、军事实力，造成了既定的事实。然而，军事上的胜利不能自然地使朱棣获得政治合法性，他必须对自己的叛乱行为做出一个合乎国家制度和传统规范的解释，这也是巩固统治秩序的需要，他也不能无视洪武朝三十一年“重礼重刑”的政治文化传统。

于是在屠杀结束后，朱棣对这场清算做出相应的司法解释，将其定为“奸臣逆党”，然后解释说：由于这些奸臣逆党的存在，危及了国家社稷的安危，他不得已起兵“靖难”，与自己造反时的口号相吻合。

《国榷》依据《奉天刑赏录》等史料整理出当时朱棣清算的政敌名单：

其左班奸臣：太常寺卿黄子澄，兵部尚书齐泰，礼部尚书陈迪，都察院左副都御史练安，翰林侍讲方孝孺，礼部侍郎黄观，大理寺丞邹瑾，少卿胡闰，户部侍郎郭任、卢迥，刑部尚书侯泰，侍郎暴昭，户科给事中陈继之，工部尚书郑赐，右侍郎黄福，前监察御史尹昌隆，吏部尚书张紞，侍郎毛泰，监察御史董镛、曾凤韶、王度、高翔、魏冕，宗人府经历宋徵，户部主事巨敬。已，又榜奸恶官员：具如前，首方孝孺。加户部尚书王钝，礼部侍郎黄魁，左拾遗戴德彝，兵科给事中韩永，燕府左长史葛诚，翰林修撰王叔英，衡府纪善周是修，护卫指挥卢振，沛县知县颜伯玮，北平左布政使张昺，户部侍郎卓敬，兵部尚书铁铉，兵部郎中谢升，户科给事中龚泰，副都御史茅大方，徽州知府陈彦回，萧县知县郑恕，锦衣卫都指挥使总兵官都事宋忠，苏州知府姚善，刑部侍郎胡子昭，左佥都御史周璿，南昌知府叶惠仲，参军高巍，德庆侯廖镛，魏国公徐辉祖。①

最初的“奸臣”名单以力主“削藩”的黄子澄为首，后来又有增补的新名单出炉。新名单改以方孝孺为首，可见朱棣对方孝孺拒绝草拟即位诏的愤怒。葛诚本是燕藩长史，正是揭发朱棣装病之人。廖镛作为方孝孺的学生被株连。徐辉祖虽然是朱棣的妻舅，但始终尽忠建文朝，而且领兵有方，曾令朱棣十分头疼。靖难之役后，朱棣便把他削去爵位，禁锢家中直到去世。而对于曾经劝说朱允炆亲睦宗亲罢兵休战的人，朱棣则有所封赏。例如，“庚辰，释清远卫卒罗义狱。擢户科给事中”②。

朱棣做的第二件大事就是顺利即位。他在即位诏中称：“朕于是驻师畿甸，索其奸回，庶几周公辅成王之谊。而乃不究朕怀，阖宫自焚，自绝于宗社，天地所不庇，鬼神所不容。事不可止，朕乃整师入京，秋毫无犯。诸王、大臣谓朕太祖之嫡，顺天应人，天位不可以久虚，神器不可以无主，上章劝进。朕拒之再三而不获，乃俯徇舆情，于六月十七日即皇帝位。所有合行庶政，并宜兼举。”③ 朱棣明确声称自己一直是要效仿周公辅佐成王的，然而“成王”自焚，

① （清）谈迁：《国榷》卷十二“建文四年六月”条，中华书局 1958 年版，第 848 页。

② （清）谈迁：《国榷》卷十二“建文四年六月”条，中华书局 1958 年版，第 852 页。

③ 《明太宗实录》卷十“洪武三十五年秋七月壬午朔”条，影印台北“中研院”史语所校勘本。

已经自绝于宗社、天地、鬼神，甚为可惜。以此为自己废除建文朝政策和贬低朱允炆的身份做铺垫。

还应注意的是，即便有《皇明祖训》为依据，朱棣的合法行为也只限于起兵“清君侧”，并无夺位的合法依据。因而朱棣申明他没有“夺位”之心，而是拾取了因朱允炆自绝而不能久虚的皇位，所以他继承的皇位合法性直接来源自朱元璋，朱允炆必须被“革除”，遂将建文年号取消，改建文四年为洪武三十五年，第二年为永乐元年（1403），朱允炆去帝号，称建文君。明代后来有大量文献描述朱允炆“出亡”，虽其真伪难以确考，但仍可以看出人们对朱棣即位诏中关于朱允炆自尽的说法保持怀疑。

根据《国榷》的“奸臣”名单可知，朱棣的清算导致六部、都察院、翰林院等机构主、次官几乎全部殉难，大量儒生也受到株连，很大程度上给明初儒学和理学的发展留下阴影。但是也有一批建文朝官员选择加入永乐朝新政府，填充六部、翰林院、都察院等机构的空额，成为永乐朝“文治”转向建设的重要力量。胡广、杨荣（1372—1440）、金幼孜（1368—1432）、夏原吉（1366—1430）、蹇义（1362—1435）等人是其中的佼佼者。虽然朱棣对待政敌十分残忍，但他也很注意人才的选用，因此杨士奇（1365—1444）、解缙（1369—1415）等人也得到提拔，这些文臣为消减“靖难之役”负面影响做出了很大贡献。

当然，朱棣不仅仅要在礼教和司法上解释自己的合法性，还需要在实际执政中取得超过洪武朝的成就，才可以进一步证明自己“夺位”的合理和正确。这是永乐朝一系列文治武功的出发点，也是朱棣个人雄心壮志的诉求。

洪武朝“重礼重刑”的政治文化与肃杀政风、建文朝夭折的“文治”转向，共同构成了永乐朝官方学术与文化的发展土壤，而对“四书学”史而言，永乐朝出现了对后世影响深远的《四书大全》。

第二节 《四书大全》的编修与“文治”影响

洪武朝历时三十一年，儒学与礼教已经成为国家政治意识形态，而且随着理学与“四书学”教育的发展，儒学在全社会得到进一步重视，“四书”在上至皇帝宗室下至平民阶层的教育中发挥了越来越重要的作用。儒家思想借此继续巩固其在明代思想领域的势力，程朱理学也借以光大门庭。儒家经典所带来的影响是自上而下的，上自帝王宗藩的讲习，下至平民的入学从教，每个阶层都出于各自的目的，以不同的方式成为诸如“四书”“五经”之类儒家经典的受众。例如，方孝孺曾为蜀王朱椿的老师，为其讲授经学；建文四年自尽殉节的周是修，曾编有《论语类编》，担任衡府纪善。洪武朝科举选官也需要“四书学”基础，越来越多的官员具有“四书学”背景。

作为造反夺位的皇帝，朱棣必须正视这一文化现实，并采取有利于自己统治的“文治”举措，编修《四书大全》就是其中的重要一步。“靖难之役”后的大屠杀，使永乐朝政风重归肃杀，为了捉拿“奸党”，朱棣还恢复了锦衣卫的司法功能，北镇抚司重掌诏狱。永乐后期，因为迁都北京等事宜，朱棣与百官有所冲突，于永乐十八年（1420）又设立了新的特务机构“东厂”，由宦官负责侦缉宗亲、百官，同时掣肘锦衣卫，以防锦衣卫势力独大。

但是朱棣也清楚，治国理政不能完全肃杀，所以他也进行了一系列“文治”建设，一方面是维护自己的统治和满足自己的雄心壮志，另一方面也是为明朝的未来着想。编修大批文献，包括《永乐大典》等就是他的“文治”成就，“四书学”的发展也因此受到了影响。最大的影响就是《四书大全》的编修与官方教材化。

一、《四书大全》的编修背景

《四书大全》与《五经大全》《性理大全》同时编修，属于朱棣对经典的整理、结集成果。永乐十三年（1415），“三《大全》”编成，朱棣亲自为之作序。而考究其编修背景，主要有以下五个方面。

1. 消弭“靖难之役”负面影响的需要

“四书学”在社会的普遍传播是《四书大全》得以产生的宏观背景，而朱棣的登基则是直接原因。朱棣希望通过修纂图书典籍表现“右文崇儒”的姿态，以平抚战乱和清算政敌带来的君臣紧张。所以，清代孙承泽认为，“靖难之举，不平之气，遍于海宇，文皇借文墨以销垒块，此实系当日本意也”①。而编修图书典籍，一方面可以促进文化教育的发展，另一方面正好可以缓和这种紧张的氛围。唐太宗和宋太宗的即位在合法性上也多被人诟病，他们便将编修典籍发展文化作为自己获得士大夫和儒生支持的策略之一。当然，朱棣效仿更多的是唐太宗，他也效仿唐太宗建立武功，多次亲征漠北。

当然，从《五经大全》《四书大全》《性理大全》的编修规模和编修时间来看，“三《大全》”凸显“文治”和“盛世修书”的效果并没有《永乐大典》明显。

《永乐大典》修成于永乐五年（1407），凡22211卷，11905本。该书据朱棣御制序文称，“包括宇宙之广大，统会古今之异同，巨细粲然明备，其余杂家之言，亦皆得以附见，盖网罗无遗，以存考索，使观者因韵以求字，因字以考事，自源徂流，如射中鹄，开卷而无

① （清）孙承泽：《春明梦余录》卷十二，《文渊阁四库全书》本，子部杂家类第174册。

所隐”①。作为一部历史上最大规模的类书，《永乐大典》成了明代“文治”的最大成就。

但是，《永乐大典》并非儒学专书，对于朱棣彰显自己“尊儒”没有太多的价值，所以必须得有对儒学经典的编修成果，才能在国家核心治国理念上塑造自己的正统性，更大范围地收拢离散的儒生之心。而且《永乐大典》部头过大，其流通几乎是不可能的。历史上《永乐大典》只有一套副本，正本至今下落不明，有人怀疑毁于明清交替时的战火，亦有人怀疑可能藏于明世宗朱厚熜（1507—1567）的永陵中，副本则在晚清战火中大量散佚，残本只剩约 400 册。所以《永乐大典》对社会的实质影响力很小，对于更广大的儒生而言，《永乐大典》只是朱棣的文化形象工程而已。所以，朱棣必须编修一套规模适于推广且与儒学紧密联系的典籍。

2. “圣王”政治思想的延伸与统一思想的现实需要

虽然朱棣通过篡位的形式登基，但是相比朱元璋他更重视宣扬儒家伦常教化以巩固自己的统治。他在位期间屡屡下诏修书，种类广涉经史百家，尤其善于利用儒家伦理思想的著作进行思想上的教化，上至依照理学思想原则编修的皇室教材《圣学心法》，下至颇具民间信仰意味的《为善阴骘》《孝顺事实》等著作。他将儒家理学的道统论和自己的正统性结合在一起，继承发扬了朱元璋的“圣王”观念，而且有了更贴近理学的解释，这点在他给《五经四书大全》的御制序文中表达得很清楚：

> 朕惟昔者圣王，继天立极，以道治天下。自伏羲、神农、皇【经义考为“黄”】帝、尧、舜、禹、汤、文、武相传授

① 《明太宗实录》卷七十三“永乐五年十一月乙丑”条，影印台北“中研院”史语所校勘本。

受，上以是命之，下以是承之，率能致雍熙悠久之盛者，不越乎道以为治也。下及秦、汉以来，或治或否，或久或近，率不能如古昔之盛者；或忽之而不行，或行之而不纯，所以天下卒无善治。人不得以蒙至治之泽，可胜叹哉！夫道之在天下，无古今之殊，人之禀受于天者，亦无古今之异，何后世治乱、得失与古昔相距之辽绝欤？此无他，道之不明、不行故也。道之不明、不行，夫岂道之病哉？其为世道之责，孰得而辞焉。夫知世道之责在己，则必能任斯道之重而不敢忽，如此则道【经义考有“岂有”二字】不明、不行，而世岂有不治也哉？

朕缵承皇考太祖高皇帝鸿业，即位以来，孳孳图治，怕【经义考为“恒”】虑任君师治教之重，惟恐弗逮功【经义考为“窃”】思帝王之治，一本于道。所谓道者，人伦、日用之理，初非有待于外也。厥初圣人未生，道在天地；圣人既生，道在圣人；圣人已往，道在“六经”。“六经”者，圣人为治之迹也，六经之道明，则天地圣人之心可见，而至治之功可成；六经之道不明，则人之心术不正，而邪说暴行侵寻蠹害，欲求善治，乌可得乎？朕为此惧。乃者命儒臣编修《五经》《四书》，集诸家传注而为《大全》。凡有发明经义者取之，悖于经旨者去之。又辑先儒成书及其论议、格言，辅翼《五经》《四书》有裨于斯道者，类编为帙，名曰《性理大全》。书编成来进，【经义考有“总二百二十九卷”】朕间阅之，广大悉备，如江河之有源委，山川之有条理，于是圣贤之道粲然而复明。所谓考诸三王而不缪【经义考为“谬”】，建诸天地而不悖，质诸鬼神而无疑，百世以俟圣人而不惑。大哉圣人之道乎！岂得而私之，遂命工【经义考有“悉以”】锓梓颁布天下，使天下之人获睹经书之全，探见圣贤之蕴，由是穷理以明道，立诚以达本，修之于身，行之于家，用之于国，而达之天下，使家不异政，国不殊俗，大回淳古之风，以绍先王之统，以成熙皞之治，将必有赖于斯焉。遂书以为序。①

朱棣首先叙述“圣王”道统，点明夏、商、周三代之所以长治久安，而三代以下却无善治，根源在于后世不明、不行“道”。现在他接续了朱元璋的“圣王”重任，要以“道”治理天下，规训天下人循“道”依“理”生存，教育的内容就由“五经”“四书”承载，教育的目的是“正心术”。这篇序文充斥着理学化的君主政治话语，可见朱棣对理学的熟悉、理解和运用水平。编修《五经大全》《四书大全》《性理大全》，要达到圣王、天地、鬼神都接受的效果，这表达了朱棣对于这次经典大结集的自信。至于编修的目的，则是思想统一与文化复古。前者是为了现实统治与教育需要，后者接续了朱元璋的文化“复古”事业，彰显自己是朱元璋意志的真正传人。

3. 宋、元以来学术发展和永乐朝“文治”政策的内在理路需求

从学术发展的内在理路而言，宋、元以来众多的“四书学”著作成为明初学者学术整合的丰富资源，客观上支持了《四书大全》的问世。

朱熹将“四书”结集并建立了以“四书学”为学术形态的理学思想体系，但是这个体系是开放的，其诠释空间很大，也给后人留下了很多值得进一步探究的课题。这点可以从朱熹临终前还在修改《大学诚意章》看出来。所以，朱熹之后的“四书学”学者根据各自对理学的不同认知，对“四书学”的诠释也有不同，留下了很多“四书学”著述。

---

① 该序文可见于《明太宗实录》卷一百八十六“永乐十三年九月己酉”条，影印台北“中研院”史语所校勘本。此外该序文还可见于（清）朱彝尊：《经义考》卷二百五十六《四书五经·四书大全》，《文渊阁四库全书》本，史部目录类第679册。文字有些出入，已在文中以【】标出。

明朝建国以后，朱元璋下诏编修《群经类要》，用俗语来诠释经典，推广于天下，“四书”也涵盖在其中，但是并没有对“四书学”进行更专门的总结，也没有对宋元以来理学的诸多成果进行整理。对朱棣而言，这是文化建设中的一个空白，更何况永乐五年《永乐大典》已经完成，客观上也为“四书学”和理学的整理提供了便利的条件。

从政治文化的现实影响而言，朱棣需要“四书学”和理学为自己提供政治文化支持。朱棣的皇位是武力造反夺取的，所以他天然没有朱元璋的那份自信。朱元璋的“华夏复兴”和“文化复古”旗号相对粗放，朱棣则需要对自己的皇位正统性进行更加精致的辩护。理学为朱棣提供了更为有力的理论支持，“缵续道统”才是“圣王”的更高标准，所以朱棣与理学的结合相对于前代帝王都更进一步。

他表现得比朱元璋更加亲近儒生，尽管他否定了建文朝的诸多政策，即所谓“革除”，但他也不得不在某种程度上效仿建文朝。例如，永乐四年（1406）三月十五，“上亲行释奠礼，命吏部尚书蹇义、户部尚书夏原吉、翰林学士解缙、祭酒胡俨分献十哲两庑，毕，上御彝伦堂，祭酒胡俨讲《尚书·尧典》，司业张智讲《易·泰卦》。上谕之曰：‘六经圣人之道，昭揭日星，垂宪万世，朕与卿等皆勉之。’遂命光禄寺赐百官茶。赐翰林院学士兼右春坊大学士解缙等六员二品金织罗衣各一袭”①。朱棣亲自释奠先师孔子，而且对大臣进行赏赐，赐百官茶，扬言学习“六经”并与百官共勉，通过《明太宗实录》的记载，可以想见儒臣们受到鼓舞的情形。对于向天下标榜崇尚儒学、尊重理学道统的朱棣，不主持进行儒学经典和儒家学术相关的整理，亦与理不通，无法服众。

---

① 《明太宗实录》卷五十二“永乐四年三月辛卯朔”条，影印台北“中研院”史语所校勘本。

4. 朱棣建立自身功业的诉求

虞万里在《有关〈永乐大典〉几个问题的辨证》一文中，通过比较洪武、永乐两朝御制和敕编的书籍，“与太祖所敕撰书对照，可见成祖时时有超过乃父之心态。太祖编《储君昭鉴录》，成祖便增饰之以成《文华宝鉴》；太祖编《寰宇通志》《洪武志书》，成祖亦诏修天下郡邑志书；太祖御注经书如《尚书》《洪范》等，成祖便敕命编《五经四书性理大全》260卷；太祖编《臣戒录》《相鉴》，成祖编《历代名臣奏议》350卷；太祖编《洪武南藏》，成祖编《道藏》《永乐北藏》，其求胜之心于此可窥一斑”①。由此可以发现，“《永乐大典》是缘《类要》《文献大成》发展而成的必然产物，而不是‘文皇借文墨以销垒块’、‘老英雄’策略下所产生的巨帙”②。以此类推，朱棣对其父朱元璋的竞争与超越心态也是《五经四书性理大全》编修的因素之一，与消弭“靖难之役”负面影响的目的也不冲突。

5. 明代科举选官的客观需要

从经学发展史来看，唐太宗李世民（599—649）诏令文臣以十数年之力编成《五经正义》，综合南北朝经学成就而为唐朝官方经学的标志性成果。此后《五经正义》作为科举教材，统一天下儒生思想与学术，彰显皇帝威仪，使自己的合法性也得到一定程度的巩固。

朱棣与唐太宗一样，皇位正统性天然不足，唐太宗可以做的事，朱棣自然会效仿。更何况，客观来讲，唐中后期至明初已经过去六百多年，程朱理学诠释下的经学与唐初南北混一的经学自有不同，明代国家科举选官也需要一套符合时代需求与文化实际的标准教材，所以《五经四书性理大全》的编修也就在情理之中。

---

① 虞万里：《有关〈永乐大典〉几个问题的辨证》，《史林》2005年第6期。

② 虞万里：《有关〈永乐大典〉几个问题的辨证》，《史林》2005年第6期。

二、《四书大全》的编修过程与人员安排

基于上述考虑，永乐十二年（1414）十一月，朱棣命胡广等人将诸多儒学学者对《五经》《四书》的诠释之言以及宋儒性理之言各自汇编成集成性的著作。据《明太宗实录》载：

> 上谕行在翰林院学士胡广，侍讲杨荣、金幼孜曰："《五经》《四书》，皆圣贤精义要道，其传注之外，诸儒议论有发明余蕴者，尔等采其切当之言，增附于下。其周、程、张、朱诸君子性理之言，如《太极通书》《西铭》《正蒙》之类，皆六经之羽翼，然各自为书，未有统会，尔等亦别类聚成编，二书务极精备，庶几以垂后世。"命广等总其事，仍命举朝臣及在外教官有文学者同纂修。开馆东华门外，命光禄寺给朝夕馔。①

此时朱棣已经在营建北平。考虑到燕藩故地根基稳固、防御蒙古南下等因素，朱棣自登基后就在谋划迁都北平的事宜。

朱元璋最初建都应天府（今南京）后，也研究过迁都，因为应天府地处江南，地理位置不适合对全国的统治。朱元璋曾经将汴梁（今开封）作为北京，应天作为南京，也曾考虑过长安为都城，但最终都没有成功。

朱棣登基后，燕藩所在的北平成为"龙兴之地"，从个人情感和统治根基来看，自然颇有优势。而且北平是昔日元朝的大都，如果蒙古南下，北平与周边的宣府、大同等所谓"燕云十六州"故地首当其冲。自后晋（936—947）将"燕云十六州"割让给辽国（907—1125）后，华北平原长期无险可守，辽国得以凭借军事优势压制北

① 《明太宗实录》卷一百五十八"永乐十二年十一月甲寅"条，影印台北"中研院"史语所校勘本。

宋，而金国灭辽后可以一举入据中原。以史为鉴，如果失去“燕云之地”，北方游牧部族会对明朝的稳定构成致命打击。所以营建北平为都城，从战略上讲，进可以作为明朝北征蒙古的大本营；退则可以使后世君主借都城之便集全国之力抵御蒙古南下。

基于上述考虑，朱棣在永乐元年升北平为顺天府，称为“行在”。不久他又下令在顺天府仿效应天府建造宫室。永乐七年（1409），朱棣在顺天府营建自己的陵墓“长陵”，表明了自己迁都的决心。永乐十三年，大运河修竣，连通了顺天府与江南的贸易、运输网络。永乐十八年，朱棣正式下令迁都顺天府，改应天府为南京，顺天府为北京。北平“行在”正式成为京师。

在推进迁都工程的同时，时任翰林院学士兼左春坊大学士胡广受命担任“三《大全》”总纂官。前文说过南京陷落时他投奔朱棣，不久将名字改回“广”，此后颇受信用。杨荣和金幼孜担任其副手，二人当时同为翰林院侍讲，杨荣曾在朱棣进京师时迎降，并提出宝贵建议，“成祖初入京，荣迎谒马首曰：‘殿下先谒陵乎，先即位乎？’成祖遽趣驾谒陵。自是遂受知”①。

永乐十三年九月，不到一年，“三《大全》”便修成进呈。朱棣很高兴，亲自为之作序。两年后，朱棣下诏“颁《五经四书性理大全书》于六部，并与两京国子监及天下郡县学。上谓礼部臣曰：‘此书，学者之根本，而圣贤精义悉具矣。自书成，朕旦夕宫中披阅不倦，所益多矣。古人有志于学者，苦难得书籍，如今之学者，得此书而不勉力，是自弃也。尔礼部其以朕意晓谕天下学者，令尽心讲明，毋徒视为具文也。’”② 至此，“三《大全》”颁行天下，成

① （清）张廷玉等：《明史》卷一百四十八《杨荣传》，中华书局 1974 年版，第 4138 页。

② 《明太宗实录》卷一百八十六“永乐十五年三月乙未”条，影印台北“中研院”史语所校勘本。

为学校教学的标准教材。

《四书大全》与《五经大全》同时编修，人员相同，但是《明太宗实录》和清代官修《明史》都没有关于编修人员的详细记载。台湾学者对《五经大全》的编修情况有非常丰富可靠的研究，尤以林庆彰的《五经大全之修纂及其相关问题探究》和陈恒嵩的《五经大全纂修人考述》二文对编修者情况梳理得最为清楚。

林庆彰根据《五经四书大全》卷首的编修人员名单和《国榷》《经义考》等文献，对标示出的四十二名编修者进行了分析：

> 这四十二个修纂人，约可分为数类：一类是当时的高官，像胡广、杨荣、金幼孜等人，在三部《大全》修纂期间，也随成祖出巡，可能无法参与修纂。由他们领衔，是为了酬庸他们。其次，是萧时中以下十四人，都是翰林院的工作人员。明初的翰林院，是个储备人才地方。院中的修撰、编修、检讨、典籍或庶吉士，应该较有时间参加修纂的。三是中央各部门的人员，其中以刑部最多。这一批人，为何参与，何以以刑部为多，尚有待研究。四是各地儒学的教授、学正、教谕、训导等。他们既是从各地遣调而来，自有较多的时间参加修纂。①

据陈恒嵩考证，实际编修人员不仅包括《四书五经大全》卷首所列的四十二人，陈敬宗与许敬轩也参与了编修，但因故未能始终参与，所以未列入名单；编修者的籍贯以江西、福建、浙江为多。

他猜测，一是由于胡广、杨荣、金幼孜三人出身江西、福建，在人员选拔上侧重同乡，二是朱棣出于平复江南儒生因“靖难之役”

---

① 林庆彰：《明代经学研究论集（增订本）》，华东师范大学出版社 2015 年版，第 42 页。

遭残杀而带来的负面情绪。①

笔者认为，实际上江西、福建、浙江自元代就是理学与“四书学”繁盛的重镇，明朝建国以后也依旧有所发展，文臣多出自此三省。“靖难之役”对江南文臣株连甚多，但是其“四书学”与儒学根柢尚在，所以参与“三《大全》”编修人员多江西、福建、浙江籍，客观上反映了明代前期理学与“四书学”的区域发展情况。综合二位学者的研究成果，笔者整理《四书大全》编修者名录如下（见表1）。

表1　《四书大全》编修者名录

序号	编修人员姓名	时任官职	籍贯
01	胡广	翰林院学士兼左春坊大学士	江西吉水
02	杨荣	奉政大夫、右春坊右庶子兼翰林院侍讲	福建建安
03	金幼孜	奉直大夫、右春坊右谕德兼翰林院侍讲	江西新淦
04	萧时中	翰林院修撰、承务郎	江西庐陵
05	陈循	翰林院修撰、承务郎	江西泰和
06	周述	翰林院修撰、文林郎	江西吉水
07	陈全	翰林院修撰、文林郎	福建长乐
08	林志	翰林院修撰、文林郎	福建闽县
09	李贞	翰林院修撰、文林郎	福建南靖
10	陈景著	翰林院修撰、承事郎	福建闽县
11	余学夔	翰林院检讨、从仕郎	江西泰和
12	刘永清	翰林院检讨、从仕郎	湖北石首
13	黄寿生	翰林院检讨、从仕郎	福建莆田

① 参见陈恒嵩：《〈五经大全〉纂修人考述》，林庆彰主编：《经学研究论丛》第三辑，（台北）圣环图书股份有限公司1995年版，第22—24页。

续表

序号	编修人员姓名	时任官职	籍贯
14	陈用	翰林院检讨、从仕郎	福建莆田
15	陈璲	翰林院检讨、从仕郎	浙江临海
16	王进	翰林院五经博士、迪功郎	直隶长洲
17	黄约仲	翰林院典籍、修职佐郎	福建莆田
18	涂顺	翰林院庶吉士	江西建昌
19	王羽	奉议大夫、礼部郎中	浙江仁和
20	童谟	奉议大夫、兵部郎中	浙江上奥
21	吴福	奉训大夫、礼部员外郎	浙江鄞县
22	吴嘉静	奉直大夫、北京刑部员外郎	江西新淦
23	黄裳	承直郎、礼部主事	广东番禺
24	段民	承德郎、刑部主事	直隶武进
25	洪顺	承直郎、刑部主事	福建怀安
26	沈升	承直郎、刑部主事	浙江海宁
27	章敞	承德郎、刑部主事	浙江会稽
28	杨勉	承德郎、刑部主事	应天府江宁
29	周忱	承德郎、刑部主事	江西吉水
30	吾绅	承德郎、刑部主事	浙江开化
31	陈道潜	文林郎、广东道监察御史	福建莆田
32	王选	承事郎、大理寺评事	江西新喻
33	黄福	文林郎、太常寺博士	福建浦城
34	王复原	迪功佐郎、北京国子监博士	江西泰和
35	赵友同	修职郎、太医院御医	直隶长洲
36	曾振	泉州府儒学教授	浙江台州
37	廖思敬	常州府儒学教授	湖南衡阳

续表

序号	编修人员姓名	时任官职	籍贯
38	傅舟	蕲州儒学学正	江西清江
39	杜观	济阳县儒学教谕	江西清江
40	颜敬守	善化县儒学教谕	江西吉水
41	彭子斐	常州府儒学训导	江西吉水
42	留季安	镇江府儒学训导	浙江青田
43	陈敬宗	刑部主事	浙江溪县
44	许敬轩	礼部司务	浙江天台

由表1可知，编修人员籍贯如下：江西籍15人，福建籍11人，浙江籍11人，直隶（江苏、安徽）籍4人，湖北籍1人，湖南籍1人，广东籍1人。编修工程的参与者有很多从事地方教育，可见朱棣编修《五经四书大全》的实用取向。表中的“直隶”，指朱棣迁都北京前的直隶省，大体包括今天的江苏、安徽两省，在迁都北京后，朱棣将其改名“南直隶”。可以发现，表中没有一个华北籍贯人员参与编修工程，在某种程度上也反映了明前期南北方学术、文化发展的不平衡状态。

三、《四书大全》的内容与编修方法

《四书大全》的编修延续着朱熹“四书学”的主要内容与传、注方法。《四书大全》又名《四书集注大全》，据现存的明代内府刻本，依次包括《大学章句序》《四书集注大全凡例》《大学章句大全》一卷、《读大学法》一卷、《大学或问》一卷；《中庸章句序》《读中庸法》一卷、《中庸章句大全》一卷、《中庸或问》一卷；《读论语孟子法》一卷、《论语集注序说》一卷、《论语集注大全》二十卷；《孟子集注序说》一卷、《孟子集注大全》十四卷。合为四十三卷。

从《四书大全》的内容排序来看，有以下几个值得关注的地方。

其一，《四书集注大全凡例》在《大学章句序》之后，这或许是对被奉为儒家修身治国总纲的《大学》的某种特殊重视。

其二，《大学章句大全》在《读大学法》之前，而《中庸章句大全》却在《读中庸法》之后。出现这种情况，也许与编修时间短促有关，毕竟不到一年时间要完成“三《大全》”的编修，所以有些安排可能欠考虑。

但陈逢源认为，如果从学术角度看，可能纂修文臣是为了“凸显《大学章句序》地位，增加《大学》《中庸》篇幅，并补充朱熹指引读书法，目的在于求其篇幅均衡，以及有效的音读，但于篇次之间，似乎尚无清楚脉络”①。

其三，《大学》《中庸》都附有《或问》，但同为朱熹“四书学”著作的《论孟或问》却并未收入《四书大全》。《四书或问》是朱熹在完成《四书章句集注》后为向学者、诸生解释其结集“四书”因由而编修的著作。朱熹在《四书或问》成书后，对《四书章句集注》和《大学中庸或问》都进行过修改、打磨，却唯独对《论孟或问》无暇修改。结果出现了如《四库全书总目》所说的情况：“至《论孟或问》，则与《集注》及《语类》之说往往多所抵牾，后人或遂执《或问》以疑《集注》。”② 因此，纂修文臣可能也考虑到《论孟或问》的特殊性，与朱棣统一思想和制定科举标准教材的需求相左，于是将其排除在外。

通过《四书集注大全凡例》可知，“《四书》大书朱子《集注》，诸家之说分行小书。凡《集成》《辑释》所取诸儒之说有相发明者，

---

① 陈逢源：《官学进程与诠释脉络：〈四书大全〉纂修体例刍议》，赵生群、方向东主编：《古文献研究集刊》第四辑，凤凰出版社 2012 年版，第 182 页。

② （清）永瑢等：《四库全书总目》卷三十五《四书或问》，中华书局 1965 年版，第 294 页。

采附其下，其背戾者不取。凡诸家语录、文集，内有发明经注，而《集成》《辑释》遗漏者，今悉增入。注文下凡训释一二字，或二三句者，多取新安陈氏之说”①。由此可知，《四书大全》所采纳的传注以吴真子的《四书集成》、倪士毅的《四书辑释》为主，并参酌陈栎的《四书发明》。

虽然此凡例对注解形式与原则有所提及，但是过于简略。就其形式而言，与其他集成类“四书学”著作相同，都是以《四书章句集注》的内容为大字，而后附后世学者的注解，对字词则随文注释。

《四书大全》在编修形式上延续了元代“四书学”的主流方法，为一部“集成型”著述，在诠释路径上则是以程朱理学为主的“宗朱四书学”著述。“集成型”著述是“四书学”著述的基础类型，以《四书章句集注》为基础展开，最早可见的“集成型四书学”著述是元代赵顺孙（1215—1277）的《四书纂疏》。他在“序文”中盛赞朱熹的《四书章句集注》，将其视为儒学“新经典”：

> 子朱子《四书》注释，其意精密，其语简严，浑然犹经也。顺孙旧读数百过，茫若望洋，因遍取子朱子诸书及诸高第讲解有可明注意者，悉汇于下，以便观省，间亦以鄙见一二附焉，因名曰《纂疏》。顾子朱子之奥，顺孙何足以知之？架屋下之屋，强陪于颖达、公彦后，只不韪尔，遇大方之家则斯疏也当在所削。②

他所作的《四书纂疏》相当于为朱熹《四书章句集注》做“疏解”。

① （明）胡广等：《四书大全》卷首《四书大全集注凡例》，《文渊阁四库全书》本，经部四书类第199册。

② （宋）赵顺孙：《四书纂疏》卷首《序》，《文渊阁四库全书》本，经部四书类第195册。

他自比孔颖达（574—648）作《五经正义》、贾公彦作《周礼义疏》《仪礼义疏》，遵循注疏的传统，在不违背朱熹注解的基础上阐发“四书学”见解，开辟了“宗朱尊注”的“四书学”传统。

相比于同时代真德秀的《四书集编》，《四书纂疏》对后世更有特殊意义。前者也以发挥朱子学为主要目的，但没有形成体例范式；后者则在体例上有所开创，体例落脚点已在“经—传—疏”的第三个环节“疏”之上，成为一种研究范式。所以，自《四书纂疏》问世之后，“四书学”诠释传统与《五经》诠释传统便有体例上的接续，也为朱子学在著作体例上进一步发展做出了贡献。

元代学者胡炳文继承“集成型”著述传统，折中吴真子《四书集成》和陈顺孙《四书纂疏》等成果而有《四书通》。《四库全书总目》评论该书说：“凡朱子以前之说，嫌于补朱子之遗，皆斥不录，故所取于《纂疏》《集成》者仅十四家。二书之外，又增入四十五家，则皆恪守考亭之学者也。大抵合于经义与否非其所论，惟以合于注意与否定其是非。”① 该书所增内容皆为朱子学者著作，权衡义理的标准已经由“经义”而变为“注义”，即将朱熹所注之义作为标准。前文已述，倪士毅、陈栎与胡炳文皆是元代“四书学”新安学派的代表人物。倪士毅《四书辑释》正是在其师陈栎《四书发明》、胡炳文《四书通》的基础上扩充而成的，故三部著作在体例上保持一致，而尤以倪士毅《四书辑释》影响最大，堪称新安学派“四书学”著述的集大成之作。

朱冶认为，《四书辑释》的编修宗旨在很大程度上受到了“教学”“科举”“经学”三者的影响，“《四书辑释》融合三者的优势，以‘经学’性质为主，适应现实的需要，成为元代经学疏释的典型代表。它既便于初学者观读，又不失经学著作的深度既能适应‘科

① （清）永瑢等：《四库全书总目》卷三十六《四书通》，中华书局 1965 年版，第 299 页。

举’的需要，又没有流于‘程序’，既承传了‘朱子学’的正宗，又能广泛征引诸家之说”[①]。因为这些优势，《四书辑释》在明初便十分流行，杨士奇就曾将该书与吴真子《四书集成》比较而论，“朱子集注《四书》之后，儒先君子著述推广发明之者，无虑十数家。而今读《集注》者，独资《集成》及此书为多，他盖不能悉得也。《集成》博而杂，不若此书多醇少疵也”[②]。因此，与杨士奇同时代、学识相当的胡广、杨荣、金幼孜等人在编修《四书大全》会重点参考《四书辑释》。

但是倪士毅的《四书辑释》并非对朱熹“四书学”全盘接受，这反映了元代“四书学”的另一个特点——“尊朱而有疑”。《四书大全》参考《四书辑释》而成书，其体例自然也不免承袭《四书辑释》而来。如同《四书辑释》等“集成类”著述，《四书大全》是对《四书集注》的放大，但其对朱熹“四书学”的态度和《四书辑略》又有不同。

这种不同主要体现在对注文的处理上，闫春在《〈四书大全〉的编修与传播研究》一文中考证，《四书大全》“所增加的注文中，几近一半都是源自朱子，以朱证朱的倾向非常明显。同时，在《四书大全》中移动的注文里有很多朱子的注文，原本在《四书辑释》中居于中间位置，而经过胡广等人修改，成为第一条注文。这也可以看作是尊信朱子的一个表现”[③]。换言之，《四书大全》相对《四书辑释》，对朱熹“四书学”是更加尊崇，有些重回南宋“四书学”“尊信”朱熹的态度，而“尊”的成分又明显大于“信”，纂修人员

① 朱治：《倪士毅〈四书辑释〉研究——元代“四书学”发展演变示例》，北京师范大学硕士学位论文，2007年，第26页。

② （明）杨士奇：《东里续集》卷十七《四书辑释》，《文渊阁四库全书》本，集部别集类第584册。

③ 闫春：《〈四书大全〉的编修与传播研究》，华东师范大学博士学位论文，2009年，第94页。

确实下了很多功夫。

明末清初学者顾炎武（1613—1682）曾经考察过《四书辑释》与《四书大全》的关系，对《四书大全》基本持批评态度。他认为“永乐中所纂《四书大全》特小有增删，其详其简，或多不如倪氏。《大学中庸或问》则全不异，而间有舛误”①。《四库全书总目》延续顾炎武的评价，认为“其书因元倪士毅《四书辑释》稍加点窜”②。

从形式和大体内容来看，确实如此，从学术思想创新的角度来看，《四书大全》也乏善可陈。但是，如果从整个“四书学”史的发展来看，《四书大全》恰恰是君主政治与“四书学”进一步结合的重要一环，影响非常深远。

胡广在《进〈五经四书性理大全〉表》中阐述了《四书大全》的用途：“俾人皆由于正路而学，不惑于他歧路。家孔孟而户程朱，必获真儒之用；佩道德而服仁义，咸趋圣域之归。”③ 他点明了《四书大全》的意义在于统一思想，适应朱棣的政治需求，而这“定于一尊”，在“四书学”层面就是定在“朱子四书学”上。

《永乐大典》的初本《文献大成》编修一年完工，朱棣对其质量深表怀疑，责令重修。而《五经四书大全》和《性理大全》编修不到一年完工，朱棣却没有质疑，非常欢喜地予以推广。从这个比较我们也可以看出，朱棣对“三《大全》”所关心的重点不是学术，而是要迅速推广科举标准教材，尽快实现政治稳定与思想统一。

---

① （清）顾炎武：《日知录》卷十八《四书五经大全》，《文渊阁四库全书》本，子部杂家类第858册。

② （清）永瑢等：《四库全书总目》卷三十六《四书大全》，中华书局1965年版，第301页。

③ （明）胡广：《进〈五经四书性理大全〉表》，《明文衡》卷五，《文渊阁四库全书》本，集部总集类第312册。

四、《四书大全》的再评价

《四书大全》是明代官方“四书学”的集大成之作，在皇权的支持下，迅速推广到各地学校，并且与科举制度紧密结合，真正实现了“定于一尊”的思想统一。朱棣还将《五经四书大全》颁赐朝鲜等国，促进了朝鲜等国的“朱子学”发展，具有一定的国际影响力。由于《四书大全》的强大影响力，后世学者也推出了很多《四书大全》的“衍生作品”，主要有辑录类和勘正类。

辑录类“衍生作品”的编修初衷是应对科举考试，对《四书大全》删繁就简以便于参考使用，如各类科举考试用书。勘正类“衍生作品”的编修初衷则是因对《四书大全》的内容不满而对其进行补修、校正、删改、议论，如李廷机、周士显校正的《周会魁校正四书大全》、陈一经的《四书大全纂》、张自烈的《四书大全辩》、王夫之的《读四书大全说》等。

值得注意的是，勘正类“衍生作品”大部分依然与科举考试有紧密联系，即便其有学术上的思辨，仍摆脱不了服务举业的用途，这就是科举制度对“四书学”潜移默化而形成的“四书学举业文化”。

尽管有较大的社会文化影响力，明、清两代学者对《四书大全》的学术评价却不高，如前文所述的顾炎武等人，《四库全书总目》也对其评价很低，可以说是明代官方著述中评价最低的作品。

比较来看，《四书大全》与《五经正义》的用途其实很像。唐代孔颖达等人主持编修的《五经正义》，总结了义疏之学的发展成果，综合南北经学成果。《五经正义》成书后成为唐代科举标准教材，士子应试明经科，必须依据《五经正义》，否则即被视为异端。然而，同样是官修标准教材，同样是对某一历史阶段学术之总结性集成著作，人们对《四书大全》的评价却远远低于对《五经正义》

的评价。

《四书大全》之所以评价较低，笔者认为原因可能有以下几点。

一是其自身编修的过程短，又是多人合编，很多学术错误不容忽视。

二是在君主政治强力推动下《四书大全》与科举制度紧密结合，某种程度上确实束缚了儒生的思想，即顾炎武所谓的“《大全》出而经说亡”。

三是明中后期阳明学兴起对居于官学地位的程朱理学形成冲击，“宗朱”的《四书大全》也受到了阳明学诠释路径的“阳明四书学”的挑战，有些“衍生作品”便是以阳明学勘定《四书大全》的。

四是明末清初众多大思想家反思明亡的教训，亦有言之过切之处，《四书大全》也作为失败经验而在否定之列。例如，还是顾炎武评价的这句“自八股行而古学弃，《大全》出而经说亡，十族诛而臣节变，洪武、永乐之间，亦世道升降之一会矣”①。顾炎武认为科举八股、《四书大全》、方孝孺之死是明朝灭亡之远因，有一定的道理，但是忽略了洪武、永乐两朝的其他建树，有些偏颇，终究是情感因素更多一些。

五是清代学者从学术上接续了明末清初诸多大学者的成果，再加上清朝出于政治正统性考虑而从官方层面对明代学术定下贬抑的基调，所以清代学者进一步否定明代学术，《四书大全》也在其中。

李畅然在《清代〈孟子〉学史大纲》中对上述原因有过考证，认为：“其实顾炎武因明亡之痛而极诋明学，推崇‘宋元以来所传之实学’，而《四库全书总目》则连同元代的科举应试之学一并诋斥，

① （清）顾炎武：《日知录》卷十八《四书五经大全》，《文渊阁四库全书》本，子部杂家类第858册。

二者皆有失偏颇。与明清的高头讲章不同，《四书大全》所采都是宋元先儒因四书所发议论的精华，即便因袭前人之辑，也不为过。虽然以三部《大全》成书之速推之，其对诸说剪裁失当乃至抄袭成书，都是意料之中的；但这种资料汇集始自宋人，历代递相增辑，其材料上的沿袭是不可避免的。而材料上‘其详其简，或多不如倪氏’，本来就见仁见智，难以有公认的准的。”①

而且《四书大全》到了清初仍有生命力，在很多领域都有参考，例如，陆陇其（1630—1692）的半生学术研究便与《四书大全》相关。而因为《四书大全》与《四书辑释》关联密切，《四库全书总目》竟连《四书辑释》也予以打压，《四库全书》对宋元人“四书学”著述几乎全部收录，而唯有《四书辑释》置于存目，且提要中有互相矛盾的评价，《四库全书总目》有失公允可见一斑。

综上，《四书大全》继承了“集成型”“四书学”著述的体例，“尊朱”而集成众说。从“四书学”史来看，它在继承宋元“四书学”传统的同时还具有鲜明的时代特征。

洪武朝政风以肃杀为主，强势的朱元璋以“圣王”之姿左右着经典诠释，永乐朝又有“靖难之役”的影响，文臣与儒生的命运与政治风波紧密相连，一时也难以产生思辨性较强的创新型著述，学术发展基本以继承前朝为主。科举制度需要与已经在社会广为流行的“四书学”相结合，但一直缺乏令君主满意的统一思想的教材，所以《四书大全》的出现正是顺应了时代的需求。虽然《四书大全》在形式上以《四书辑释》为蓝本，其中很多学术瑕疵也为后人所诟病，但时代赋予它的任务是承续宋、元“朱子四书学”的思想成果，并与明前期社会秩序重建相结合，而非开创“四书学”发展的新局面。

---

① 李畅然：《清代〈孟子〉学史大纲》，北京大学出版社 2011 年版，第 150—151 页。

此外，从学术价值角度讲，《四书大全》也绝非一无是处。《四书大全》汇集了众多宋、元、明初的重要“四书学”著作，对于后世学者了解宋、元、明初的“四书学”发展状态，研究明代前期“四书学”著述体例特征、诠释路径等都具有重要的学术意义，应当获得公允的评价。

陈逢源在《官学进程与诠释脉络：〈四书大全〉纂修体例刍议》一文中通过实例举证，从“彰显朱注内容”“建立体用框架”“追寻定本内容”三个方面论证，认为：“《四书大全》以兼具体用之诠释方向，于纷杂说解当中，彰显注解原意，追寻定本内容，终于得见朱熹义理之纯粹。《四书大全》总结宋元经说，确立《四书章句集注》与经典价值，补入此一环节，才能真正了解朱熹之后四书学发展的样态。”① 由此可知，《四书大全》虽然有编修纰漏之处，但并非简单地抄录几种著述而已，而是对“四书学”的内在发展理路进行了一番梳理和整合。

清代经学家皮锡瑞（1850—1908）曾在《经学历史》中评价过《五经正义》，认为“官修之书不满人意，以其杂出众手，未能自成一家”②。而实际上，这个问题也出现在《四书大全》之上。书成于众手，故标准难以整齐划一。与《五经正义》不同的是，《四书大全》的“一尊”已定，不需要另立规范，而且有定性参考文献，所以成书的时间很短。

如果说《五经正义》之价值在于“正”，那么《四书大全》的重点则在于“全”。《五经正义》要辨析诸家“义疏”，重塑经典；《四书大全》则要综合众说，尽力填充、论证“程朱理学”的“一尊”。前者需要解决诸家“义疏”的差异问题，综合而定；后者则

---

① 陈逢源：《官学进程与诠释脉络：〈四书大全〉纂修体例刍议》，赵生群、方向东主编：《古文献研究集刊》第四辑，凤凰出版社 2012 年版，第 201 页。

② （清）皮锡瑞：《经学历史》，中华书局 1959 年版，第 201 页。

需要在众多“四书学”诠释成果中选择最贴近朱熹“四书学”的内容。作为大一统帝制国家“文治”的一部分，《五经正义》和《四书大全》这种官修著述注定是要更多地服务于现实政治，同时整合、承续前代的思想资源。

第五章　明前期教育体系、科举制度与“四书学”

在确定了儒学与礼教在明代国家政治生活中的正统地位以后，朱元璋和建国初期的儒臣们便要确立支持礼教的教育、选官制度。洪武初年的官吏基本是成长于元末的人才，多是具备“四书学”功底的，而常侍朱元璋左右的朱升、刘基、宋濂、詹同、王祎、熊鼎等人更是精通经学和“四书学”的大学者。

他们主要的思想学说虽然形成在元代，但均在被朱元璋征召和任用后才真正产生较大影响力。尽管他们治学路向和学术观点不尽相同，但都深受程朱理学的浸润。他们在被征召后，向朱元璋进献程朱理学思想和治国方略，引领朱元璋走向以儒家思想为中心尤其是以“朱子学”作为治国思想的道路。

因此，他们经常向朱元璋介绍“四书学”，在他们的努力下，洪武初年一度出现君臣唱和的景象，明代的科举制度就在这样的背景下建立了起来。尽管以思想来对君王产生影响固然重要，但是能够建立一套有效的、稳定的教育体系与选官制度，才是对国家与社会更为长远的贡献。从这个意义上讲，明初的“四书学”学者们是成功的。洪武朝和永乐朝的诸多政策成为“祖制”，尽管是在肃杀的政风之下，尽管有强势君主的政治介入，文化层面的明代“四书学”终究逐渐成型。

第一节　明前期教育体系与“四书学”

明代教育体系可以分为官学和私学两部分。明前期是官学昌盛时期，形成了由上而下的国子监学、府州县学和地方社学完善的三级教育系统。其中国子监学属于中央，府州县学和社学属于地方，社学具有半官学的色彩。此阶段官学的发达与朱元璋的大力重教兴学分不开。

一、洪武朝教育体系的确立

前文提到，朱元璋在起兵之初就很重视儒学和礼教，他征召各地儒士，一方面是为了获得有识之士的谋略支持和政务运行，另一方面也为了恢复治下的文化与教育秩序，所以明代教育体系的目的有二，一是为中央和地方管理培养素质高的官僚队伍，二是通过社会教化维持地方稳定。至正十八年，朱元璋开始在占领区恢复学校，“命宁越知府王宗显开郡学，延儒士叶仪、宋濂为五经师，戴良为学正，吴沈、徐原等为训导。时丧乱之余学校久废，至是始闻弦诵之声，无不忻悦”①。著名学者宋濂从此开始效力于朱元璋麾下，主要从事教育工作。洪武元年，朱元璋正式下令改应天府学为国子学，建立中央官学：

> 令品官子弟及民俊秀通文义者，并充学生。选国琦、王璞等十余人，侍太子读书禁中。入对谨身殿，姿状明秀，应对详雅。太祖喜，因厚赐之。天下既定，诏择府、州、县学诸生入国子学。又择年少举人赵惟一等及贡生董昹等入学读书，赐以

① 《明太祖实录》卷七“己亥年正月庚申”条，影印台北“中研院”史语所校勘本。

> 衣帐，命于诸司先习吏事，谓之历事监生。取其中尤英敏者李扩等入文华、武英堂说书，谓之小秀才。其才学优赡、聪明俊伟之士，使之博极群书，讲明道德经济之学，以期大用，谓之老秀才。①

明朝初建，急需培养官吏队伍，令其服务于国家各项建设的现实需要。所以朱元璋秉持自己一贯的“务实”主张，对诸生的教育为“先习吏事”，即使到了“老秀才”层面也非常重视知识的运用，“以期大用”。

洪武二年，朱元璋进一步完善与中央相适应的地方教育体系，下诏令各地兴办学校，在府、州、县普遍开设学校，是为府、州、县学体系：

> 洪武二年，太祖初建国学，谕中书省臣曰：“学校之教，至元其弊极矣。上下之间，波颓风靡，学校虽设，名存实亡。兵变以来，人习战争，惟知干戈，莫识俎豆。朕惟治国以教化为先，教化以学校为本。京师虽有太学，而天下学校未兴。宜令郡县皆立学校，延师儒，授生徒，讲论圣道，使人日渐月化，以复先王之旧。”于是大建学校，府设教授，州设学正，县设教谕，各一。俱设训导，府四，州三，县二。生员之数，府学四十人，州、县以次减十。师生月廪食米，人六斗，有司给以鱼肉。学官月俸有差。生员专治一经，以礼、乐、射、御、书、数设科分教。务求实才，顽不率者黜之。②

---

① （清）张廷玉等：《明史》卷六十九《选举志一》，中华书局 1974 年版，第 1676 页。

② （清）张廷玉等：《明史》卷六十九《选举志一》，中华书局 1974 年版，第 1686 页。

从此制度设计中，可以看到洪武朝“复古”与“务实”的文化旗号。地方除府、州、县学外，都司、行都司和各卫所也设有教师，进行各级教化工作，统称各地儒学。清代官修《明史》评价道：“郡县之学，与太学相维，创立自唐始。宋置诸路州学官，元颇因之，其法皆未具。迄明，天下府、州、县、卫所，皆建儒学，教官四千二百余员，弟子无算，教养之法备矣”①。此外，朱元璋还借鉴了元代社学制度，在城镇、乡村普遍开设社学。

明初统治者继承和发展了宋、元的地方教育制度，同时将礼教建设和地方教育进一步相结合，教化民众，使皇权的文化控制力遍布于国家各个角落。清代官修《明史》评价道：

> （洪武）十五年颁《学规》于国子监，又颁《禁例》十二条于天下，镌立卧碑，置明伦堂之左。其不遵者，以违制论。盖无地而不设之学，无人而不纳之教。庠声序音，重规迭矩，无间于下邑荒徼，山陬海涯。此明代学校之盛，唐、宋以来所不及也。②

洪武十五年，朱元璋下令恢复停罢近十年的科举，不久又颁布更严格的学校制度，对生员的行为举止进行一系列规定。在他的新设计中，学校教育与科举制度进一步结合。

二、“四书学”与洪武、永乐朝南北方教育、文化资源的整合

“四书学”此后便成为学校教学的重要内容之一。以国子监为

① （清）张廷玉等：《明史》卷六十九《选举志一》，中华书局 1974 年版，第 1686 页。

② （清）张廷玉等：《明史》卷六十九《选举志一》，中华书局 1974 年版，第 1686 页。

例，作为明代的最高学府的国子监，具有一套严密的管理考核办法，即分堂肄业和积分考核制度，而这两种制度与学子对“四书学”的精通程度挂钩。国子监分为率性、修道、诚心、正义、崇志、广业六堂对监生进行教学，这六堂地位并非平等，而是依监生的知识水平而区别教学。

> 凡通《四书》未通经者，居正义、崇志、广业；一年半以上，文理条畅者，升修道、诚心；又一年半，经史兼通、文理俱优者，乃升率性。至率性，乃积分。其法，孟月试本经义一道，仲月试论一道，诏、诰、表、内科一道，季月试经史策一道，判语二条。每试，文理俱优者与一分，理优文劣者与半分，纰缪者无分，岁内积八分者为及格，与出身。不及者仍坐堂肄业。如有才学超异者，奏请上裁。①

可见，“四书学”是国子监教学的基础，而这六堂的名号也与《中庸》《大学》相关，教学与考试紧密结合。由于以“四书学”为学习基础，学子们会逐渐在诠释“五经”的时候也采用“四书学”的逻辑与理学的诠释路径。考试中“理优文劣”仍可得半分，也是政策上对理学教育的倾斜。

“四书学”与学校教育的结合，还体现在朱元璋颁赐北方学校图书一事上。朱元璋很关注南、北方教育的不平衡问题，因为这会直接影响到南、北方政治力量的平衡。由于元末战乱等原因，洪武初年，中原和江南的教育资源分布极不平衡。为了解决这一问题，朱元璋经常给北方学校颁赐图书，《四书》是颁赐的重点图书。据《明太祖实录》记载，共有三次颁赐图书。第一次是在洪武十四年。

---

① （清）张廷玉等：《明史》卷六十九《选举志一》，中华书局 1974 年版，第 1678 页。

颁《五经》《四书》于北方学校。上谓廷臣曰：“道之不明，由教之不行也。夫《五经》载圣人之道者也，譬之菽粟布帛，家不可无。人非菽粟布帛，则无以为衣食；非《五经》《四书》则无由知道理。北方自丧乱以来，经籍残缺，学者虽有美质，无所讲明，何由知道？今以《五经》《四书》颁赐之，使其讲习。夫君子而知学则道兴，小人而知学则俗美，他日收效，亦必本于此也。”①

前文所述，朱元璋在洪武六年曾下令编修以“恒言俗语”诠释《五经》《四书》的《群经类要》，以通俗化的经书实现经学思想覆盖范围的扩大化。不久朱元璋还下令颁布“正定《十三经》”，重申儒家典籍的经典地位。而他借此次颁赐图书给北方学校之机，将《五经》《四书》比作日常的生活基础，更是明确表达了自己普及教育的想法，“君子”和“小人”这里指的是社会与文化身份不同的阶层，他想使各阶层都受到儒学教化。“四书学”作为儒学的重要组成部分，成为朱元璋重点推广的教学内容之一。

第二次颁赐图书是在洪武十九年（1386），朝廷“复赐北方郡县学校《五经》《四书》”②。第三次颁赐是在洪武二十四年（1391），朱元璋“命礼部颁书籍于北方学校。上谕之曰：‘农夫舍耒耜，则无以为耕；匠氏舍斤斧，则无以为业；士子舍经籍，则无以为学。朕常念北方学校缺少书籍，士子有志于学者，往往病无书读，向尝颁与《五经》《四书》，其他子史诸书，未曾赐予，宜于国子监印颁，

① 《明太祖实录》卷一百三十六“洪武十四年三月辛丑”条，影印台北“中研院”史语所校勘本。

② 《明太祖实录》卷一百七十七“洪武十九年正月辛巳”条，影印台北“中研院”史语所校勘本。

有未备者，遣人往福建购与之。’”① 第三次颁赐图书是以“博”为主，在之前赐书的基础上颁赐《五经》《四书》以外的诸子类、历史类书籍。可见朱元璋在教育中并非只重视儒学经典，也希望学子们能有广博的知识体系，辅翼经学，以便更好地为国家效力。朱元璋倡导的“务实”精神与“博学”倾向，使洪武朝学校的教学内容既重视儒学与礼教，同时又不完全局限于儒学典籍。

朱元璋本人的兴趣爱好是多元的，尽管在国家层面重申了儒家典籍的经典地位，也对礼教建设用心颇多，但他并非摒除其他学说。洪武六年国子博士赵俶在建言颁布“正定《十三经》”的同时，也建议“屏《战国策》及阴阳谶卜诸书，勿列学宫”②。但是，朱元璋此后并没有这样做。

他对刘向的《说苑》也很推崇，洪武十四年，他在颁发给北方学校《五经》《四书》之后，又下诏国子生学习《说苑》和律令。

> 诏改建国子学于鸡鸣山下，命国子生兼读刘向《说苑》及律令。上谕祭酒李敬曰：“士之为学，贵于知古今，穷物理，圣经贤传，学者所必习。若《说苑》一书，刘向之所论次，多载前者往行，善善恶恶昭然于方册之间，朕尝于暇时观之，深有劝戒。至于律令，载国家法制，参酌古今之宜，观之者亦可以远刑辟。卿以朕命导诸生读经史之暇，兼《说苑》，讲律令，必有所益。”③

---

① 《明太祖实录》卷二百九“洪武二十四年六月戊寅”条，影印台北“中研院”史语所校勘本。

② （清）张廷玉等：《明史》卷一百三十七《赵俶传》，中华书局 1974 年版，第 3955 页。

③ 《明太祖实录》卷一百三十七“洪武十四年四月丙辰”条，影印台北“中研院”史语所校勘本。

结合此前洪武十三年发生的“胡惟庸谋反案”，朱元璋命国子生读律令和《说苑》也带有一种鉴戒、规训的意味。洪武十五年，他又下令扩大《说苑》的学习范围，“命礼部颁刘向《说苑》《新序》于天下学校令生员讲读”①。这一举动使一些儒生和文臣不满。在洪武二十一年，中书庶吉士解缙上书言事，针对时政提出很多条建议，对朱元璋喜欢《说苑》等“杂书”也进行了批评：

> 臣见陛下好观《说苑》《韵府》杂书与所谓《道德经》《心经》者，臣窃谓甚非所宜也。《说苑》出于刘向，多战国纵横之论。《韵府》出元之阴氏，抄辑秽芜，略无可采。陛下若喜其便于检阅，则愿集一二志士儒英，臣请得执笔随其后，上溯唐、虞、夏、商、周、孔，下及关、闽、濂、洛，根实精明，随事类别，勒成一经，上接经史，岂非太平制作之一端欤？又今六经残缺。《礼记》出于汉儒，踳驳尤甚，宜及时删改。访求审乐之儒，大备百王之典，作《乐书》一经以惠万世。尊祀伏羲、神农、黄帝、尧、舜、禹、汤、文、武、皋陶、伊尹、太公、周公、稷、契、夷、益、傅说、箕子于太学。孔子则自天子达于庶人，通祀以为先师，而以颜、曾、子思、孟子配。自闵子以下，各祭于其乡。鲁之阙里，仍建叔梁纥庙，赠以王爵，以颜路、曾皙、孔鲤配。一洗历代之因仍，肇起天朝之文献，岂不盛哉！②

这次上书明摆着是批评朱元璋，反而获得了他的称赞。解缙在文中

① 《明太祖实录》卷一百四十九“洪武十五年十月戊子”条，影印台北“中研院”史语所校勘本。

② （清）张廷玉等：《明史》卷一百四十七《解缙传》，中华书局 1974 年版，第 4115—4116 页。

这一套“制礼作乐”的言论，很符合朱元璋的“圣王”追求。当然，朱元璋对解缙的才学也很欣赏，颇有爱才之意。但是称赞之后，朱元璋也没有罢黜《说苑》等书。

值得注意的是，解缙在上书中表达了重新整理经典的想法，即“上溯唐、虞、夏、商、周、孔，下及关、闽、濂、洛”，要求朝廷组织学者对明代以前的经学和理学成果进行一番全面梳理与总结。朱元璋当时也没有采纳这份建议。洪武二十七年，朱元璋命刘三吾等人编修《书传会选》，虽然该书仅针对《尚书》经、传进行了整理，但已经具有整理明代以前学术的意义，不知是否和解缙的建议有关联。而到永乐十二年，朱棣命胡广等人编修《五经大全》《四书大全》《性理大全》，则在某种程度上实现了解缙在洪武二十一年上书的设想。

朱棣在《五经四书大全》与《性理大全》编成后，也下令礼部将其作为重点教材，刊行颁赐天下学校。洪武朝与永乐朝皇帝主导颁赐北方学校图书，在一定程度上缓解了南北学术与文化的不平衡，但是没有改变大局。终明一代，南方的学术与文化仍然较北方繁荣。明代教育体系延续着元代教育基础，而科举选官制度与教育体系相辅相成，深刻影响了明代“四书学”的发展。

与前代学校教育体系相比，明代教育体系的科举化特色非常突出。清代官修《明史》评价二者关系说：“科举必由学校，而学校起家可不由科举。”① 无论是明代的国子监学还是地方学校，其教育的重要目的之一都是培养贡举人才，为科举考试服务。这就造成明代各级学校的学习和考试内容逐渐以科考内容为主，即以“四书学”的学习和“四书义”的练习为主，学校教育逐步流为科举考试的附庸。

---

① （清）张廷玉等：《明史》卷六十九《选举志一》，中华书局 1974 年版，第 1675 页。

第二节　明前期科举制度的确立与变革

前文谈到，元代自元仁宗恢复科举以后，“四书学”与选官制度紧密结合，使“四书学”进一步获得了广泛的社会影响力。明前期强势君主借鉴了元代科举与“四书学”紧密结合的经验，并配合以相应的教育体系，一方面为国家培养大量具有理学知识背景的人才，逐步使国家的政风趋向“文治”；另一方面也对“四书学”发展的内在理路产生了影响。

一、洪武朝科举制度的确立

洪武朝是明代各项制度的确立时期，科举制度也不例外，但是洪武朝科举制度的确立，还有一段曲折的过程。

朱元璋在建国前的选官主要依靠荐举和征辟，如朱升、刘基、宋濂等人都是通过上述途径进入朱元璋阵营的。洪武元年，为配合北伐顺利进行，朱元璋对全国发布“求贤令”，就是这种荐举、征辟选官法的沿用。但是科举制度才是当时读书人和文臣所重视的选官“正途”，明代国家要宣誓文化正统，也必须确立科举制度。在刘基等儒臣的建议下，参酌元代科举制度，朱元璋于洪武三年下诏举行了明朝第一场科举：

> （洪武三年八月）是月，京师及各行省开乡试。自初九日始试初场，复三日试第二场，又三日试第三场。京师、直隶府州，贡额百人；河南、山东、山西、陕西、北平、福建、江西、浙江、湖广，各四十人；广西、广东，各二十五人。若人材众多之处不拘额数，或不能及数者，亦从之。考试之法，大略损益前代之制，初场《四书》疑问、本经义及四书义各一道；第二

> 场论一道；第三场策一道。中式者后十日，复以五事试之，曰骑、射、书、算、律。骑观其驰驱便捷，射观其中之多寡，书通于六义，算通于九法，律观其决断。①

此次科举以“四书”为第一场，“本经义”与“四书义”是首要的考察内容。清代官修《明史》记载的初场考试内容与《明太祖实录》有出入，“初设科举时，初场试经义二道，四书义一道；二场，论一道；三场，策一道”②。

顾炎武在《日知录》中引述此段《明太祖实录》，文字与史语所校勘本一致，据其考证：“元制，有四书疑，本经疑。洪武三年开科，以《大学》‘古之欲明明德于天下者’二节，《孟子》‘道在迩而求诸远’一节，合为一题，问二书所言‘平天下’大指同异，此即宋时之法。”③ 这段文字记载了具体的考试题目。而据《元史》记载，元仁宗“延祐科举”的考试内容为：“汉人、南人，第一场明经、经疑二问，《大学》《论语》《孟子》《中庸》内出题，并用朱氏《章句集注》，复以己意结之，限三百字以上。”④ 元代科举对汉人、南人明确有“疑经”的考试环节，可见明代第一次科举考试继承了元代科举的“疑经”传统，于是第一场有了“《四书》疑问”，亦可见对“四书学”的重视程度。

朱元璋对第一次科举考试非常重视。在开科取士前三个月，朱

---

① 《明太祖实录》卷五十五“洪武三年八月”条，影印台北“中研院”史语所校勘本。

② （清）张廷玉等：《明史》卷七十《选举志二》，中华书局1974年版，第1694页。

③ （清）顾炎武：《日知录》卷十六《经义论策》，《文渊阁四库全书》本，子部杂家类第858册。

④ （明）宋濂等：《元史》卷八十一《选举志一》，中华书局1976年版，第2019页。

元璋颁布了《设科取士诏》，声明：“其中选者，朕将亲策于庭，观其学识，第其高下，而任之以官，果有才学出众者，待以显擢。使中外文臣皆由科举而选，非科举者毋得与官。彼游食奔竞之徒，自然易行。”① 这份诏书同时还发往高丽、安南、占城，向周边宣示明朝为华夏文化的正统继承者。

洪武四年，朱元璋又对科举取士的范围进行进一步限定：“中书奏科举定制，凡府、州、县学生员，民间俊秀子弟及学官、吏胥习举业者，皆许应试。上曰：‘科举初设，凡文字词理平顺者，皆预选列，以示激劝。惟吏胥，心术已坏，不许应试。”② 吏员出身者一律不得参加科举，也就一律不得为官，这一条后来成为明代选官制度的铁律。

然而，明初这场科举没有成为定制，洪武六年二月，形势发生了变化：

> 上谕中书省臣曰：“朕设科举以求天下贤才，务得经明、行修、文质相称之士，以资任用。今有司所取多后生少年，观其文词，若可与有为；及试用之能，以所学措诸行事者甚寡。朕以实心求贤，而天下以虚文应朕，非朕责实求贤之意也。今各处科举宜暂停罢，别令有司，察举贤才，必以德行为本，而文艺次之，庶几天下学者知所向方而士习归于务本。”③

洪武初科举由此停罢，具体而言，是因为朱元璋感到科举选拔的士

① 《明太祖实录》卷五十二“洪武三年五月己亥”条，影印台北“中研院”史语所校勘本。

② 《明太祖实录》卷六十七“洪武四年七月丁卯”条，影印台北“中研院”史语所校勘本。

③ 《明太祖实录》卷七十九“洪武六年二月乙未”条，影印台北“中研院”史语所校勘本。

人无法满足国家的实际需要，读书人“虚文”的风气与他的“务实”理念相冲突，于是下诏停罢科举。

四月，朱元璋又下诏吏部访求民间人才，在诏书中称：“今山林之士，岂无德行文艺之有称者？宜令有司采举，备礼遣送致京，朕将任用之，以图至治。”① 提到所谓“山林之士”，自然和经济富裕地区的“才子佳人”不同，可见朱元璋对“虚文”的厌恶。

朱元璋认为，元朝失败的原因，一是权臣，二是官贪吏虐。而官吏与文人相勾结，鱼肉一方，是他一直警惕的现象之一，也是他“重刑”理念的出发点之一。在统治后期，他不惜以“不肯为官以便于鱼肉乡里”为罪名，杀死苏州不愿任官的两名文人并写入《大诰》，“寰中士夫不为君用，是自外其教者，诛其身而没其家，不为之过”②。由此申明君权的至高无上，并表达对文人忠诚度与守法性的怀疑，以此铁案规训全国读书人。这一事件发生在君臣关系紧张的洪武朝后期，但是其远因也可以在前期治理经验中找到。

而进一步分析，我们可以发现洪武六年废止科举，也和明初南、北文化不平衡有关。从朱元璋的诏书可知，所中试者基本都是文辞非常华丽的人，亦即文化水平较高的江南人。相对于南方人，北方人的文辞要简约，这是元代南、北文化的特征。

朱元璋的文化素质和出身背景，使他对江南尤其是浙东的文风十分反感，所以废止科举不久，他又下诏“禁四六文辞”，编修“恒言俗语”诠释经典的《群经类要》并颁发天下，实现文风务实与经学诠释通俗化、经典影响扩大化，逐渐缩小南、北方文化差距。同时，他也将君主的意志发布四方，以“圣王”姿态来教化天下读

---

① 《明太祖实录》卷八十一“洪武六年四月辛丑”条，影印台北“中研院”史语所校勘本。

② （明）朱元璋：《御制大诰三编》“苏州人才第十三”条，《续修四库全书》影印清华大学图书馆藏明内府刻本，史部政书类第862册，第332页。

书人。所以，朱元璋宁可搜找“山林之士”，也不要“虚文”的江南人。

日本学者檀上宽认为，“王朝方面所重视的，似乎是能够从全国、特别是北方均等地任用人才”①。如果北方人没有更多的机会加入新政权，势必要离心离德，成为不稳定因素；而江南人大量充斥官场，挤占资源，只怕江南政治势力会过强，一旦结党营私，势必对皇权构成威胁。

朱元璋一向防备权臣结党，而江南人乡党意识浓烈，很容易抱团。明初文化最为发达、文风最为绚丽的江浙地区，也是昔日张士诚的统治区域。张士诚统治的政策深得江浙人心，其败亡后受到一批江浙文人和富户的怀念。综合种种因素，朱元璋极有可能以停罢科举为手段，来打击江南人科举从政的文化优势。

但是，察举选官在制度上的弊端实际上是大于科举选官的，更容易使官员结党营私与贪污腐败，这点朱元璋也在执政实践中逐渐意识到，于是又有了洪武十五年恢复科举。此时距停罢科举已近十年。

这十年间，洪武九年“空印案”发，洪武十三年“胡惟庸谋反案”发，朱元璋借两场大案整肃官场，撤销中书省，第一次科举晋身者也有很多死于这两大案。朱元璋成功地打造了“重礼重刑”的政治文化和肃杀的政风。

这十年间，朱元璋对北方学校的建设也是不遗余力。洪武十四年，他还特意颁赐《五经》《四书》给北方学校，以期解决南北文化不平衡状态。但是朱元璋的精力毕竟有限，需要更多可靠能干的官员辅佐，所以朱元璋下令恢复科举，“诏礼部设科举取士，令天下

---

① ［日］檀上宽：《明王朝成立期的轨迹》，刘俊文主编：《日本中青年学者论中国史》（宋元明清卷），上海古籍出版社 1995 年版，第 340 页。

学校期三年试之，着为定制”①。

在恢复科举的同时，朱元璋也进一步完善了科举制度。洪武十七年（1384），朱元璋命礼部颁布“科举成式”，进一步明确考试流程与考试内容：

> 初场试《四书》义三道，经义四道。《四书》主朱子《集注》，《易》主程《传》、朱子《本义》，《书》主蔡氏《传》及古注疏，《诗》主朱子《集传》，《春秋》主《左氏》《公羊》《穀梁》三传及胡安国、张洽传，《礼记》主古注疏。②

这次恢复科举，最明显的特征是规定了考试科目必须从规定的传、注中出题，有了一定的“宗朱”的色彩。礼部规定的传、注中以程朱理学学者的著作为主，同时也兼及古注疏，可见朱元璋仍没有将考试范围严格限定在程朱理学著述之内。

前文所述，同一时期朱元璋还命学校推广刘向的《说苑》《新序》和律令等，也很重视通俗教育和法律教育。在恢复科举的当年，朱元璋向教育体系颁布了更加严格的《学规》与《禁例》，对生员行为进行严格限定，在他的新设计中，科举与学校教育进一步结合。这一程式成为明代科举制度的基本范式。

二、《孟子节文》的废止与永乐朝科举改革

前文所述，洪武二十七年，朱元璋命刘三吾等儒臣编修《孟子节文》，并将其作为科举指定出题范围，将原本《孟子》替换。朱

① 《明太祖实录》卷一百四十七“洪武十五年八月丁丑”条，影印台北“中研院”史语所校勘本。

② （清）张廷玉等：《明史》卷七十《选举志二》，中华书局1974年版，第1694页。

元璋试图借《孟子节文》来约束士人的思想言论，而《孟子节文》对科举的实际指导力，直接影响着这一目标能否实现。

通过考察《孟子节文》与科举的关系，可以间接地推断出《孟子节文》在明初的社会影响力。遗憾的是，洪武、建文、永乐三朝的科举考题大部分已经亡佚，通过各种《登科录》《会试录》等乃至程文墨卷尽力查找，所得信息也很有限。通过这些材料，只能大致了解《孟子节文》在科举中的应用。

洪武三十年（1397）丁丑科，是《孟子节文》颁行后举行的第一次科举，该年会试的主考官正是负责编修《孟子节文》的刘三吾。张佳佳认为：“虽然作为钦定考试标准的《孟子节文》在两年之前就已经颁行天下学校，依照《节文》命题不会有风险，但本科会试所命的三道‘四书义’还是绕过了《孟子》，分别取自《论语》《大学》《中庸》。刘三吾深知朱元璋不喜《孟子》，而《孟子节文》又为天下读书人所不喜，他极有可能特意回避从《孟子》中出题。”① 并在脚注注明：“洪武三十年会试四书题为：《论语》‘天下有道’章、《大学》‘物有本末’章、《中庸》‘知者无不知’章。”

今查阅《皇明贡举考》②，张佳佳所注之题目没有错，但是出处却有问题。题目“知者无不知”的出处并非《中庸》，而是《孟子·尽心上》：“孟子曰：‘知者无不知也，当务之为急。仁者无不爱也，急亲贤之为务。’”所以，刘三吾出题回避《孟子节文》的结论需要商榷。

成书于弘治八年（1495）的《双槐岁钞》中有洪武至永乐时期科举中“四书”的出题记载，作者黄瑜记载：“场屋定制，始自洪

---

① 张佳佳：《〈孟子节文〉研究》，清华大学硕士学位论文，2007 年，第 21 页。

② 试题内容可参见（明）张朝瑞：《皇明贡举考》卷二《洪武三十年会试》，《四库全书存目丛书》影印北京大学图书馆藏明万历刻本，史部第 269 册，第 500 页。

武甲子，儒吏杂职人员许应乡试，文字许减场，所出《四书》题或《论语》二道，《中庸》一道，而无《孟子》，亦有《中庸》二道者，皆不拘也。”① 他认为洪武至永乐时期在乡试中没有从《孟子》中出过题，也许是考官因朱元璋对《孟子》的态度以及后来使用《孟子节文》而故意回避。但是明洪武三十年的那场会试，确实从《孟子》中出题了，而那时参用的必是《孟子节文》，所以不能说洪武至永乐时期的科举考试没有从《孟子节文》中出过题。

洪武三十年的会试将《孟子节文》纳入出题范围，但取士的结果却令朱元璋很不满。“榜发，泰和宋琮第一，北士无预者。于是诸生言三吾等南人，私其乡。帝怒，命侍讲张信等覆阅，不称旨。或言信等故以陋卷呈，三吾等实属之。帝益怒，信蹈等论死，三吾以老戍边，琮亦遣戍。帝亲赐策问，更擢六十一人，皆北士，时谓之‘南北榜’，又曰‘春夏榜’云。”② 于是，那一年朱元璋又选拔了新一批进士，都是北方人，刘三吾因罪被发配戍边。这次事件再次暴露了明初南、北方教育与文化水平的差距，令十几年致力于平衡南、北方教育与文化资源的朱元璋非常失望。

但是，这次“南北榜”事件又促进了明朝科举制度的变革，以区域分榜考试和以员额来平衡各区域的教育与文化资源，形成了正视南、北方和其他各地区文化不平衡，以科举为杠杆调节各地人才资源的新政策。

洪熙元年（1425），明仁宗朱高炽（1378—1425）接受儒臣的建议，正式下诏实行分榜考试制度。“上谕礼部臣曰：‘所言当理，其即行之。’又曰‘科举之士，须南北兼取，南人虽善文词，而北人厚重，比累科所选北人，仅得什一，非公天下之道。自今科场取士

---

① （明）黄瑜：《双槐岁钞》卷五《场屋知人》，中华书局1999年版，第91页。

② （清）张廷玉等：《明史》卷一百三十七《刘三吾传》，中华书局1974年版，第3942页。

以十分论，南士取六分，北士四分，尔等其定议各布政司名数以闻。’”[①] 朱高炽为人宽仁，在做太子的时候便有很多善政，对永乐朝政治有很多补益。他的儿子明宣宗朱瞻基（1399—1435）进一步发扬“文治”精神，以士大夫为主体的内阁群体在宣德朝政治生活中发挥着越来越大的作用。

实际上，《孟子节文》本身并不对儒臣和学子构成什么精神压力，毕竟其内容原本也是出自《孟子》，但是这种君主权力干涉经典的行为，令当时的儒臣与学子产生强烈的畏惧感和不满情绪。建文二年会试，从《孟子》中出题，“孔子之谓集”[②]。《皇明贡举考》中该年会试“四书”另两道题已经不见，但是这唯一存留的题，又是出自《孟子》，而且不是《孟子节文》中的，因为是被删除的内容。很明显，这次考试违背了朱元璋的设计意图。但是，这次违制并没有被追究，胡广、杨荣等人顺利进入翰林院等机构，这也许和朱允炆“崇儒尚文”的政治风格有关，朱允炆要改变洪武朝的政治风气，所以儒臣出题中出现了《孟子节文》删除的内容，他也没有追究。

因为不管《孟子节文》的编修有多少“非孟论”的因素，君主以权力更改经文，终究是对儒学的一种粗暴干涉，与“崇儒尚文”的精神有根本性冲突。建文朝君臣之间极有可能达成了某种默契，希望《孟子节文》逐渐被科举“遗忘”。

“靖难之役”胜利后，朱棣登基称帝，“革除”了建文朝诸项改革政策。不久，永乐七年会试，从《孟子节文》中出题并发生事故，据王世贞《弇山堂别集》记载：“七年己丑，命翰林院侍讲邹缉、

① 《明仁宗实录》卷十四“洪熙元年四月己酉”条，影印台北“中研院”史语所校勘本。

② （明）张朝瑞：《皇明贡举考》卷二《建文二年会试》，《四库全书存目丛书》影印北京大学图书馆藏明万历刻本，史部第269册，第503页。

左春坊左司直郎徐善述为考试官，取中陈璲等。皇太子以副榜第一名孔谔为左春坊左中允，赐出身。御史劾出题《孟子节文》《尚书·洪范》'九畴'偏题，缉等俱下狱，又复取下第胡檠、金庠等十余人。"① 主考官邹缉曾反对朱棣迁都北平，也许朱棣是借题发挥，顺势将邹缉下狱，但是由此可以看出从《孟子节文》中出题在当时是很容易出问题的"雷区"。

综合来看，虽然有命题违例、出题偏离等事故发生，《孟子节文》还是在洪武末至永乐初年的科举考试中发挥了作用。《孟子节文》因其特殊的权威性，曾经短暂影响过洪武末永乐初的一代举子。但在这次偏题案不久，《孟子节文》便被悄无声息地废止了。

据张佳佳考证，《孟子节文》的废止起因是永乐九年孙芝的上书，他当时即将赴任泗阳知州。明代后期福建人董应举的《崇相集》记载了其上书的大致内容：

> 先儒谓孟子与人君言，皆所以扩充其善心，而格其非心，不止就事论事，若使人臣论事每如此，岂不能尧舜其君乎？臣读逆臣刘三吾所驳，如"魏惠王问何以利吾国，孟子答以仁义，所答非所问，是以所如不合"，不知仁义即利也。《易》曰"利者义之和"，程子谓"拨本塞源而救其弊"者。三吾又谓"惠王欲雪耻，非兴兵构怨不可，孟子制梃以挞之论益迂且远矣"，不知魏间齐秦楚三大国之间，力不足而兴兵构怨，是促其灭亡矣，孰若对以仁义，使民乐于效死，夫岂迂哉！甚至削去八十五条，如《养气章》，程子所谓"扩前圣所未发，大有功于世教"者，亦概削之，则谬妄益甚。乞下部议，收复全书，庶使

① （明）王世贞：《弇山堂别集》卷八十一《科试考一》，中华书局1985年版，第1548页。

万世知所诵慕云。①

据董应举所述，这篇上书至万历年间已经破损，只能观其大略。孙芝对刘三吾《孟子节文》卷首《题辞》进行逐条批驳，而且直称刘三吾为“逆臣”。孙芝是董应举的乡贤前辈，董应举感慨孙芝上书恢复全本《孟子》的义举几乎被后人遗忘，于是追思乡贤而作此传记。这篇传记后来被广泛引用，黄景昉（1596—1662）的《国史唯疑》、潘柽章（1626—1663）的《国史考异》、康熙《福建通志》、乾隆《福州府志》都引用过这篇传记。

孙芝并非高官，此次上书居然导致《孟子节文》被废止，背后的原因并不简单。《孟子节文》能够推行的根本原因是朱元璋的君主意志，而随着洪武朝影响力的淡去，其存在的现实基础也日趋薄弱，所以最终被废止。

就永乐朝政治的现实需求而言，《孟子节文》实属一个烫手的山芋。从礼教上讲，更改《孟子》经文，无论怎么诠释都会受到儒臣、学子的非议；从学术上讲，《孟子节文》中的那些“非孟论”因素也可以被宋元以来“尊孟论”驳除；从政治稳定上讲，朱棣不仅要改变洪武朝过于肃杀的政风，而且要消除“靖难之役”的负面影响，所以他必须表现得比朱元璋更“开明”，比建文帝更加“崇儒尚文”，这样才能聚拢儒臣和学子。但朱棣还必须坚守“维护祖法”的立场，之前以“变乱祖法”为名“革除”建文朝诸项改革政策，百官音犹在耳，所以还不能主动下诏，不能高调地废止《孟子节文》。

孙芝这次上书恰恰给了朱棣废止《孟子节文》的机会，于是他

① （明）董应举：《崇相集》《连江孙公芝传》，《四库禁毁书丛刊》影印北京图书馆藏明崇祯刻本，集部第103册，第63—64页。

顺水推舟，很低调地让《孟子节文》退出了科举舞台。废止《孟子节文》非常低调，使得很多史料对这件事都没有记载，而《明太祖实录》走得更远，直接将《孟子节文》的事全部删去。

此外，《孟子节文》的编修者刘三吾与懿文太子朱标交厚，政治上支持皇太孙朱允炆，所以朱棣很不喜欢他。孙芝在上书中直斥刘三吾为“逆臣”是很好的策略，既能申张礼教，还能讨得朱棣欢心。

朱元璋虽然重视儒学与礼教，但也兼容其他学说，本质上倾向于务实的杂学，所以他能够颁布“正定《十三经》”，也能够推广刘向《说苑》等书。朱棣则与朱元璋不同，因其即位合法性的先天不足，所以极其重视以理学和“道统”来维护其统治，理学成为国家的根本政治思想。

永乐二年（1404），“饶州鄱阳县民朱季友进书，词理谬妄，谤毁圣贤。礼部尚书李至刚、翰林学士解缙等请寘于法。上曰：‘愚民若不治之，将邪说有误后学。’即遣行人押还乡里，会布政司、按察司及府、县官，杖之一百，就其家搜检所著文字，悉毁之，仍不许称儒教学”①。可见朱棣已不允许任何人对儒学有异议，而朱元璋曾经因为人劝说他独尊儒学而发怒②，二者形成了鲜明对比。

恢复全本《孟子》，实际上对朱棣的统治有利而无害。朱棣只要掌握科举取士的领导权，对考试内容进行严格限定，就可以掌握天下士子的命运与主体思想。相对而言，朱元璋这种改动经文引起儒臣和学子不满而且动摇“道统”的事，是得不偿失的。

而且，全本《孟子》中有很多支持“君位变易”的内容。例

① 《明太宗实录》卷三十三“永乐二年七月壬戌”条，影印台北“中研院”史语所校勘本。

② 例如，大理寺卿李仕鲁“性刚介，由儒术起，方欲推明朱氏学，以辟佛自任”，因为劝说独尊儒学失败而弃官，激怒朱元璋，最终被杀。事见（清）张廷玉等：《明史》卷一百三十九《李仕鲁传》，中华书局1974年版，第3989页。

如，《孟子·万章下》记载：

> 齐宣王问卿。孟子曰：“王何卿之问也?”王曰：“卿不同乎?”曰：“不同。有贵戚之卿，有异姓之卿。”王曰：“请问贵戚之卿。”曰：“君有大过则谏，反复之而不听，则易位。”王勃然变乎色。曰：“王勿异也。王问臣，臣不敢不以正对。”①

这段让朱元璋“勃然变色”的文字被《孟子节文》删去，却非常符合朱棣的情况。朱棣正是“贵戚之卿”，“靖难”的旗号也是所谓“劝谏君过”，最后实现了“易位”，完全可以作为朱棣“靖难之役”合理性的解释。当然，没有史料证明朱棣看到了全本《孟子》有这样的优势，这只是一种有一定可能性的猜测。

综合上述因素，《孟子节文》的废止只是时间问题。但是，上书的孙芝还是很有勇气的。正如张佳佳总结道：“虽然《孟子节文》的废止并非是人微言轻的孙芝一人之功，不过后世儒者还是应该对他表示感谢，因为如果没有他上疏提醒，《孟子节文》这部被强权删削了的经典，或许还会在学校中通行许多年。”②

恢复《孟子节文》后不久，朱棣便命胡广等人编修《四书大全》，对科举考试的内容做进一步的限定。“永乐间，颁《四书五经大全》，废注疏不用。其后，《春秋》亦不用张洽传，《礼记》止用陈澔《集说》。二场试论一道，判五道，诏、诰、表、内科一道。三场试经史时务策五道。”③《四书大全》与《五经大全》成为科举考试的标准教材，教育体系也就进一步以《四书大全》和《五经大

① （宋）朱熹：《四书章句集注·孟子集注》卷十《万章章句下》，中华书局1983年版，第324页。

② 张佳佳：《〈孟子节文〉研究》，清华大学硕士学位论文，2007年，第49页。

③ （清）张廷玉等：《明史》卷七十《选举志二》，中华书局1974年版，第1694页。

全》作为教学重点内容。

古注疏被彻底废除，《春秋》只用传世的“三传”和孔安国传，《礼记》也确定只用陈澔的《礼记集说》，考试内容进一步理学化。此后也有大臣针对科举考试产生的问题建议改革，但都没有真正动摇永乐朝确定的科举考试制度与内容。

清代官修《明史》在总结明代的选官制度时说：“明制，科目为盛，卿相皆由此出，学校则储才以应科目者也。其径由学校通籍者，亦科目之亚也，外此则杂流矣。然进士、举贡、杂流三途并用，虽有畸重，无偏废也。荐举盛于国初，后因专用科目而罢。铨选则入官之始，舍此蔑由焉。”① 随着科举成为明代最主要的选官制度，洪武、永乐两朝的科举制度建设对后世产生了深远的影响。

第三节　明前期科举制度对“四书学”的影响

在明代科举考试中，“四书”并非唯一的考试内容，还有经义，论、策、判、诏、诰、表和时务策等内容。但“四书”始终是这项全国选官考试的重要内容之一。这促使“四书学”深入明代教育体系和选官制度，“四书”几乎成为全民学习的内容，进而对明代各个阶层产生作用，深刻地影响着明代人的思维观念与方式。

“四书学”与科举的结合，是元代“四书学”发展的制度成果之一，在刘基等儒臣的劝导下被朱元璋继承下来，而伴随着朱棣对理学的推崇和《四书大全》的编修，“四书学”与程朱理学进一步影响了明代科举制度的成型。而明前期的科举制度反过来也对明代“四书学”的发展产生了影响。

---

① （清）张廷玉等：《明史》卷六十九《选举志一》，中华书局 1974 年版，第 1675 页。

一、明前期科举制度带动了明代“四书学”知识传播与文化推广

“四书学”作为一门学问，承载着儒家的价值观、人生观与生活之道、思维方式，在被人接受、学习的过程中会对人的行为、举止产生潜移默化的影响，逐渐形成很多人通约的心理、知识基础与言行规范，此之谓“四书学”文化。人们在阅读“四书”时，需要相应的传注释文作为辅助，“四书学”因之发生作用。

元代，“四书学”的影响力是通过书院和学校教学，配合科举考试而产生，本质上是一种文化力。“四书学”文化与理学文化相通，因为“四书”结集后形成了以程朱理学为主要诠释路径的“四书学”。但是，“四书学”文化同时也有不同于理学文化之处，较之于理学文化的精英倾向，“四书学”文化还具有通俗的一面，这由“四书学”立足于“四书”文本这一根本特征所决定。

“四书”文本的阅读和诠释门槛相对于“五经”文本要低一些，士人更容易参与和接受，这是“四书学”能够兴起和推广的优势之一。随着“四书学”文化的发展，越来越多的人参与其中，也会产生一些不同的思想。元代就有学者对朱熹诠释的《四书章句集注》产生异议，在“宗朱”的大前提下提出自己的看法，推动了“四书学”思想的发展。

明前期科举制度的确立与改革，将“四书义”的地位提升，并以《四书大全》作为统一教材，在某种程度上也促进了“四书学”文化的推广。第一场“四书义”题为三道，“经义”题为四道，形式上“经义”比“四书义”受重视。但实际上，“经义”从“五经”中每经出题四道，举子可以选取一经来应答，“四书义”则是从“四书”中选三经各出题一道；“五经”可以专攻一经以答四题，“四书”则要通识以应对三题。这样的考试设置逐渐使学子对“四

书”的掌握程度超过“五经”。“四书义”重要性的提升促进了与举业紧密结合的“四书学”著述的产生，明中后期大量的“四书制艺”出版物，就是因应科举需要出现的。

在君主政治的主导下，“四书学”文化也不断扩大影响范围，“四书”成为人们的日常读物。上至皇帝、宗室，文臣、儒生自不必说，下至一般百姓，甚至宫女和宦官都能接触到“四书”，明末刘若愚《酌中志》称：“皇城中内相学问读《四书》《书经》《诗经》；看《性理》《通鉴节要》《千家诗》《唐贤三体诗》。”① 还有更好学的人能读《大学衍义补》《圣学心法》等。虽然刘若愚记述的是明中后期的宫内生活，但这种情况与明前期打下的文化基础密不可分，可见“四书学”文化意义上的影响力。

二、明前期科举制度逐渐制约了明代“四书学”学术思想的发展

科举制度促进了“四书学”知识的传播与文化的推广，但是某种程度上制约了“四书学”学术思想的发展。学术思想的发展和知识传播不同，需要学者对以往的知识进行怀疑与思辨，而这一过程受到了科举制度的限制。尤其是在永乐朝确定了《四书大全》作为“四书义”的出题教材之后，学子的“四书学”思想受到权威诠释的限制。

学子们为了科举功名而读书，考试只要记诵《四书大全》中的文词，不用阅读古注疏，甚至不用通晓其义，即可获取功名。学子缺乏怀疑与思辨，逐渐制约了“四书学”思想的发展。不唯“四书学”，明代其他学术的发展也同样受到科举制度的制约，学子为了应试而学习，知识面越来越窄，思维也越来越僵化。

---

① （明）刘若愚：《酌中志》卷十八《内板经书纪略》，《续修四库全书》影印清道光二十五年潘氏刻海山仙馆丛书本，史部杂史类第437册，第547页。

明中后期学者杨慎曾经批评科举制度限制了学子的思维与知识面，他说：

> 本朝以经学取人，士子自一经之外罕所通贯。近日稍知务博，以哗名苟进，而不究本原，徒事末节。《五经》诸子，则割取其碎语而诵之，谓之“蠡测”；历代诸史，则抄节其碎事而缀之，谓之“策套”。其割取抄节之人，已不通经涉史；而章句血脉，皆失其真。有以汉人为唐人，唐事为宋事者；有以一人析为二人，二事合为一事者。余曾见考官程文，引“制氏论乐”而以“制氏”为“致仕”。又士子墨卷，引《汉书·律历志》“先其筭命”作“先筭其命”，近日书坊刻布其书，士子珍之以为秘宝，转相差讹，殆同无目人说词话。噫！士习至此卑下极矣！①

学子长期专注科举考试，而忽略了博通学问，割裂了“四书”“五经”等典籍的内在联系，而且对于程文、试卷有着狂热的崇拜，即使有错误也不会被纠正，因为学子根本意识不到其中的错误，只知道作为范文背诵以应对考试。

除了考试内容上的限制外，科举制度中的行文规范也逐渐束缚了学子的思维。清代官修《明史》载：“科目者，沿唐、宋之旧，而稍变其试士之法，专取‘四子书’及《易》《书》《诗》《春秋》《礼记》五经命题试士。盖太祖与刘基所定，其文略仿宋经义，然代古人语气为之，体用排偶，谓之八股，通谓之制义。”② 表面上看，

① （明）杨慎：《升庵集》卷五十二《举业之陋》，《文渊阁四库全书》本，集部别集类第1270册。

② （清）张廷玉等：《明史》卷七十《选举志二》，中华书局1974年版，第1693页。

“八股文”从明初便已形成，而详细考察，“八股文”确实滥觞自洪武朝，但是正式成型是在成化朝（1465—1487）。

洪武二十四年，朱元璋下令定科举答题文字格式，规定：

> 一凡出题，或经或史，所问须要含蓄不显，使答者自详问意，以观才识。
>
> 一凡对策，须参详题意，明白对答。如问钱粮，即言钱粮；如问水利，即言水利。孰得孰失，务在典实，不许敷衍。繁文遇当写题处，亦止曰“云云”，不必重述。
>
> 一凡作“四书”、“经义”，破、承之下，便入大讲，不许重写官题。
>
> 又令科举岁贡，于《大诰》内出题，或策论、判语参试。①

朱元璋希望通过整齐划一考试文风来缩小南北文化差距，同时使学子的思维方式逐渐统一，改变唐宋科举中过分追求浮华文辞的弊端，配合自己的废除“四六骈文”的文体改革，追求“务实”的文风。

然而，后世逐渐形成了程序化的“八股文”，由破题、承题、起讲、入股、起股、中股、后股、束股这八个部分组成。据顾炎武所言，“经义之文，流俗谓之八股，盖始于成化以后。股者，对偶之名也。天顺以前，经义之文不过敷演传注，或对或散，初无定式，其单句题亦甚少”②。“八股文”在明前期科举考试中逐渐定型，其对学子思想的束缚也越来越严重，形式的重要性超过了内容。

客观而言，明前期的三场科举考试还是较为合理的，既能考察

---

① （明）申时行等：《大明会典》卷七七《礼部三十五》，《续修四库全书》影印明万历内府刻本，史部政书类第790册，第399页。

② （清）顾炎武：《日知录》卷十六《试文格式》，《文渊阁四库全书》本，子部杂家类第858册。

学子的文化与道德修养，也能考察学子处理日常政务的实际能力。但在实施过程中，随着“八股文”的定型和官场弊病的日积月累，明代中后期出现“一以程文为去取”的现象。

三、明前期科举制度促进后世“四书学”的变革

明前期科举制度配合肃杀的政风和严苛的教育体系，使明前期的学者也产生一种重视“践履”的倾向。朱元璋对于宋代儒生可以议论政治乃至形成舆论影响政治的现象非常反感，所以于洪武二十四年诏令天下学校：“务要依先圣先贤格言教诲后进，使之成材，以备任用。敢有妄生异议，瞽惑后生，乖其良心者，诛其本身，全家迁发化外。”① 这是对明洪武十八年“学规”的补充规定，同年科举考试也确定了考试文字格式，可见其本质是朱元璋为培养“恭顺贤良”的儒生打出的一套“组合拳”。

针对生员议论朝政和参与地方诉讼事务，朱元璋特意设立了卧碑：

> 天下利病诸人皆许直言，惟生员不许。今后生员，务遵明禁。除本身切己事情，许家人抱告有司从公审问，倘有冤抑，即为昭雪；其事不干己，辄便出入衙门，陈说民情，议论官员贤否者，许该管有司，申呈提学官，以行止有亏革退。若纠众扛帮，聚至十人以上，骂詈官长，肆行无礼，为首者照例问遣，其余不分人数多少，尽行黜退为民。②

---

① （明）申时行等：《大明会典》卷七八《礼部三十六》，《续修四库全书》影印明万历内府刻本，史部政书类第790册，第413页。

② （明）申时行等：《大明会典》卷七八《礼部三十六》，《续修四库全书》影印明万历内府刻本，史部政书类第790册，第418页。

朱元璋希望生员认真学习儒学并“践履”礼教，不要参与地方诉讼事务和议论朝政，但又希望得到关心实政和具有处理实际政务能力的人才，这本身是矛盾的。但是，他制定的教育与科举政策结合在一起，成为明代后世的不易之法。朱棣颁行《五经四书大全》以后，对教材有了进一步限定，终明之世，学校“所以教之者，仅场屋之文”，学校生员全部埋头苦读科举指定用书，研究时文程序，以博取功名。

而从“四书学”发展的内在理路来看，明初“四书学”基本停留在元代“四书学”的基础上，其诠释路径也是以程朱理学为主，即“宗朱”四书学，所以教育与科举制度也大体符合明初的政治理念。而且科举制度需要照顾南北文化的不平衡，明仁宗时期正式确立了南、北方分榜考试制度，统一考试内容和行文程序，也具有一定的公平性。尽管后来衍生出很多弊端，但是在推行之初应该是利大于弊的。

明前期的著名儒学学者，如曹端（1376—1434）、薛瑄（1389—1464）、吴与弼（1391—1469）、胡居仁（1434—1484）等人，在这种大环境下学术风格都呈现出重视“践履”的特征，结合学校与科举制度来看也不是偶然的，民间的理学文化在他们的“践履”推动下也逐渐发展起来。清代官修《明史》评价明代前期儒学说：“原夫明初诸儒，皆朱子门人之支流余裔，师承有自，矩矱秩然。曹端、胡居仁笃践履，谨绳墨，守儒先之正传，无敢改错。学术之分，则自陈献章、王守仁始。”① 大略总结了明前期儒学发展的特点。

此阶段“四书学”的思想也不例外，“宗朱述朱”成为明前期“四书学”的主流，而且由于“四书义”地位的提升，“四书学”学术著述与科举的联系也更紧密。但是，人的思想会随着现实的变化

---

① （清）张廷玉等：《明史》卷二百八十二《儒林传一》，中华书局 1974 年版，第 7222 页。

而变化，而且在“践履”的过程中依然不会停止思考，所以质疑之声也逐渐产生。

如前文所述，“四书学”本质上是立足于文本诠释的学问，“四书”文本结集本身也是可以再讨论的。朱熹对《大学章句》不断进行修改，即使到了晚年也不能彻底放心，可见“四书学”留给后人很大的讨论空间。

尽管明前期洪武朝和永乐朝通过一系列手段压制了学者思辨之风，但朱棣驾崩后，明仁宗朱高炽和明宣宗朱瞻基时期的政风进一步趋向“文治”，学者对社会现实的关注使他们对儒学和“四书学”进行了新的思考。

这种思考与批判，往往以明前期科举制度的弊端为对象。例如，文臣丘濬（1421—1495）于弘治元年（1487）向明孝宗朱祐樘（1470—1505）进呈《大学衍义补》，对明代礼教、政治、经济、军事、文化、教育等各个领域提出改革方案，尤其针对天顺、成化朝以来的各种问题，是明代“四书学”中“经世致用类”著述的代表作。他对明前期科举制度提出了严厉的批评：

> 近年以来，典文者设心欲窘举子，以所不知用显己能。其初场，出经书题，往往深求隐僻，强截句读，破碎经文，于所不当连而连，不当断而断，遂使学者无所据依，施功于所不必施之地，顾其纲领体要处，反忽略焉。以此科场，题目数倍于前，学者竭精神穷目，力有所不能给，故于策场所谓古今制度、前代治迹、当世要务，有不暇致力焉者。甚至登名前列者，亦或有不知史册名目，朝代前后，字书偏旁者，可叹也已！然以科额有定数，不得不取以足之。以此士子仿效成风，策学殆废。间有一二有策学者，又以前场不称，略不经目，人才所以不及前者，岂不以是哉！其录出以为程文者，又多萎薾、粗浅、拘

> 泥、缠绕，不厌士心。录一出，议论纷然。其所谓主意之说，尤为乖缪，凡其所命之题，专主一说，谓之主意，殊不知圣经深远，非一人之见所能尽，理苟通焉，斯在所取矣，何必惟己之同哉。士子志于必得，谓非合主司之意，不可以取中，往往将圣经贤传之旨，旁求曲说，牵缀迁就，以合主司所主之意，此非独坏士习，其为圣经之蠹也甚矣。有司主此以出题，士子主此以为文，今日为士子，既以此进身，异日为主司，又以此取士。宋史所谓缪种流传，今日时文之弊殆类之也。①

丘濬指出，科举制度暴露出三个弊端：一是考官任性出题，截断经文，使学子为了应付科举知识结构日益支离；二是考官为了照顾取士员额，偏重初场，在策论环节大放水；三是时文由“有司”来论定，考官的主意占了主导，使学子为了迎合考官的口味而曲解“四书义”“经义”，不仅是学术上的错误，也是人品上的失格。

此时距离朱棣颁行《五经四书大全》已经过去七八十年，客观上讲，从如此小范围的教材中出题，还要保证每次尽量不同，考官的压力也很大，尤其是“四书义”，重合率特别高。当然，主要弊端的产生，既有制度设计上的不足，也与当时官场腐化和因循风气有关。

丘濬的批评主要是从国家治理角度出发，所以主要是针对考官群体，关于科举的建议与吏治相关。而到了明中期，学者们对科举考试的内容也有所不满。例如，王守仁（1472—1529）正是认识到了科举制度下学子“舍本逐末”，热心功名，无心圣道，形式与内容严重脱节，才阐发“知行合一”的阳明学思想。

不能否认，纠正明代科举制度的弊端是阳明学产生的因素之一。

① （明）丘濬：《大学衍义补》卷九《正百官·清入仕之路》，加拿大不列颠哥伦比亚大学图书馆藏明弘治元年刊本。

当然，作为制度，王守仁是无法抗衡的，于是他从考试的内容入手，针对《四书大全》的根基，朱子学诠释路径的“四书学”下手，著《古本大学问》，从《大学》文本开始挑战朱子学，以期激活学子思辨能力。

可见，明前期科举制度逐渐酝酿了后世学术变革的因素，而明中期以后，“四书学”终于发生了一系列变革：以阳明学作为诠释路径的“四书学”逐渐兴起；部分学者调试自己的学问，与科举制度进一步结合，产生了借“制艺”阐发自己的学术思想的“举业四书学”；受到阳明学刺激的程朱理学学者则重回经典，以程朱理学或“会通”思想为诠释路径对“四书学”进行再诠释；“八股文”和“四书学”的结合又使明中期以后的文风发生变化，这是“四书学”文化在文学领域的渗透。

与《四书大全》一样，“八股文”在中后期成为思想家们批判的对象，但是又因为国家权威的存在而一直沿用到明末。尽管《四书大全》某种程度上讲是宋元“四书学”思想的重要总结，其中内容还是很有学术性的，但是随着时代的变迁，其内容终究与现实需求脱节，最后完全成为国家取士“统一性”的标准。

第四节　“四书学”与明前期国家“文治”的转向

朱元璋在儒臣的帮助下确立了明代的教育体系与科举制度，在继承了宋、元传统的同时，也将自己的君主意志渗透其中，配合洪武朝的肃杀政风与“重礼重刑”的政治文化，努力实现自己的“圣王”诉求。朱元璋对地方学校的建设和颁赐图书，对于地方文化建设有很大的助力，但是明代南、北方文化不平衡问题终究没有解决，最后在明仁宗时期不得不改变思路，实行分榜考试制度。

一、“四书学”奠定明前期国家“文治”转向的文化基础

相对于明代中后期，洪武朝的科考内容多依照宋、元和前人的传注，风格较为质朴，重在健全科举考试制度，对前代科考的弊端有所修正，注重选拔有实际理政能力的儒生和革除科举考试华而不实的文风。洪武朝科举的“四书义”注重古注疏与宋儒义理的结合，学习“四书”本经时，俱诵读诸家注疏，通其得失，眼界还算开阔。

朱棣在朱元璋的科举制度基础上进行改革，废止《孟子节文》，推行国家编修的官方教材《五经大全》《四书大全》，使科举教材进一步理学化和统一化。客观而言，洪武朝和永乐朝的科举制度建设，兼顾了“公平性”，但是制度设计和“八股文”的弊端逐渐凸显。在君主政治的导向作用和功名出仕的诱惑之下，教育体系与科举制度促使“四书”成为天下士子必读的书目，“四书学”深入明代社会各个阶层和领域，“四书”的政治理念和道德观念得到普及与强化，“四书学”文化得到推广，“四书学”最终成为明代第一显学。

明代前期教育体系与科举制度的确立，是明代君主政治的重要组成部分，强势的朱元璋和朱棣不断打出“组合拳”，无论是“圣王”的诉求还是“理学道统”的要求，都在明前期的君主政治中呈现出来。而随着强势君主的驾崩，从明仁宗开始，政风进一步趋向“文治”，内阁体制逐渐发挥作用，士大夫开始在政治生活中拥有一定的话语权，这些又和“四书学”文化的渗透、教育体系与科举制度促使士大夫集团成长有关，明前期国家最终实现了“文治”转向。

二、明前期“四书学”对后世的政治与文化影响

一方面，学校教育的科举中心化和科举制度中“四书义”地位

的提高，提高了明代官僚阶层的知识水平，促使“四书学”成为明代社会文化之主流与世人核心的价值观念，维护了明朝的稳定与繁荣。

试想，如果没有稳固的讲求气节、义理的士大夫集团支撑中央，“土木之变”恐怕就要使明朝国祚提前终结了。“土木之变”中明英宗朱祁镇（1427—1464）被瓦剌俘获，以于谦（1398—1457）为代表的士大夫集团以天下社稷为重，拥戴明代宗朱祁钰（1428—1457）坚守北京，击退瓦剌，维护了明朝的稳定。武臣勋旧势力在“土木之变”中遭受严重打击，而士大夫集团的政治影响力进一步提升，开启了明代全面“文治”时代。

另一方面，“四书学”教育却日益成为科举考试的附庸，画地为牢的考试内容、固定的“八股文”程序，限制了读书人的知识结构，禁锢了思想的创新，也影响和制约了“四书学”的学术发展，反过来也促进了“四书学”在明代中期的变革，这场变革也催生了最为后世学者所称道的明中后期思想解放潮流。

结语：肃杀，践履与革新

明前期“四书学”继承了宋元“四书学”，并在社会上具有了一定的影响力，所以朱元璋建立明朝之时也颇受“四书学”的影响。朱元璋正视儒学和“四书学”在社会的影响力与文化价值，树起了带有一定民族情感的“文化复古”的大旗，在儒臣的辅佐下设计了明朝的礼教制度、教育体系和科举选官制度等，但是他出身寒微而骤得大位，个人的意志也不断膨胀。他在学习和实践儒学的过程中，也依靠强大的政治、军事力量压制了诸多元末儒臣，通过中央集权主导了政治与学术，用俗语“恒言”来诠释经典，一方面使经学思想得以在更大范围内传播，另一方面也满足了他成为“圣王”的诉求。

为了防备权臣和打击腐败，朱元璋掀起了几场大案，对显在和潜在的政敌进行无情打击，形成了洪武朝“重礼重刑”政治文化。洪武朝肃杀的政风之下，科举制度也因南北文化差异问题而发生波折，一度被废止。朱元璋颁赐“四书”“五经”等图书对于北方文化传播很有益处，但是并没有从根本上扭转这一局面，朱元璋在文化上“均平天下”的梦想终究没有实现。最终明仁宗时期改革科举制度，实行分榜考试制度，以员额来平衡各区域的教育与文化资源。

朱元璋在施政中经常实践《孟子》中的理论，但是《孟子》中的君臣、民本思想与他集权的思想有很大矛盾，朱元璋认为不可调和，于是有了“罢黜孟子配享”事件和《孟子节文》的诞生。《孟子节文》的产生有宋代“非孟论”的因素，刘三吾等人将其作为删节《孟子》的参考，但是该书毕竟是强势君主对经典的一次粗暴删改，造成了很坏的影响。政治性是主导的，所以朱元璋驾崩以后，该书的存在基础也基本瓦解，最后在永乐朝被低调废止。

朱元璋对学校体系的管理日趋严格，同时对科举考试的行文做出了安排，在后世形成了固定的“八股文”程序。如果说洪武朝的肃杀政风和“重礼重刑”政治文化是君主政治“刚性”的控制，那么科举制度就是君主政治“柔性”的渗透。科举考试是君主意志的宣示，尤其是强势君主在位的时候。可以看看洪武十八年会试第一名黄子澄的应试论文，题目出自《论语》“天下有道，则礼乐征伐，自天子出”，文章如下：

> 治道隆于一世，政柄统于一人。夫政之所在，治之所在也。礼乐征伐，皆统于天子，非天下有道之世而何哉?！昔圣人通论天下之势，首举其盛为言，若曰：天下大政，固非一端；天子至尊，实无二上。是故民安物阜，群黎乐四海之无虞。天开日明，万国仰一人之有庆。主圣而明，臣贤而良，朝廷有穆皇之美也！治隆于上，俗美于下，海宇皆熙皞之休也！非天下有道之时乎?！当斯时也，语离明，则一人所独居也；语乾纲，则一人所独断也。若礼若乐，国之大柄，则以天子操之，而掌于宗伯。若征若伐，国之大权，则以天子主之，而掌于司马。一制度，一声容，议之者天子，不闻以诸侯而变之也！一生杀，一予夺，制之者天子，不闻以大夫而擅之也！皇灵丕振，而尧封之内，咸懔圣主之威严！王纲独握，而禹甸之中，皆仰一王之制度！信乎！非天下有道之盛世，孰能若此哉！①

① （清）梁章钜：《制义丛话》卷四，浙江图书馆藏清咸丰九年（1859）刻本。

洪武十八年会试，是朱元璋颁布“科举程序”后的第一次会试，距离洪武十三年过去才五年。那一年，朱元璋借“胡惟庸谋反案”清洗官员，废黜中书省，总统六部。通观黄子澄这篇论文，满纸的歌颂君主独裁，非常符合朱元璋的需要。黄子澄的这些文字，也是“四书”“五经”中的，但是通篇并没有实论。尽管洪武二十四年朱元璋才正式下令确定科举考试的“八股文”形式，但是从黄子澄的论文中已经能看到“八股文”的影子。更重要的是，这场科举中朱元璋展示了君主意志，儒生如果想获得功名，想要出仕为官，就必须服从、迎合他的政治诉求。

林庆彰评价说：“只要粗通《四书》《五经》的大义。再熟读一二百篇范文，就可写得出来。即使宋、元人的经说也可弃置一边，更何况汉、唐人的古义？考试的方式，引导了士人读书的方向。”①当然，黄子澄的时代可能还没有像后世一样多的应试范文可供参考，毕竟当时恢复科举考试也没有几年，但是君主政治的烙印已深深打在儒生们身上，影响着他们的价值观与思维方式。后世科举考试，同样也或多或少彰显着君主意志，与“四书学”紧密结合的科举选官制度，成为君主政治运作的重要组成部分。

朱棣通过“靖难之役”登上皇位，打断了朱允炆的“文治”改革进程。“靖难之役”并非儒学政治的失败，虽然后世文人同情朱允炆，于是哀叹儒学政治的失败。“文治”改革并不等同于儒学政治，这场内战双方都在耍阴谋阳谋，如果不是朱允炆重视名声、临事优柔，朱棣恐怕无法举兵。

朱棣举兵之初，只想自保，至少不想像周王、湘王等人坐以待毙，于是做困兽之斗，死中求活。但是，随着建文朝连续的决策失误和燕军的顽强战斗，朱棣看到了转机，于是在姚广孝的鼓励下率

---

① 林庆彰：《明代经学研究论集（增订本）》，华东师范大学出版社 2015 年版，第 54 页。

主力直趋南京，取得了最后胜利。

朱棣即位后对政敌进行残忍屠杀与株连，造成政风一度肃杀，而建文朝科举出身的胡广等人成为永乐朝的重要文臣，虽然相对于建文帝而言他们是“贰臣”，但朱棣在他们的辅佐下基本解决了洪武朝遗留的政治问题，并推动新的“文治”转向。“四书学”在科举考试的推动下，社会影响力越来越大，“四书学”文化得到广泛传播，“四书学”的价值取向、知识结构、思维方式对人们产生了潜移默化的作用，无形中也推动了明朝政治的“文治”转向和社会知识的普及。

在朱棣驾崩后，明仁宗、明宣宗时期，杨荣、杨溥、杨士奇等永乐朝遗臣辅佐皇帝形成了内阁政治体制，士大夫开始拥有一定的话语权。正统末年“土木之变”，明英宗朱祁镇被瓦剌俘虏，国家陷入严重危机，于谦等士大夫在关键时刻拥戴明代宗朱祁钰即位，稳定人心，并坚决抵抗瓦剌，成功延续了大明国运。天顺、成化年间，士大夫在政治上的话语权越来越重，这种政治话语的变化和科举考试与“四书学”文化发展分不开。随着强势君主时代的结束，“四书学”文化熏陶下官僚集团的文化修养和政治地位较洪武、永乐朝有所提高。

朱棣废止《孟子节文》并努力抹杀这段不光彩的历史。朱棣较朱元璋更重视理学，尽管他本人也是杂学百家，但是在政治话语中强调理学远胜其父，他命胡广等人编修集成宋元“四书学”成果的《四书大全》，并使之成为科举“四书义”的指定教材。此后，伴随着“八股文”的发展和出题范围的固定，“四书义”因为初场考试和相对容易押题而不断受到人们重视。科举对人们思想的束缚也成为明中期学者批评和反思的对象。客观而言，《四书大全》的内容本集宋元“四书学”之大成，“八股文”的考试风格才是真正导致人知识面狭窄和思维固化的因素。

科举制度作为“祖制”不能轻易改革，于是学者们变换革新角度，或批评程朱理学，或“修正”《四书大全》，明代“四书学”也就在明中期以后迎来了变革。因为朱棣独尊理学的政策使程朱理学得到官方保护，从经学角度看是“宋学独尊”，于是朱元璋的“文化复古”政策成了明中后期学者修正程朱理学和科举制度的口号，经学领域出现了一股“反宋复汉”的潮流，对清代学术产生了深刻的影响。

在君主专制肃杀的政治风气和国家垄断学术话语的大背景下，明前期的学者大多采取“践履”的立场，但是在“践履”中也孕育着革新的因素。伴随着朱元璋、朱棣两代强势君主的驾崩，国家的学术话语掌握力不断衰弱，“四书学”文化推广、普及，社会问题与制度弊端日益凸显，明中期以后“四书学”发展也出现了新的变化。

参考文献

1. 古籍文献

［1］（宋）范祖禹：《帝学》，《文渊阁四库全书》本，子部儒家类第696册。

［2］（宋）朱熹：《四书章句集注》，中华书局1983年版。

［3］（宋）朱熹：《晦庵先生朱文公文集》，《朱子全书》本，上海古籍出版社2002年版。

［4］（宋）余允文：《尊孟辨》，《丛书集成初编》本，商务印书馆1937年版。

［5］（宋）真德秀：《西山先生真文忠公文集》，上海涵芬楼影印江南图书馆藏明正德刊本，《四部丛刊初编》集部第1276册。

［6］（宋）赵顺孙：《四书纂疏》，《文渊阁四库全书》本，经部四书类第195册。

［7］（宋）黎靖德编：《朱子语类》，中华书局1986年版。

［8］（宋）周密：《癸辛杂识》，吴企明点校，中华书局1988年版。

［9］（元）许衡：《鲁斋遗书》，《文渊阁四库全书》本，集部别集类第1198册。

［10］（元）吴澄：《吴文正集》，《文渊阁四库全书》本，集部别集类第1197册。

［11］（元）袁桷撰，杨亮校注：《袁桷集校注》，中华书局2012

年版。

［12］（元）白珽：《湛渊静语》，《文渊阁四库全书》本，子部杂家类第866册。

［13］（元）苏天爵：《滋溪文稿》，中华书局1997年版。

［14］（元）陶宗仪：《南村辍耕录》，中华书局2004年版。

［15］（元）脱脱等：《宋史》，中华书局1977年版。

［16］（元）王祎：《王忠文集》，《文渊阁四库全书》本，集部别集类第1226册。

［17］《明太祖实录》，影印台北“中研院”史语所校勘本。

［18］《明太宗实录》，影印台北“中研院”史语所校勘本。

［19］《明仁宗实录》，影印台北“中研院”史语所校勘本。

［20］（明）宋濂等：《元史》，中华书局1976年版。

［21］（明）宋濂：《文宪集》，《文渊阁四库全书》本，集部别集类第1223册。

［22］（明）朱元璋：《御制大诰》《续编》《三编》《大诰武臣》，《续修四库全书》影印清华大学图书馆藏明内府刻本，史部政书类第862册。

［23］（明）朱元璋：《诸司职掌》，《玄览堂丛书初辑》影印明刊本，（台北）“中央”图书馆，1981年。

［24］（明）刘三吾：《孟子节文》，《北京图书馆古籍珍本丛刊》缩印明初刻本，书目文献出版社2000年版。

［25］（明）方孝孺撰，徐光大点校：《方孝孺集》，浙江古籍出版社2013年版。

［26］（明）胡广等：《四书大全》，《文渊阁四库全书》本，经部四书类第199册。

［27］（明）胡广：《进〈五经四书性理大全〉表》，《明文衡》卷五，《文渊阁四库全书》本，集部总集类第312册。

［28］（明）杨士奇：《东里续集》，《文渊阁四库全书》本，集部别集类第 584 册。

［29］（明）丘濬：《大学衍义补》，加拿大不列颠哥伦比亚大学图书馆藏明弘治元年（1488）刊本。

［30］（明）黄瑜：《双槐岁钞》，中华书局 1999 年版。

［31］（明）杨慎：《升庵集》，《文渊阁四库全书》本，集部别集类第 1270 册。

［32］（明）薛应旂：《四书人物考》，《四库全书存目丛书》影印北京图书馆藏明嘉靖刻本，经部第 157 册。

［33］（明）陈建：《皇明通纪》，中华书局 2008 年版。

［34］（明）张朝瑞：《皇明贡举考》，《四库全书存目丛书》影印北京大学图书馆藏明万历刻本，史部第 269 册。

［35］（明）王世贞：《弇山堂别集》，中华书局 1985 年版。

［36］（明）申时行等：《大明会典》，《续修四库全书》影印明万历内府刻本，史部政书类第 790 册。

［37］（明）董应举：《崇相集》，《四库禁毁书丛刊》影印北京图书馆藏明崇祯刻本，集部第 103 册。

［38］（明）刘若愚：《酌中志》，《续修四库全书》影印清道光二十五年潘氏刻海山仙馆丛书本，史部杂史类第 437 册。

［39］（明）朱国桢：《涌幢小品》，《四库全书存目丛书》影印明天启二年刻本，子部第 106 册。

［40］（明）吕元善撰，（明）吕兆祥、吕逢时续撰：《三迁志》，《四库全书存目丛书》影印明天启七年刻本，史部第 79 册。

［41］（清）黄宗羲：《明儒学案》，中华书局 2008 年版。

［42］（清）黄宗羲撰，（清）全祖望补：《宋元学案》，中华书局 2009 年版。

［43］（清）顾炎武：《日知录》，《文渊阁四库全书》本，子部

杂家类第 858 册。

[44]（清）谈迁：《国榷》，中华书局 1958 年版。

[45]（清）徐乾学：《资治通鉴后编》，《文渊阁四库全书》本，史部编年类第 345 册。

[46]（清）查继佐：《罪惟录》，浙江古籍出版社 1986 年版。

[47]（清）孙承泽：《春明梦余录》，《文渊阁四库全书》本，子部杂家类第 174 册。

[48]（清）朱彝尊：《曝书亭集》，《文渊阁四库全书》本，集部别集类第 1318 册。

[49]（清）全祖望：《鲒埼亭集》，《全祖望集汇校集注》本，上海古籍出版社 2000 年版。

[50]（清）李绂编：《朱子晚年全论》，中华书局 2000 年版。

[51]（清）王懋竑：《朱熹年谱》，中华书局 1998 年版。

[52]（清）蔡上翔：《王荆公年谱考略》，《王安石年谱三种》本，中华书局 1994 年版。

[53]（清）张廷玉等：《明史》，中华书局 1974 年版。

[54]（清）梁章钜：《制义丛话》，浙江图书馆藏清咸丰九年（1859）刻本。

[55]（清）夏燮：《明通鉴》，中华书局 2009 年版。

[56]（清）皮锡瑞撰，周予同注释：《经学历史》，中华书局 2012 年版。

2. 书目提要文献

[57]（明）焦竑：《国史经籍志》，《四库全书存目丛书》影印明万历三十年（1602）陈汝元函三馆刻本，史部目录类第 277 册。

[58]（明）朱睦㮮：《万卷堂书目》，《续修四库全书》影印观古堂书目丛刊本，史部目录类第 919 册。

[59]（明）祁承㸁：《澹生堂藏书目》，《续修四库全书》影印国家图书馆藏清宋氏漫堂抄本，史部目录类第 919 册。

[60]（明）晁瑮：《晁氏宝文堂书目》，上海古籍出版社 2005 年版。

[61]（明）高儒：《百川书志》，《续修四库全书》影印观古堂书目丛刊本，史部目录类第 919 册。

[62]（清）钱谦益：《绛云楼书目》，《续修四库全书》影印国家图书馆藏明嘉靖二十五年（1546）刘氏味经书屋抄本，史部目录类第 920 册。

[63]（清）徐乾学：《传是楼书目》，《续修四库全书》影印国家图书馆藏清道光八年刘氏味经书屋抄本，史部目录类第 920 册。

[64]（清）朱彝尊：《经义考》，《文渊阁四库全书》本，史部目录类第 679 册。

[65]（清）黄虞稷：《千顷堂书目》，上海古籍出版社 2001 年版。

[66]（清）翁方纲：《经义考补正》，《丛书集成初编》本，商务印书馆 1937 年版。

[67]（清）永瑢等：《四库全书总目》，中华书局 1965 年版。

[68]（清）张之洞撰，范希曾增补：《增订书目答问补正》，中华书局 2011 年版。

[69] 孙殿起：《贩书偶记》附《续编》，上海古籍出版社 2001 年版。

[70] 冯惠民、李万健等编：《明代书目题跋丛刊》，书目文献出版社 1994 年版。

[71] 杨守敬：《日本访书志·日本访书志补》，中华书局 1995 年版。

[72]《国立故宫博物院善本旧籍总目》，（台北）故宫博物院，

1983年。

[73]《北京图书馆古籍善本书目》，书目文献出版社1987年版。

[74]《中国古籍善本书目（经部）》，上海古籍出版社1989年版。

[75]《清人书目题跋丛刊》，中华书局1990年版。

[76]《新集四书注解群书提要附古今四书总目》，（台北）华泰文化事业公司2000年版。

[77] 傅武光编:《〈四书〉总义著述考》，（台北）“国立”编译馆2003年版。

[78] 傅武光编:《〈论语〉著述考》，（台北）“国立”编译馆2003年版。

[79] 郑卜五编:《〈孟子〉著述考》，（台北）“国立”编译馆2003年版。

[80]《宋元明清书目题跋丛刊》，中华书局2006年版。

[81] 顾宏义、戴扬本等编：《历代四书序跋题记资料汇编》，上海古籍出版社2010年版。

[82]《中国古籍总目（经部）》，中华书局、上海古籍出版社2012年版。

[83] 傅璇琮、赵昌平主编:《续修四库全书总目提要（经部）》，上海古籍出版社2016年版。

3. 编年文献

[84] 周春健:《宋元明清四书学编年》，（台北）万卷楼图书股份有限公司2012年版。

[85] 梅新林、陈玉兰等编：《中国学术编年——明代卷》，华东师范大学出版社2013年版。

[86] 甄洪永、孔德凌：《明代经学学术编年》，凤凰出版社

2015 年版。

4. 学术专著

［87］黄孝光：《元代的四书学》，（台北）西南书局 1978 年版。

［88］周予同：《周予同经学史论撰选集》，上海人民出版社 1983 年版。

［89］余英时：《中国思想传统的现代诠释》，（台北）联经出版事业公司 1987 年版。

［90］陈高华：《元史研究论稿》，中华书局 1991 年版。

［91］徐远和：《理学与元代社会》，人民出版社 1992 年版。

［92］容肇祖：《明代思想史》，齐鲁书社 1992 年版。

［93］周予同：《群经概论（增订本）》，上海人民出版社 1996 年版。

［94］黄俊杰：《孟学思想史论》卷二，台北“中研院”中国文哲研究所筹备处，1997 年。

［95］张学智：《明代哲学史》，北京大学出版社 2000 年版。

［96］陆建猷：《四书集注与南宋四书学》，陕西人民出版社 2002 年版。

［97］韦政通：《中国思想史》，中国书店出版社 2003 年版。

［98］傅永聚、韩钟文主编，李绍强本卷主编：《儒家学派研究》，中华书局 2003 年版。

［99］黄俊杰：《中国孟学诠释史论》，社会科学文献出版社 2004 年版。

［100］何俊：《南宋儒学建构》，上海人民出版社 2004 年版。

［101］邓洪波：《中国书院史》，东方出版中心 2004 年版。

［102］陈来：《宋明理学》，华东师范大学出版社 2004 年版。

［103］朱鸿林：《中国近世儒学实质的思辨与习学》，北京大学出版社 2005 年版。

［104］黄俊杰编：《东亚儒者的四书诠释》，台湾大学出版中心2005年版。

［105］季蒙：《主思的理学：王夫之的四书学思想》，广东高等教育出版社2005年版。

［106］周兵：《天人之际的理学新诠释：王夫之〈读四书大全说〉思想研究》，巴蜀书社2006年版。

［107］陈荣捷：《朱学论集》，华东师范大学出版社2007年版。

［108］周春健：《元代四书学研究》，华东师范大学出版社2008年版。

［109］赵轶峰：《明代国家宗教管理制度与政策研究》，中国社会科学出版社2008年版。

［110］罗安宪主编：《中国孔学史》，人民出版社2008年版。

［111］张岂之主编：《中国思想学说史（明清卷）》，广西师范大学出版社2008年版。

［112］唐明贵：《论语学史》，中国社会科学出版社2009年版。

［113］朱汉民、肖永明：《宋代〈四书〉学与理学》，中华书局2009年版。

［114］周天庆：《明代闽南四书学研究——以宗朱学派为中心》，东方出版社2010年版。

［115］姜广辉主编：《中国经学思想史》第三卷，中国社会科学出版社2010年版。

［116］李媛：《明代国家祭祀制度研究》，中国社会科学出版社2011年版。

［117］李畅然：《清代〈孟子〉学史大纲》，北京大学出版社2011年版。

［118］戴维：《论语研究史》，岳麓书社2011年版。

［119］周予同撰，朱维铮编校：《中国经学史讲义》，上海人民

出版社 2012 年版。

［120］肖永明：《儒学·书院·社会：社会文化史视野中的书院》，商务印书馆 2012 年版。

［121］钱基博：《四书解题及其读法》，岳麓书社 2013 年版。

［122］顾宏义：《宋代四书文献论考》，上海古籍出版社 2014 年版。

［123］林庆彰：《明代经学研究论集（增订本）》，华东师范大学出版社 2015 年版。

［124］林庆彰：《明代考据学研究》，华东师范大学出版社 2015 年版。

［125］韩焕忠：《佛教四书学》，人民出版社 2015 年版。

［126］刘勇：《变动不居的经典——明代〈大学〉改本研究》，生活·读书·新知三联书店 2016 年版。

［127］叶纯芳：《中国经学史大纲》，北京大学出版社 2016 年版。

［128］叶国良、夏长朴、李隆献：《经学通论》，上海书店出版社 2016 年

［129］［美］包弼德：《历史上的理学》，［新加坡］王昌伟译，浙江大学出版社 2009 年版。

［130］［美］田浩：《朱熹的思维世界》，陕西师范大学出版社 2002 年版。

［131］［日］檀上宽等撰，刘俊文主编：《日本中青年学者论中国史（宋元明清卷）》，上海古籍出版社 1995 年版。

［132］［日］岛田虔次：《中国思想史研究》，邓红译，上海古籍出版社 2009 年版。

［133］［日］冈田武彦：《王阳明与明末儒学》，吴光等译，上海古籍出版社 2010 年版。

［134］［日］佐野公治：《四书学史的研究》，张文朝、庄兵译，

（台北）万卷楼图书股份有限公司 2014 年版。

5. 学位论文

［135］李峻岫：《隋唐孟子学史》，北京大学硕士学位论文，2003 年。

［136］赵一静：《张岱的〈四书〉学与史学》，湖南大学硕士学位论文，2006 年。

［137］张佳佳：《〈孟子节文〉研究》，清华大学硕士学位论文，2007 年。

［138］朱冶：《倪士毅〈四书辑释〉研究——元代“四书学”发展演变示例》，北京师范大学硕士学位论文，2007 年。

［139］闫春：《〈四书大全〉的编纂与传播研究》，华东师范大学博士学位论文，2009 年。

［140］孙计康：《明代〈孟子〉考据学研究》，扬州大学硕士学位论文，2010 年。

［141］饶洁琳：《〈藕益四书解〉儒佛会通思想研究》，湖南大学硕士学位论文，2012 年。

［142］王园园：《明代前期四书学考论》，上海社会科学院硕士学位论文，2013 年。

［143］陈育宁：《明前、中期孟学研究》，陕西师范大学硕士学位论文，2013 年。

［144］黄智英：《明后期孟学研究》，陕西师范大学硕士学位论文，2013 年。

［145］马越：《明代后期〈中庸〉学研究》，聊城大学硕士学位论文，2014 年。

［146］李春强：《明代〈论语〉诠释研究》，扬州大学博士学位论文，2014 年。

［147］周冰冰：《明代〈孟子〉义理学研究》，扬州大学硕士学

位论文，2015 年。

6. 期刊论文

［148］杨志玖：《王安石与孟子》，《社会科学战线》1979 年第 3 期。

［149］徐洪兴：《唐宋间的孟子升格运动》，《中国社会科学》1993 年第 5 期。

［150］虞万里：《有关〈永乐大典〉几个问题的辨证》，《史林》2005 年第 6 期。

［151］顾永新：《从〈四书辑释〉的编刻看〈四书〉学学术史》，《北京大学学报》（哲学社会科学版）2006 年第 2 期。

［152］周国林、涂耀威：《“四库馆”与明清四书学转型》，《古籍整理研究学刊》2009 年第 5 期。

［153］刘瑾辉、孙计康：《明代〈孟子〉考据学综论》，《求是学刊》2011 年第 2 期。

［154］周天庆、詹石窗：《国内“四书学”研究的现状、问题与出路》，《哲学动态》2012 年第 3 期。

［155］马晓英：《文本、宗旨与格物之争——明代〈大学〉诠释的几个问题》，《哲学动态》2013 年第 11 期。

［156］郑国岱：《新世纪两岸四书学研究述评——以“四书”题名论著为考察中心》，《广东第二师范学院学报》2015 年第 4 期。

7. 集刊论文

［157］夏长朴：《尊孟与非孟》，姜广辉主编：《中国哲学》第二十四辑《经学今诠三编》，辽宁教育出版社 2002 年版。

［158］陈恒嵩：《〈五经大全〉纂修人考述》，林庆彰主编：《经学研究论丛》第三辑，（台北）圣环图书股份有限公司 1995 年版。

［159］陈逢源：《官学进程与诠释脉络：〈四书大全〉纂修体例

刍议》，赵生群、方向东主编：《古文献研究集刊》第四辑，凤凰出版社 2012 年版。

8. 工具书

［160］吴量恺主编：《四书辞典》，崇文书局 2012 年版。

后 记

时光飞逝，感恩一路走来关怀、鼓励、提携我的诸位师友，特别要感恩我在三个学习阶段遇见的三位导师，他们不仅是我学术研究的指路明灯，而且也是我做人做事的模范榜样。

我的硕士导师东北师范大学赵铁峰教授长期深耕明清史与明清政治文化研究，成就非凡，对我的影响非常大，所以硕士毕业以来，我一直关注着明清政治文化研究。我的博士导师南开大学王薇教授一直致力于明代文献学研究，她希望我未来能够继续关注明代文献学研究，尤其是明代经学文献，我一直不敢忘怀。

博士毕业后，承蒙湖南大学岳麓书院肖永明教授不弃，我有幸成为他的博士后。2016 年 9 月 28 日，我来到湖南大学岳麓书院报到，那天上午书院正在举行祭孔典礼，景象庄严，仿佛昨日，雅乐和声，[illegible]音犹在耳。《礼记・文王世子》里说：“凡始立学者，必释奠于先圣先师。”我与岳麓书院的缘分便从这一特殊的日子开始了。

肖老师专长研究宋明思想史，当时正在承担国家社科重大项目“中国‘四书学’史”，在他的指导下，我便选择了明代“四书学”作为自己的研究领域。这个方向与我博士阶段的研究有很大的不同，历史文献学转向思想学术史。但肖老师不嫌我起步慢，对我的想法非常支持，经常鼓励、指点，提供各种学术资源支持，于是便有了后来的出站报告《明前期“四书学”的传承与君主政治研究》。

本书便是在该出站报告的基础上修改、增补完成的。当时我的博士后出站报告并没有被写成纯粹的学术思想史论文，因为我还有一点小小的学术“野心”，想要尝试“文献学—思想史—政治文化”相结合的研究路径，即立足于明代“四书学”文献，以学术思想史为主题主线，选取明初这一历史时段，解读学术与政治的互动机制，探究明前期政治文化形成的学术思想脉络，以及对后世政治文化、学术思想走向的影响。

当时出站匆匆，很多问题并没有进一步展开论述，部分论证还比较薄弱，肖老师当时也教诲我，让我出站以后不要停止研究，还要继续探索。2018 年下半年，我从长沙岳麓山下来到威海玛珈山旁，成为山东大学马克思主义学院（威海）的教师。在工作的几年中，我对博士后出站报告又进行了几次修改，增加了一些新的认识，并择机寻求出版。

2022 年，山东大学威海校区的法学院和马克思主义学院交叉学科项目“国家治理能力现代化创新研究”项目立项成功，承蒙两院领导和专家老师们的信任，我加入了项目团队，拙稿由此得到该项目的支持并被收入丛书，得到了非常宝贵的出版机会。该项目对我的思考也有非常大的启发，促使我完成了本书的最终修订和增补。

国家治理能力现代化对国家与社会当前和未来的发展至关重要，党的二十大报告中也进一步强调其重要意义，提出了“中国式现代化”。而国家治理能力现代化必然离不开传统国家治理思想与经验的支持，所以对于从事传统政治文化研究和思想史研究的学者们而言，这是一个非常好的拓展领域，本书的后半部分着重讨论“四书学”思想对明初国家“文治”转向的作用，便是基于上述思考展开的。

13—19 世纪是我国多民族统一共同体形成的关键时期，结束了唐末以来诸政权对峙的局面，中国各区域的政治、经济、文化资源得到进一步的整合、内聚，共同体向心力得到空前加强，再没有出现类似汉末、唐末的长期分裂局面，直接形塑、奠定了今日中国的基础疆域。这一时期也是中华文明应对西方文明不断挑战的关键时期，尽管19世纪中叶中国被西方资本主义列强裹挟卷入现代世界体系，但这六百多年的思想学术、政治文化、治理经验与历史教训对我们今天而言仍有很重要的发掘与研究意义。这些话题深邃而有魅力，本书虽已告一段落，但我的思考和研究还将继续下去。

本书即将付梓，借此后记，再次感谢诸位师长对我的指导，感谢各阶段的同学、师门兄弟姐妹对我的帮助，感谢山东大学马克思主义学院（威海）的领导、同事对我的关怀，铭感于内，恕不一一。

本书能够顺利付梓，承蒙山东大学出版社领导的支持，谭学秋副编审，李淼、肖世伟编辑为本书的编排、校对付出诸多心血，在此表达深深谢意。我毕竟学力有限，文笔粗疏，错讹之处亦不可避免，还望博雅君子赐教。

最后，将此书献给我的父亲、母亲，感恩父母的养育、呵护之恩，在此聊表寸心。

是为记。

李谷悦

癸卯年元宵佳节

于威海寓所